1000 Jahre Potsdam

Das Buch zum Stadtjubiläum mit dem Festprogramm

Im Auftrag des Magistrats der Stadt Potsdam
herausgegeben von
Sigrid Grabner
und
Knut Kiesant

Ullstein

Inhalt

Ehrenkuratorium »1000 Jahre Potsdam«

Schirmherr:

Dr. Manfred Stolpe,

Ministerpräsident des Landes Brandenburg

Reinhard Appel,
Bonn,
Vorsitzender des
Potsdam-Clubs Bonn

Dr. Uta von Aretin,
München

Klaus Bölling,
Staatssekretär a. D.,
Berlin

Günter Bransch,
Generalsuperintendent
des Kirchenkreises Potsdam

Dr. Hans Daniels,
Oberbürgermeister
der Stadt Bonn

Dr. Klaus von Dohnanyi,
Vorstandsvorsitzender der
TAKRAF

Dr. Hinrich Enderlein,
Minister für Wissenschaft,
Forschung und Kultur
des Landes Brandenburg

Dr. Hans-Joachim Giersberg,
Generaldirektor
der Stiftung Schlösser und Gärten
Potsdam-Sanssouci

Dr. Horst Gramlich,
Oberbürgermeister
der Stadt Potsdam

Prof. Dr. Dorothea Goetz,
Potsdam

Theodor Goldstein,
Jüdische Gemeinde Potsdam

Heinz Werner Hübner,
Journalist,
Köln

Max Klaar,
Vorsitzender der
Traditionsgemeinschaft
»Potsdamer Glockenspiel e. V.«,
Iserlohn

Dr. Herbert Knoblich,
Präsident des Brandenburgischen
Landtages

Prof. Herbert Kundler,
Vorsitzender
»Verein für Potsdam«

Seine Kaiserliche Hoheit
Dr. Louis Ferdinand
Prinz von Preußen

Prof. Dr. Rolf Mitzner,
Rektor
der Universität Potsdam

Lothar C. Poll,
Verleger,
Berlin

Johannes Rau,
Ministerpräsident
des Landes Nordrhein-Westfalen

Dr. Manfred Rommel,
Oberbürgermeister
der Stadt Stuttgart, Präsident
des Deutschen Städtetages

Heinz Ruhnau,
Vorsitzender
von pro-Brandenburg

Jürgen Scheller,
Kabarettist,
München

Dr. Christian Schwarz-Schilling,
Bundespostminister

Friede Springer,
Verlegerin

Siegward Sprotte,
Maler,
Kempen/Sylt

Grußwort

Liebe Potsdamerinnen und liebe Potsdamer!
Liebe Freundinnen und Freunde Potsdams!

Potsdam, die Landeshauptstadt Brandenburgs, wird 1000 Jahre alt. Als Schirmherr über das Jubiläumsjahr gratuliere ich der altehrwürdigen Stadt ganz herzlich und begrüße alle, die im Jubiläumsjahr zu Besuch nach Potsdam kommen.

Der Fall der Mauer und der neue Status Potsdams als Landeshauptstadt des 1990 neu gegründeten Bundeslandes Brandenburg sind nur ein kleiner Ausschnitt aus der bewegten Geschichte dieser Stadt.

Der runde Geburtstag fällt in eine Zeit des Um- und Aufbruchs. Wir sind dabei, eine Weltpremiere zu bewältigen, den doppelten Systemwechsel von der kommunistischen Diktatur zum demokratischen Rechtsstaat und von der ineffizienten Planwirtschaft zur sozialen Marktwirtschaft. Das fordert die Menschen gewaltig heraus, denn sie müssen nicht nur eine radikale Veränderung in fast allen Lebensbereichen, sondern auch die Gefährdung der Arbeitsplätze und Sorgen um ein gesichertes Wohnen verkraften. Doch der Mut überwiegt und ebenso der Wille, das neue, gemeinsame freie Deutschland mit aufzubauen. Frei nach Theodor Fontane wird dieser Mut zum Erfolg führen.

Unsere Tradition wird uns dabei mit wichtigen Lehren helfen, die schon unsere Voreltern nach schweren Verwüstungen und bösen Zeiten voranbrachten.

Erstens muß in Notzeiten Gemeinsinn vor Eigennutz und Parteiengezänk gehen.

Zweitens ist die Achtung anderer Überzeugungen und die Bereitschaft zur Zusammenarbeit mit allen, die guten Willens sind, zum Wohle des Landes nötig.

Drittens war und ist Brandenburg ein Land für Zuwanderer aus ganz Deutschland und ganz Europa, die hier ihre Erfahrungen und Fähigkeiten einbringen. Das gilt für zuziehende Neu-Brandenburger ebenso wie für Freunde und Besucher.

So werden wir den Neuaufbau unserer schönen Stadt Potsdam bewältigen. Wir hoffen, daß das Stadtjubiläum dazu einen wichtigen Impuls gibt. Und wir hoffen vor allem, in Ihnen neue Freunde für Potsdam und Brandenburg gewinnen zu können.

Den Potsdamerinnen und Potsdamern wünsche ich Erfolg und allen viel Freude in den Tagen der Tausendjahrfeier!

Manfred Stolpe
Ministerpräsident des Landes
Brandenburg

Rückschau und Ausblick

Wir sollen die Feste feiern, wie sie fallen! Das Jubiläum der 1000 Jahre fällt in eine Zeit des Umbruchs. Man kann sich so etwas ja nicht aussuchen.
Wir haben uns aber frühzeitig und deutlich dazu bekannt, daß diese Stadt 1993 auf besondere Weise in das Bewußtsein der Öffentlichkeit gebracht wird. So gut wir es können, wollen wir miteinander feiern.

Der Name Potsdam steht als Begriff. Zu meiner großen Freude ist fast ein jeder bei Nennung dieses Namens positiv berührt. Ursachen mag es viele dafür geben. Wir stehen in der Pflicht, diese guten Vorstellungen zu bewahren. Das Jubiläum kann uns dabei helfen.

Das Jahr 1993 wird uns zur Rückschau drängen, und wir werden den Ausblick wagen. Die gestaltete Zukunft hängt mit Notwendigkeit an recht verstandener Geschichte. – Wenn uns die letzten Jahre etwas lehren konnten, dann wohl doch die Erkenntnis, daß sich Geschichte nicht ungestraft verbiegen und verleugnen läßt. Wir sind unentrinnbar unserer Herkunft verhaftet. Potsdam hat seine Geschichte, und es schlägt übel zurück, wollten wir ihr uns nicht stellen.

Unsere 1000 Jahre sind urkundlich gesichert. – Baugeschichtlich können wir keinen Zeugen dafür bieten. Wir haben keinen Dom, kein Kloster, keine Burg mehr und kein Schloß, die wenigstens ein halbes Jahrtausend dokumentieren könnten. – Potsdams Millenium rechtfertigt sich aus seiner Erwähnung. Seine Bedeutung und Geschichtlichkeit entwickelten sich erst in der jüngeren Neuzeit. Die Stadt wuchs und reifte im 18. und 19. Jahrhundert.

Potsdam hatte das Glück, bevorzugter Ort eines Königs zu sein, der etwas von Aufklärung verstand. Hier war ein Mächtiger auf der geistigen Höhe seiner Zeit. Durch ihn wurden Geist, Macht und Kunst zu einem Dreiklang, der diese Stadt charakterisierte; ja, Potsdam selbst wurde zum Kunstwerk. – Aber Potsdams Geschichte ist auch die Geschichte des Konfliktes von Geist und Macht. Hier schreibt einer den Antimachiavell und wird als Regent dennoch ein Absolutist. Kunstverstand hindert nicht die menschenverachtende Kriegslust. Die Toleranz, von der in Potsdam heute so gern gesprochen wird, war ein verfügtes Prinzip im Dienste der Staatsräson – und wir sind bis auf den heutigen Tag dieser Doppelgesichtigkeit teilhaftig.

Ich will hier nicht Geschichte und Stadtgeschichte in ihrer Gesamtheit betrachten, sondern ich möchte das Jubiläum genutzt wissen, indem wir die geistige Auseinandersetzung um unsere jüngere Geschichte als Problem der Zukunftsbewältigung voranbringen. Potsdam hat in den Jahren 1949/1989 deutsche Geschichte erlebt. Diese Stadt hat in den letzten 40 Jahren ostdeutsche Geschichte mitgeschrieben. Wir sollten über diese Zeit sehr genau nachdenken, uns selbst an die Untersuchungen machen und Würdigungen aussprechen. Lassen Sie uns verhindern, daß diese Epoche zur historischen Unzeit erklärt wird. Hüten wir uns vor dem Dünkel, zu irgendeinem Zeitpunkt historisch völlig neu begonnen zu haben. Die Geschichte dieser Stadt ist ein Kontinuum, und wir als ihre Bürger haben unsere Wurzeln in allen Zeiten und müssen in ihnen Verdienst und Versagen benennen.

Diese Stadt darf nicht Symbol eines politischen Weltbildes sein. Ideologen haben Potsdam für schwarz und braun vereinnamen wollen, und man hatte Potsdam auch für den Sozialismus beansprucht. Diese Ansprüche haben der Stadt nie Glück gebracht, und für Verlockungen hat sie bitter bezahlen müssen.

Das Jubiläum könnte uns erkennen helfen, welches Bild Potsdam von sich selbst in Zukunft der Welt vermitteln will. Wir werden am Ende des Jahres 1993 genauer wissen, welche Traditionen zu fördern lohnt.

Ich wünsche, daß unser Feiern so etwas wie eine Solidarität der Bürger untereinander voranbringt. Wir haben gerade in schwieriger Zeit den Zuwachs an Gemeinsinn nötig. Ein gelungenes Fest vermag hier manches zu befördern.

Ich grüße die Bürger und Gäste dieser Stadt. Mögen sie Potsdam so erleben, daß sie mit guter Erinnerung an das Jahr 1993 und dieses unser Stadtjubiläum denken. Ich danke Künstlern, Veranstaltern und den Mitarbeitern der Stadtverwaltung!

Ich wünsche unserem Jubiläumsprogramm ein gutes Gelingen!

Oberbürgermeister
Dr. Horst Gramlich

Die Urkunde

»Datum V. nonas iulii« – mit dieser Tagesangabe unterzeichnete im Jahre 993 der erst 13jährige und noch nicht volljährige deutsche König Otto III. in Merseburg eine Urkunde, in der er seiner Tante Mathilde, Äbtissin des Klosters Quedlinburg, zwei Orte des Havellandes, Potsdam und Geltow, übereignete. Der hier verwendete römische Kalender ergibt für unsere Datierung den 3. Juli 993. Die Schenkung dieses Tages war vor allem ein Werk von Kaiserin Adelheid, Regentin des Reiches, Großmutter des Jungen und Mutter Mathildes.

Die Gegend um Potsdam hatte der Urgroßvater Ottos III., König Heinrich I., erobert und die dort wohnenden Slawen vom Stamme der Heveller unterworfen. Doch 993 war es diesen im Bunde mit anderen Slawenstämmen gelungen, in einem großen Aufstand das fremde Joch abzuschütteln. Magdeburg wurde wieder Grenzort. 991 konnte die Brandenburg, der Fürstensitz der Heveller, zurückerobert werden. Der deutsche Befehlshaber der Brandenburg erwies sich jedoch als unzuverlässig und wankelmütig. Erst gab er eigenmächtig die Burg an die Slawen zurück, dann wechselte er erneut die Partei und unterstellte sich wieder Kaiserin Adelheid und König Otto III. Die Slawen schlossen daraufhin die Brandenburg ein und belagerten sie, so daß im Frühjahr 993 das Hevellerland mit Potsdam in slawischer Hand war.

Der königlich-kaiserliche Hof befand sich damals vom Rheinland aus auf dem Wege nach Magdeburg, wo er nach dem 6. Juli 993 eintraf. Zuvor war am 3. Juli in Merseburg unsere Urkunde ausgefertigt worden. In Magdeburg sammelte sich ein deutsches Heer, das im Spätsommer 993 die Slawen angriff, den Belagerungsring um Brandenburg sprengte und anscheinend auch die übrigen Heveller unterwarf, so daß Potsdam ebenfalls wieder unter deutsche Herrschaft geriet. Das geschah, wie die Aufreihung der Ereignisse zeigt, eindeutig **nach** der Ausstellung unserer Urkunde. König Otto III. und Kaiserin Adelheid verschenkten demnach am 3. Juli 993 zwei Orte, die ihnen gar nicht unterstanden. Bis heute gibt dieser Sachverhalt den Wissenschaftlern Rätsel auf. Eines scheint aber sicher zu sein: Potsdam wird für die Regentin und ihren Enkel besondere Bedeutung besessen haben. Worin könnte sie gelegen haben?

Der deutsche Feudalstaat war nicht der einzige Gegner der zwischen Elbe und Oder siedelnden slawischen Stämme. Östlich der Oder hatte sich in der 2. Hälfte des 10. Jahrhunderts der polnische

Staat herausgebildet, der unter seinem Herzog Mieszko I. zu einem relativ bedeutenden Machtfaktor geworden war.

Mieszko I., 966 zum Christentum übergetreten, fand beim Papsttum starke Unterstützung, und er hatte seine Herrschaft auch über slawische Gebiete westlich der Oder ausgedehnt. Als er 992 starb, gehörte ihm zumindest das Land Lebus – die heutige Umgebung von Frankfurt/Oder –, doch ist nicht unwahrscheinlich, daß sich sein Herrschaftsbereich bis nach Köpenick erstreckte, der Hauptburg der Spreewanen, deren Siedlungsgebiet sich östlich an das der Heveller anschloß. Da nun der Raum Potsdam als Teil des Hevellerlandes sicher zur deutschen Interessensphäre gehörte, könnte 993 unmittelbar östlich von Potsdam die Grenze zwischen den Einflußbereichen zweier größerer Staaten gelegen haben. Was aber sollte eine Äbtissin wie Mathilde, für die Potsdam ja gedacht war, an der Nahtstelle zweier starker Feudalmächte ausrichten?

Der polnische Herzog Boleslaw Chrobry, der Sohn Mieszkos I., hatte die Absicht, sich kirchlich völlig vom Staat Ottos III. unabhängig zu machen. Polen besaß bisher nur einen Bischof, und dieser war dem Erzbistum Magdeburg unterstellt, so daß Polen in die deutsche Kirchenorganisation integriert war. Ein eigenes polnisches Erzbistum sollte nach dem Willen Boleslaws in Gnesen errichtet werden, ein Plan, der im Jahre 1000 dann auch verwirklicht wurde. Eine Änderung der kirchlichen Verhältnisse war natürlich ohne Einverständnis des Papstes nicht möglich, und das setzte voraus, sich keiner Übergriffe gegen die Kirche – erst recht nicht gegen ein so bedeutendes Kloster wie Quedlinburg – schuldig zu machen. Die Schenkung Potsdams an die Äbtissin von Quedlinburg hätte somit im Havel-Spree-Raum ein mögliches Vordringen des polnischen Staates nach Westen weitgehend blockiert. Unter den damaligen spezifischen Bedingungen wäre eine »schwache« Äbtissin wohl ein sichereres Bollwerk gewesen als jene kriegs- und kampferfahrenen Adligen, denen wahrscheinlich eher ein Angriff der Polen gegolten hätte.
Was aus der Schenkung wurde, ist nicht bekannt. Vielleicht hat Mathilde nach der Zurückeroberung der Mark Brandenburg im Jahre 993 die Orte für kurze Zeit in Besitz nehmen können. Doch schon 994 oder 995 brach die deutsche Herrschaft im Hevellergebiet wiederum zusammen. Erst nach der Mitte des 12. Jahrhunderts wurde sie dann dauerhaft von den Askaniern errichtet, ohne daß diese auf die alten Quedlinburger Ansprüche Rücksicht nahmen. Obwohl die Urkunde ja noch existierte, setzten die neuen Herren sich über das alte Recht hinweg.

Urkunde – Abb. Pergament

Über Potsdam selbst erfahren wir in der Urkunde von 993 nicht viel. Die meisten der angeführten Details treten in zahlreichen anderen Urkunden des Mittelalters ebenfalls auf, sind demnach zur Formelhaftigkeit erstarrt. Beachtenswert ist aber, daß Potsdam »in insula Chotiemuizles« lag, also auf einer nach einem slawischen Herrn benannten Insel. Damit wird indirekt auch als dessen Sitz auf eine Burg hingewiesen, von der explizit im Urkundentext keine Rede ist. Die Ausgrabungen, die zu Beginn und in der Mitte unseres Jahrhunderts durchgeführt wurden, haben diese Deutung bestätigt. Die Burg, befestigt mit Planken und Erde, lag an der Stelle der vor einigen Jahren abgerissenen Heiligengeistkirche. Daneben befand sich eine größere Siedlung, die sich bis zur Türckstraße erstreckte. Die Burg beherrschte zwei Wasserwege: die Havel und die Nuthe, deren Mündung ihr gegenüberlag. Im 10. Jahrhundert waren in diesem Gebiet die Flüsse die wichtigsten Verbindungswege zwischen den Siedlungen und Burgen, so daß Potsdam womöglich neben der herrschaftsmäßigen auch eine handelspolitische Funktion hatte. Dafür sprechen ferner die Größe der Siedlung und die Lage an einem Zweig der bedeutenden Handelsstraße von Magdeburg in die polnischen Zentren.

Bisher wurde so getan, als ob gar kein Zweifel daran bestehen könne, daß der in der Urkunde erwähnte Name sich auf die Vorläufersiedlung unserer Stadt bezieht. Doch dem ist nicht so. Zwar ist in der Urkunde von der »provincia Hevellon« die Rede, so daß eine Einengung auf den Siedlungsbereich der Heveller gegeben ist, aber der Ort heißt »Poztupimi«, und er soll zusammen mit Geltow auf einer Insel gelegen haben. Die größte Schwierigkeit bereitet dabei die Insellage, denn der Wasserstand war nach den derzeitigen Erkenntnissen im 10. Jahrhundert niedriger als zu unserer Zeit. Es ist unwahrscheinlich, daß die Niederung, durch die heute der Sacrow-Paretzer Kanal fließt und die Potsdam zur Insel macht, damals naß und sumpfig war. Was sah man im 10. Jahrhundert, wenn Poztupimi Potsdam ist, in dieser Gegend als Insel an? Eine brauchbare Erklärung fehlt bislang.

Trotzdem möchten die Historiker dabei bleiben, daß »Poztupimi« der Name für das slawische Potsdam des 10. Jahrhunderts ist. Dafür sprechen die sprachwissenschaftlichen Analysen des überlieferten Namens. Das »u« in »Poztupimi« ist die entnasalierte Form des altpolabischen Nasalvokals »ang«, den heute noch das Polnische kennt. Im Altsorbischen südlich von Potsdam wurde dafür »u« gesprochen, wobei sich diese Sprachform im 10. Jahrhundert nach Norden ausdehnte und die Havel erreichte. Die Entnasalierung hat sich hier aber nicht durchgesetzt. Man kehrte zum Nasalvokal zurück, so daß im 12. Jahrhundert, als deutsche Siedler in großer Zahl ins Havelland kamen, wieder »ang« gesprochen wurde. »Poztupimi« ist also gleichbedeutend mit »Poztangpimi«. Das »i« am Ende ist darüber hinaus eine alte Beugungsform und drückt den Besitz aus. Der Rest könnte ein Personenname sein, so daß der Name mit »Ort des Poztangpim« zu übersetzen wäre. Die letzte Silbe fiel später mangels Betonung weg, »ang« wurde verdeutscht zu »am«, und so entstand der Name »Potsdam«.

Mit einer recht hohen Wahrscheinlichkeit kann also – trotz der ungeklärten Insellage – unser Potsdam als Nachfahre von Poztupimi angesehen werden, und wir tun gut daran, die Urkunde vom 3. Juli 993 als erste erhaltene schriftliche Erwähnung unseres heutigen Stadtnamens zu betrachten.

Helmut Assing

Von der slawischen Siedlung zur Amtsstadt

Die Slawen, die Potsdam 993 bewohnten, waren nicht erst im 10. Jahrhundert in die Potsdamer Gegend gekommen. Scherbenfunde deuten darauf hin, daß die Slawen sich schon im 7./8. Jahrhundert niedergelassen hatten. Sie gründeten längs der Havel südlich der heutigen Humboldtbrücke zunächst eine Siedlung, der wohl bald die Burg gegenüber der Nuthemündung folgte.

Burg und Siedlung – vielleicht sogar durch einige andere slawische Siedlungskerne am Nordufer der Alten Fahrt erweitert – bestanden auch noch im 12. Jahrhundert, als es deutschen Fürsten gelang, die slawische Selbständigkeit im Havelraum endgültig zu beseitigen. Welcher dieser Fürsten allerdings als erster den Fuß nach Potsdam setzte, welchen Charakter die deutsche Siedlung erhielt, wann dies geschah – all das liegt im Dunkel. Fest steht, daß im 13. Jahrhundert der Potsdamer Raum den askanischen Markgrafen der Brandenburg gehörte, wenn auch Potsdam selbst erst zu Beginn des 14. Jahrhunderts ein zweites Mal erwähnt wird. Rückschlüsse aus späteren Quellen und archäologische Ergebnisse lassen für diese Zeit ein Städtlein erkennen, dessen Mittelpunkt der heutige Alte Markt war. Begrenzt wurde Potsdam nur von Wall und Graben. Sie verliefen – grob skizziert – von der heutigen Fußgängerbrücke über die Alte Fahrt bogenförmig südlich an der Post vorbei auf den Neuen Markt, die Westseite des Marstalls und schließlich wieder auf die Havel zu. Innerhalb dieser Siedlung lag am Nordrand der Langen Brücke die deutsche Burg. Die Kirche, anscheinend eine romanische Feldsteinkirche, befand sich nördlich des Marktes. Der Hauptweg durchzog Potsdam in nord-südlicher Richtung. Von Spandau oder Nauen kommend, erreichte man etwa 100 m östlich des heutigen Postgebäudes das Grüntor. Dann ging es auf winkligem Weg durch die Stadt zum nördlichen Havelufer neben der Burg. Dort war wohl in ältester deutscher Zeit eine Brücke erbaut worden, die 1317 erwähnt ist. Spätestens 1375 gab es jedoch nur eine Fähre, und erst 1416 erfolgte ein neuer Brückenbau. Jenseits der Brücke ging es einerseits Richtung Süden nach Luckenwalde–Jüterbog oder nach Beelitz–Treuenbrietzen, andererseits Richtung Osten über den Hakendamm nach Berlin. Neben diesen beiden wichtigsten Ein- und Ausgängen führte im Osten ein Weg durch eine Pforte zum alten slawischen Burgwall, auf dem nach anfänglicher Nutzung eine Windmühle errichtet worden war.

Längs dieses Weges siedelten sich außerhalb des Walles Fischer an, die sogenannten Burgfischer. Daneben bestand vielleicht die slawische Siedlung nördlich des Burgwalls noch mehr als 100 Jahre unter deutscher Herrschaft weiter und wurde erst endgültig aufgegeben, als westlich der Stadt um 1300 der Kiez neben der Havelbucht entstand. Er erscheint erstmals 1349 in den Quellen und gehörte als Dienstsiedlung unmittelbar zur deutschen Burg. Zu 1375 erfahren wir, daß er damals von Slawen bewohnt war, die, da die dortigen Scherbenfunde kaum in das 13. Jahrhundert hineinreichen, höchstwahrscheinlich umgesiedelt wurden. Vom Kiez führte ein Weg durch das im Bereich des heutigen Neuen Marktes befindliche Kieztor nach Potsdam. Dieses Tor hatte wohl schon vor der Errichtung des Kiezes existiert, denn die Fortsetzung des Kiezweges führte fast geradlinig zum Havelübergang bei Geltow und damit nach Brandenburg.

An diesem Stadtbild änderte sich bis zum 17. Jahrhundert fast nichts. Potsdam nahm weder unter den Wittelsbachern, die 1356 den Kurfürstentitel für die Mark Brandenburg erhielten, noch unter den Luxemburgern oder den frühen Hohenzollern einen spür-

Potsdam. Im Jahre 1911 am Havelufer südlich der Heiligengeistkirche freigelegte Balkenkonstruktion der slawischen Burg des 10.–12. Jahrhunderts

baren Aufschwung. Verheerend wirkten sich Stadtbrände aus, von denen der im Jahre 1536 das Rathaus mit einem großen Teil der Urkunden vernichtete. Erwähnenswerte Veränderungen betrafen die Kirche, die in gotischer Form erweitert wurde, und die Burg, an deren Stelle ein Burgschloß trat, das von der alten Burg nur den Bergfried übernahm und von vier stattlichen rundlich-ovalen Ecktürmen begrenzt wurde. Über den Zeitpunkt der an Kirche und Burg vorgenommenen Veränderungen sind wir nicht unterrichtet, doch müssen sie spätestens zu Beginn des 16. Jahrhunderts erfolgt sein.

Potsdam hatte wahrscheinlich bis ins 17. Jahrhundert hinein nie mehr als 1 000 bis 1 500 Einwohner und gehörte zu den kleinsten Städten der Mark Brandenburg. Eine Kaufmannschaft fehlte; Handwerker und Fischer gaben der Siedlung das Gepräge. Unter den Handwerkern dominierten Bäcker, Fleischer, Schuhmacher, Leineweber, Schneider. Das einzige Gewerbe, das in beschränktem Umfang auf Export ausgerichtet war und erst 1400 in Potsdam heimisch wurde, war das der Wollweber, denn die meisten Bürger konnten sich wohl die teuren Wollstoffe nicht leisten.

Die Sitte mittelalterlicher Handwerker, sich in Zünften zusammenzuschließen, gilt auch für Potsdam. Sie entstanden hier wahrscheinlich erst im 15. Jahrhundert – ebenfalls ein Zeichen für die geringe Bedeutung Potsdams. Die älteste erhaltene Potsdamer Zunfturkunde stammt aus dem Jahre 1481 und bestätigt das für die Schuhmacher erlassene Statut von 1468, mit dem diese Zunft offenbar gegründet wurde. Noch älter könnte die Zunft der Wollweber gewesen sein, denn möglicherweise gab es eine 1409 ausgestellte Urkunde, mit der diese Handwerker ihr erstes Zunftstatut empfingen.

Pokal aus den Flußuferschichten des 13. Jahrhunderts, gefunden 1989. Havelufer am Alten Markt

Am stärksten vertreten war der Berufszweig der Fischer. Schon die ältesten Quellen aus dem 14. und 15. Jahrhundert lassen eine ausgeprägte soziale Differenzierung erkennen. Neben den vielen Kleinfischern, die jeweils einen Kahn besaßen, gab es einige Garnmeister, auch »Wasserherren« genannt, die Großfischerei betrieben und Tagelöhner beschäftigten. Sozial standen sie den Handwerksmeistern anscheinend in nichts nach.

Zu unbekannter Zeit hatte Potsdam das Recht erhalten, Jahrmärkte einzurichten. Sie gaben fremden Kaufleuten oder Handwerkern die Möglichkeit, in Potsdam eigene Waren zum Verkauf anzubieten. Erstmals ist 1424 von einem solchen Jahrmarkt die Rede. Die Zahl der Jahrmärkte schwankte bis zur Mitte des 17. Jahrhunderts, doch mehr als vier Jahrmärkte pro Jahr wurden es nie. Daneben gab es einige sogenannte Abendmärkte, auf denen die Rechte Fremder eingeschränkt waren.

Die politische Macht lag anfangs beim Burgherrn und – dem Burgherrn unterstehend – beim Ortsschulzen. Beide waren Beauftragte des fürstlichen Landesherrn, des eigentlichen Herrn Potsdams. Später erreichten die Bürger, daß ihnen eine Interessenvertretung, der städtische Rat, zugestanden wurde. Die älteste Erwähnung dieses Rates stammt von 1345. Er engte die Aufgaben des Schulzen auf die Rechtsprechung ein und suchte dem Burgherrn alle Möglichkeiten zu nehmen, eigenmächtig in das städtische Leben einzugreifen. Da jedoch die Ratsherrenstellen in einigen Familien fast erblich wurden, verselbständigte sich der Rat bald und wurde von vielen Bürgern nicht mehr als Interessenvertretung anerkannt. Politische Auseinandersetzungen

Potsdam, Alter Markt.
Prager Groschen aus dem 1989 gefundenen Münzschatz des 14. Jahrhunderts (ca. 2:1)

zwischen Rat und Bürgerschaft, für 1467 erstmals überliefert, gaben dem Amtshauptmann – wie der Burgherr seit Beginn des 15. Jahrhunderts genannt wurde – Gelegenheit, wieder stärker auf die städtischen Belange Einfluß zu nehmen. Im Widerstreit der sich befehdenden Parteien wurde Potsdam schließlich im Laufe des 16. Jahrhunderts zu einer Amtsstadt, die sich erniedrigende, willkürliche Eingriffe der Amtsleute gefallen lassen mußte. Unabhängig von den in der Stadt bestehenden politischen Verhältnissen hatten die Bürger die unterschiedlichsten Abgaben zu entrichten. Sie flossen der kurfürstlichen Kasse oder denjenigen zu, an die sie der Landesherr veräußert hatte. So wissen wir, daß zum Beispiel reiche Bürger Berlins wie auch das Kloster Spandau Abgaben aus

Potsdam erhielten. In der Zeit der Ratsherrenschaft zogen die Ratsherren die Abgaben ein und führten sie an die Eigentümer ab.
Neben den Abgaben hatten die Fischer seit Bestehen der deutschen Siedlung auch Dienste zu leisten. Dieser Umstand erklärt sich wohl so, daß sich unter den Fischern in der Anfangszeit vor allem Slawen befanden. Als dann im 16. Jahrhundert die Amtsleute zunehmend die Macht an sich rissen, erweiterten sie die Dienstpflicht in den unterschiedlichsten Formen auf die gesamte Bevölkerung. Der Übergang Potsdams zu einer Amtsstadt bedeutete daher nicht nur die Einbuße politischer Rechte, sondern stellte auch eine stärkere soziale Belastung dar.
Die jeweiligen Landesherren verpfändeten häufig Einkünfte und Rechte, wovon mitunter ganze Ortschaften betroffen waren. In solchen Zeiten mußten die Bewohner stets auf der Hut sein, daß der Pfandbesitzer sich keine willkürlichen Übergriffe erlaubte. Potsdam war wohl die in der Mark Brandenburg am häufigsten verpfändete Stadt. Beim Verkauf Potsdams im Jahre 1323 an das Domkapitel in Brandenburg dürfte es sich um die älteste bekannte Verpfändung gehandelt haben. Die Verpfändungen erreichten im 15. Jahrhundert ihren Höhepunkt und hielten bis in die Mitte des 17. Jahrhunderts an. Ein Ende fanden sie erst, als der Große Kurfürst nach zähen Verhandlungen Potsdam aus der Pfandherrschaft der Familie Hake befreite und zur Residenzstadt auserkor.
Zu diesem Zeitpunkt schien Potsdam allerdings nur noch wenig Lebenschancen zu besitzen. Der Dreißigjährige Krieg, Mißernten und Pestepidemien hatten die Stadt besonders hart mitgenommen. Die kaiserlichen Truppen unter Wallenstein hielten sich ebenso an der Bevölkerung schadlos wie die schwedischen Truppen der Gegenseite unter Gustav Adolf. 1660 waren von den zweihundert Häusern der Vorkriegszeit nur noch siebzig bewohnt.
Helmut Assing

Dunkel über der Stadtentstehung

1157 hatte der Askanier Albrecht der Bär, ein im Harz sowie in dessen nördlichem und östlichem Vorland reich begüterter Graf, endgültig die slawische Brandenburg erobert. Mit dieser Tat legte er auch den Grundstein für ein neues Fürstentum, die Mark Brandenburg, die sich in der Folgezeit von Brandenburg aus nach Norden, Osten und Süden ausdehnte. Der Potsdamer Raum könnte deshalb bald nach 1157 unter die Herrschaft der Askanier geraten sein, die demnach als Gründer der deutschen Siedlung Potsdam anzusehen wären. Keramikfunde in der Nähe des Alten Marktes lassen darauf schließen, daß hier in der 2. Hälfte des 12. Jahrhunderts die deutsche Besiedlung begann. Damit ist jedoch nicht gesagt, daß das slawische Potsdam sofort unter die Botmäßigkeit der Askanier kam. Nach 993 wird erst 1197 wieder ein Ort der Potsdamer Gegend in einer Urkunde erwähnt. Es ist Fahrland, wo damals ein Beauftragter des askanischen Markgrafen von Brandenburg saß. Die nächste Urkunde, die sich auf die Potsdamer Umgebung bezieht, ist schon gut 30 Jahre jünger: 1228 bestätigte Markgraf Johann I. die Schenkung des Dorfes Drewitz an Kloster Lehnin. Von Potsdam selbst verlautet aus dieser Zeit gar nichts. Trotzdem dürfte aus den Urkunden von 1197 und 1228 geschlußfolgert werden, daß spätestens an der Wende vom 12. zum 13. Jahrhundert der Raum Potsdam den Askaniern gehörte. Doch war das auch schon kurz nach 1157 so? Einige Indizien sprechen deutlich dagegen. Zunächst geht aus der Urkunde von 1228 hervor, daß derjenige, dessen Schenkung an Kloster Lehnin der Markgraf bestätigte, einst dem Erzbischof von Magdeburg unterstand. Das läßt vermuten, der damalige Herr von Drewitz könnte im Auftrage des Erzbischofs in diese Gegend gekommen sein. Die Erzbischöfe waren im Mittelalter nicht nur geistliche Würdenträger, sondern auch Fürsten mit einem Herrschaftsgebiet. Erzbischof Wichmann von Magdeburg, ein Zeitgenosse Albrechts des Bären, hatte unter anderem das Land Jüterbog erobert. Mit ihm verbindet sich ein zweites Indiz gegen eine ursprüngliche Herrschaft der Askanier in Potsdam. Denn nördlich von Potsdam liegt Seeburg, in dessen Nähe sich im 12. Jahrhundert weder ein See noch eine Burg befanden. Es ist deshalb mit einer Namensübertragung zu rechnen, die von Seeburg bei Eisleben aus erfolgt sein könnte. Dieses Seeburg aber war die Stammburg des Grafengeschlechts, dem der erwähnte Erzbischof Wichmann angehörte. Wie bei Drewitz führt die Spur nicht zu den Askaniern, sondern zum Erzbistum Magdeburg. Noch ein drittes Indiz ist erwähnenswert. Dicht bei Potsdam entstand im 12. Jahrhundert das Dorf Bornstedt, dessen Namen zu der Zeit nicht mehr neu gebildet wurde. Auch hier liegt daher eine Na-

Brakteat (frühe Münze). Albrecht I., Markgraf von Brandenburg (1136–1170)

mensübertragung nahe. In Frage kommt Bornstedt bei Eisleben, das vom dortigen Seeburg nicht weit entfernt ist. Der Ort gehörte damals den Herren von Bornstedt, die, wie die Quellen erkennen lassen, enge und gute Beziehungen zum Erzbistum Magdeburg unterhielten. So drängt sich der Schluß auf, daß der slawische Siedlungsraum um Potsdam wahrscheinlich zunächst unter die Herrschaft des Erzbischofs von Magdeburg geriet, der wohl die Herren von Bornstedt mit der Okkupation beauftragt hatte. Erst später gelang es dann den Askaniern, das Erzbistum aus diesem Raum zu verdrängen.

All das bedeutet aber noch nicht, daß das Städtlein Potsdam in der recht kurzen Zeit der Magdeburger Herrschaft entstand. Möglich wäre es zunächst schon, daß die Gründung erst ins 13. Jahrhundert fällt, als das südliche Havelland den Askaniern gehörte. Einen gegenteiligen Anhaltspunkt liefert aber die deutsche Burg, die innerhalb der Potsdamer Siedlungsumwallung an der Langen Brücke lag. Nach den bisherigen archäologischen Untersuchungen hatte sie keinen eigenen Graben, so daß sie nicht älter sein kann als die deutsche Siedlung Potsdam. Sie wäre sonst gegenüber feindlichen Angriffen allzu ungeschützt gewesen. Da die nachträgliche Erbauung einer Burg in der Siedlung ebenfalls unwahrscheinlich ist, kann man auf eine gleichzeitige

Potsdam, Alter Markt. Silberner Denar mit Darstellung des geflügelten Markgrafen aus dem 1989 gefundenen Münzschatz des 14. Jahrhunderts (ca. 2:1)

Gründung von Burg und Siedlung schließen. So dürfte das deutsche Potsdam ursprünglich vor allem eine Wehrsiedlung gewesen sein, in der sich neben der Burgbesatzung vornehmlich Handwerker und Fischer niederließen. Die Burg als Kern der vermutlichen Wehrsiedlung hatte nun einen viereckigen Grundriß, wie er in den vom Magdeburger Erzbistum okkupierten Gebieten vorherrschte, während die frühen askanischen Burgen runde Türme besaßen. Die Gründung der deutschen Siedlung Potsdam wäre deshalb noch eher dem Erzbistum Magdeburg beziehungsweise den Herren von Bornstedt denn den Askaniern zuzuschreiben. Sie dürfte aber nicht schon in der Mitte des 12. Jahrhunderts entstanden sein. Dagegen spricht, daß im Turm nicht nur Ziegelsteine, sondern auch Findlinge vermauert sind. Diese Art des Burgenbaus

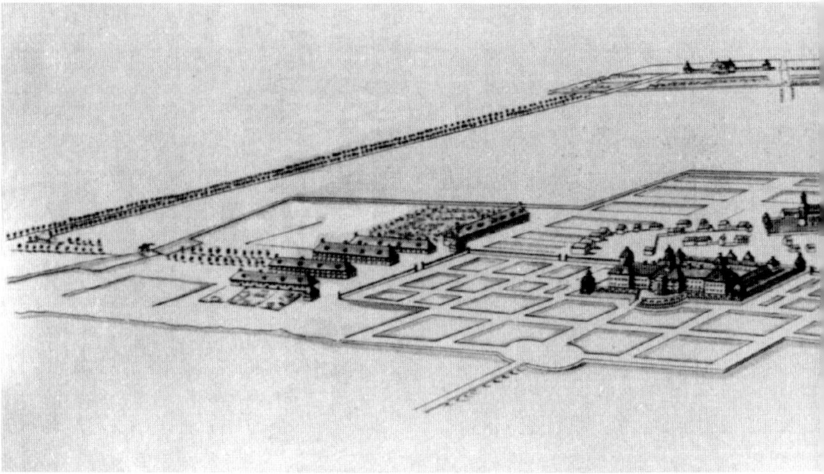

wurde wohl erst um 1200 praktiziert, so daß die Wehrsiedlung, wenn sie vor den Askaniern entstanden ist, dem Ende der Magdeburger Herrschaftszeit zugerechnet werden müßte. Ihre Errichtung würde sich aus der Zuspitzung der Beziehungen zu den benachbarten Askaniern erklären, ohne daß letztlich der Herrschaftswechsel verhindert werden konnte. Als ursprüngliches Herrschaftszentrum auf der Insel Potsdam wäre Bornstedt anzunehmen, in dessen Nähe Überreste einer Wehranlage gefunden worden sind. Für die Sicherung des südlichen Havelübergangs wäre die ehemalige slawische Burg, deren Nutzung durch Funde deutscher Keramik erwiesen ist, zunächst ausreichend gewesen. Mit dem Übergang des Ortes an die Askanier verblaßte bald der Wehrcharakter. Handel und Gewerbe begannen zu dominieren und ließen Potsdam endgültig zu einem Städtlein werden.

Helmut Assing

Die Hohenzollern kommen

Die Zeit der Luxemburger in der Mark Brandenburg begann 1373 mit dem tatkräftigen Karl IV., der auch als Kaiser und deutscher König ein bedeutender Herrscher war. Mit seinem Namen verbindet sich die »Goldene Bulle«, durch die die Mark Brandenburg 1356 zu einem Kurfürstentum avancierte. Nach dem Tode Karls IV. ließ die Kraft der Luxemburger in der Mark nach. Immer häufiger nahmen sich die großen Adelsgeschlechter, allen voran die be-

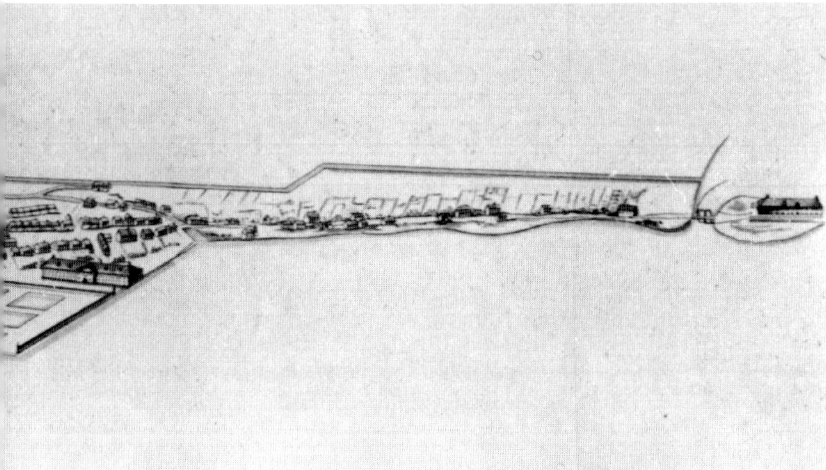

Potsdam.
Stich nach Memhardt, 1672

rühmten Quitzows, das Recht zu Fehden, Überfällen, Plünderungen und anderen Willkürakten heraus. Die Entwicklung erreichte unter Jobst von Mähren, einem Neffen Karls IV., ihren Höhepunkt. Er verpfändete schließlich die gesamte Mark Brandenburg an seinen Schwager Wilhelm den Einäugigen, Markgraf von Meißen, der das neue Pfandobjekt hauptsächlich als Finanzquelle betrachtete. Auch Potsdam seinerseits diente wiederum als Pfand. In einer Urkunde vom 6. Januar 1400 bekannte ein Wichard von Rochow, daß Markgraf Wilhelm von Meißen ihm Schloß, Stadt und Kiez zu Potsdam verpfändet habe. Die Rochows waren in der benachbarten Zauche – der Landschaft um Potsdam, Beelitz, Lehnin und Brandenburg – das mächtigste Adelsgeschlecht, und ihre Hauptburg befand sich in Golzow. Als Verbündete der Quitzows terrorisierten sie wie diese Dörfer und Städte der Mark Brandenburg. Selbstverständlich nahmen sie die eigenen Besitzungen davon aus, und so war es in dieser Zeit der adligen Willkürherrschaft im Grunde ein wahres Glück, daß Potsdam an die Rochows verpfändet war.

Nachdem Markgraf Jobst die Mark Brandenburg gerade wieder ausgelöst hatte, starb er am 17. Januar 1411. Potsdam befand sich immer noch im Pfandbesitz der Rochows. Die nun folgenden Ereignisse, die bis heute nicht restlos aufgeklärt sind, verstricken die Geschicke Potsdams für kurze Zeit mit der großen Politik, ehe es in sein Schattendasein zurückfiel. Auslösendes Moment war die Tatsache, daß die Mark Brandenburg an

Sigismund, den Vetter Jobsts, kam, der kurz zuvor deutscher König geworden war und in großen Geldnöten steckte. Er verpfändete daher wie sein Vorgänger die Mark Brandenburg, und zwar an den Burggrafen von Nürnberg, den Hohenzollern Friedrich VI., der vier Jahre später als Friedrich I. Kurfürst von Brandenburg wurde. Friedrichs Politik war aber nicht nur auf Brandenburg, sondern auch auf das benachbarte Kurfürstentum Sachsen gerichtet. Um die Verlobung seines ältesten Sohnes Johann mit der Schwester des sächsischen Kurfürsten schon vor der Ehe materiell zu festigen, erreichte er als Gläubiger des Königs, daß Sigismund am 25. August 1411 der künftigen Schwiegertochter Friedrichs neben allen Einkünften auch Potsdam als Heiratsgut überschrieb. Dazu waren die Rochows als derzeitige Pfandbesitzer auszulösen, und Friedrich bemühte sich offenbar auch darum. Doch die Rochows wollten Potsdam nicht hergeben. Wie die Quitzows gingen sie in Opposition zu dem neuen Pfandherrn der Mark. Friedrich schaltete in der Potsdamer Angelegenheit den König selbst ein, der schließlich in zwei Briefen vom 14. Januar 1412 und vom 12. August 1412 die Rochows ernsthaft ermahnte, Potsdam endlich gegen Erstattung der Pfandsumme herauszugeben. Was daraufhin geschah, ist nicht mehr deutlich erkennbar. Überliefert ist, daß Friedrich am 29. September 1412 in Potsdam die Huldigung der Bürger empfing. Das würde eigentlich heißen, daß die Rochows nach den königlichen Ermahnungen Potsdam doch zurückgegeben hatten, zumindest die Stadt. Die Burg aber war von der Stadt ja kaum getrennt, und so wäre die Rückgabe auch für die Burg anzunehmen. Dazu paßt jedoch nicht, daß die Rochows mit den Quitzows und mit anderen verbündeten Adelsgeschlechtern alle übrigen Burgen verteidigten. Potsdam stände als Ausnahme da. Der Widerstand dieser Adelsopposition war erst gebrochen, nachdem Friedrich zu Beginn des Jahres 1414 ihre Hauptburgen Friesack, Plaue und Golzow erstürmt hatte. Danach ließ Friedrich vereinzelt Gnade gegenüber den Aufrührern walten. Wie ein Zeitgenosse schrieb, »setzte« Friedrich Wichard von Rochow – wohl der Sohn desjenigen, der im Jahre 1400 Potsdam als Pfand erhalten hatte – »auff das Schloß Potstamp ..., daß er vor vier hundert Schock Böhmischer Groschen innen hielt«. Danach wäre Potsdam immer noch im Pfandbesitz der Rochows gewesen, und eine mögliche Gegenüberlegung hätte dadurch Bestätigung erfahren. Doch darf nicht vergessen werden, daß die damaligen Schreiber oft sprachlich recht ungeschickt waren. Ein anderer Sinn ergäbe sich, wenn man »innen gehalten hatte« interpretieren würde. »Setzen« wäre dann »festsetzen«, also »einsperren«, und der Nachsatz hätte nur die Funktion zu begründen, warum dies gerade in Potsdam geschah. Wie dem aber auch gewesen sei: Die Rochows verloren ihre Rechte in Potsdam, und die Potsdamer brachten am 28. Februar 1416, nachdem Friedrich von Hohenzollern nunmehr offiziell mit der Mark Brandenburg belehnt worden war, noch einmal ihre Huldigung dar. Am gleichen Tage bestätigte der Kurfürst ihre Rechte und Freiheiten, die er mit der Erlaubnis zum Bau einer Havelbrücke sogar erweiterte. Die Potsdamer werden deshalb wohl mit großen Erwartungen der neuen Regentschaft entgegengesehen haben. Doch zunächst passierte nicht viel, und zehn Jahre später war auch Kurfürst Friedrich genötigt, Potsdam erneut zu verpfänden.

Helmut Assing

Amtsleute contra Ratsherren

Als der städtische Rat 1345 zum ersten Male erwähnt wurde, werden Bürgerschaft und Ratsherren noch in größerem Maße gemeinsame Interessen besessen haben. Denn damals hatten beide zusammen – wie die Urkunde ausdrücklich betont – dem Markgrafen das Versprechen abgerungen, die Stadt niemals wieder zu verpfänden. Dieses Versprechen hielten zwar die späteren Markgrafen nicht ein, doch war es schon eine Leistung, daß solch ein Städtlein einem Markgrafen ein schriftlich formuliertes Versprechen abringen konnte. Ohne Gemeinsamkeiten wäre das sicher kaum möglich gewesen.

Brandenburgischer Taler, 1527

Danach muß es aber zu größeren Zerwürfnissen gekommen sein. Die Ratsherren bestimmten nach einjähriger Tätigkeit selbst ihre Nachfolger – vier bis fünf an der Zahl und mit einem Bürgermeister an der Spitze, der 1450 zuerst in den Quellen auftaucht -, die, wenn nicht Tod, Krankheit oder Unfähigkeit Änderungen herbeiführten, im allgemeinen ihre Vorgänger wieder in den Rat beriefen. So blieb die Masse der Bürger ohne Einfluß auf die personelle Zusammensetzung des Rates. Diese erkämpften sich aber zu unbekannter Zeit das Recht, in die Zusammenkünfte der Ratsherren

Beisitzer zu delegieren, die dort sicher eine Art Kontrolle ausübten. Dies führte zu politischen Auseinandersetzungen zwischen Rat und Beisitzern, und sie signalisierten dem Kurfürsten die Gunst der Stunde. Mit der Entstehung der Ratsverfassung hatten der Kurfürst und sein Vertreter in der Burg deutlich an Einfluß auf die Stadt verloren. Das war nicht nur in Potsdam, sondern in allen märkischen Städten so. Die neuen Kurfürsten aus dem Hause Hohenzollern waren mit dem festen Vorsatz in die Mark gekommen, auch diesen Zustand zu ändern. 1467 hatte es wieder einmal »etlich zweytracht und schelung« zwischen Rat und Bürgerschaft gegeben. Der Kurfürst, Friedrich II. von Hohenzollern, mischte sich ein, erklärte einerseits die Beisitzer für abgeschafft und verlangte andererseits vom Rat, daß er in Zukunft vor dem Amtshauptmann in der Burg Rechenschaft ablegen möge. Der Kurfürst hatte, wie man so sagt, zwei Fliegen mit einer Klappe geschlagen.

Von da an besaßen die Amtsleute wieder eine rechtliche Grundlage, in das städtische Leben Potsdams einzugreifen. Besonders im 16. Jahrhundert machten sie mehr und mehr davon Gebrauch, ja, sie überzogen ihre Kompetenzen bei weitem. Das wurde ihnen insofern erleichtert, als die Bürgerschaft trotz des kurfürstlichen Verbots hartnäckig weiterhin Beisitzer zu den Ratszusammenkünften entsandte. Dort entbrannte dann der Streit mit den Ratsherren. Die Bürgerschaft richtete in jener Zeit auch Briefe an den Kurfürsten, in denen sie sich über Steuermanipulationen des Rates beschwerte. Der Rat, so heißt es an einer Stelle, habe das Geld für sein »Gesoffe« verwendet, worunter sicher ausschweifende Sitzungen auf Kosten der Bürger zu verstehen waren. 1571 kam es sogar zu einem großen Aufruhr der Bürger gegen den Rat.

Eine solche Uneinigkeit, in erster Linie genährt durch den Eigennutz des Rates, verhinderte den nötigen Widerstand gegen die Forderungen der Amtsleute. Diese begannen, alle Bürger, nicht nur die Fischer, zu Diensten heranzuziehen. So mußten die Bürger im 16. Jahrhundert ehrenrührige Treiberdienste verrichten, wenn der Herr Amtshauptmann zur Jagd ging. Und der Amtsschreiber durfte es wagen, den Bürgermeister als Treiber einzuteilen. 1572 beschwerte sich der Rat beim Kurfürsten, die Bürger seien zu vielen neuen Diensten verpflichtet worden, die es früher nicht gegeben habe, und müßten fast schon die gleichen Dienste wie die Bauern verrichten. Diese Beschwerde änderte jedoch die Situation nicht. Im Gegenteil: Die geforderten Dienstleistungen stiegen weiter an. Ein wichtiges Charakteristikum städtischer Freiheit war damit beseitigt worden.

Auch spürten die Ratsherren die

wachsende Macht der Amtsleute, wenn es um ihre politischen Rechte ging. Wahrscheinlich verlor der Rat in der Mitte des 16. Jahrhunderts das Recht, über die Nachfolge zu bestimmen. Er begann sich in ein Vollzugsorgan für die vom Amt ausgehenden Anweisungen zu verwandeln, und seine Mitglieder mußten nicht nur Dienste leisten, sondern sich auch schimpflichste Behandlung gefallen lassen. So wurden 1559 den Ratsherren die Stadtschlüssel abgenommen, weil der Amtshauptmann Abraham von Rochow in der Nacht zu lange vor dem Stadttor warten mußte und nicht pünktlich in seine Burg gelangen konnte, die ja innerhalb der Stadt lag. Bei anderer Gelegenheit setzte derselbe alle Ratsherren ohne Angabe von Gründen gefangen. Anfang der sechziger Jahre des 16. Jahrhunderts verlangte ein anderer Amtshauptmann, Bernd von Spiegel, für sich und seine Diener bei Gefängnisstrafe Reit- und Wagenpferde von den Ratsherren. Und der Amtsschreiber, der eigentlich gar nichts zu sagen hatte, brachte es in jener Zeit fertig, die Ratsherren zu sich zu zitieren und sie »Bengels« und »Schelme« zu schelten. Ende des 16. Jahrhunderts war Potsdam, auch wenn sich Bürgerschaft und Rat hier und da noch aufbäumten und sich beschwerten, faktisch zu einer Amtsstadt geworden.

Helmut Assing

Von Predigern und Mönchen

Der Übertritt des brandenburgischen Kurfürsten Joachim II. zum evangelischen Glauben 1539 wird meist als der entscheidende Durchbruch für Luthers Lehre in der Mark und – zuweilen verkürzt – als »die Reformation« im Brandenburgischen verstanden. Gleichwohl erstreckte sich der reformatorische Prozeß noch über mehrere Jahrzehnte. Potsdam hat in jenen aufgeregten Jahren keine herausragend-nennenswerte Rolle wie etwa Brandenburg an der Havel gespielt.

Die wirtschaftliche Lage des vom landesherrlichen Amt Potsdam abhängigen Havelstädtchens, das erst seit kurzem durch Joachim I. aus einer der häufigen Verpfändungen gelöst worden war, hatte 1536 unter einem verheerenden Brand gelitten, der Rathaus und einzelne Wohnhäuser zerstörte, den Kirchturm beschädigte. Die Übernahme des Amtes in das Leibgedinge der Luther zugetanen Kurfürstin Elisabeth und der Ausbau der Wallanlagen des Schlosses konnten für die Stadt keine Verbesserung ihrer Lage bedeuten. Auch unter Joachim II. (1535–1571), der das Schloß herrichten ließ und gern als Jagdaufenthalt nutzte, änderte sich kaum etwas.

Porträt von Caspar (?) von Köckritz von Lucas Cranach d. J. Paris, Louvre

Auch wenn der Buchdruck Luthers Gedanken ohnehin leicht verbreitete, ist es sicher nicht ohne Bedeutung für die Haltung der Potsdamer gewesen, daß nur wenige Kilometer entfernt mit Saarmund und Teltow zwei Orte lagen, für die Aufenthalte des Ablaßpredigers Tetzel bezeugt sind, daß das nahe Saarmund schon 1537 einen evangelischen Prediger annahm und daß schließlich in Teltow sich im Oktober 1539 Adlige trafen, um mit der »Teltower Einigung« einen für die Einführung der Reformation wichtigen Schritt zu vollziehen.

So verwundert es nicht, daß auch der Potsdamer Rat immerhin vor 1539 einen evangelischen Prediger angenommen hat. Luthers Lehre ist in jenen Jahren vielfach von Laien, selbsternannten Wanderpredigern (»Prädikanten«) verbreitet worden, die nicht selten Studenten, ehemalige Mönche oder gar Handwerker waren. Auch »seßhafte« Laien, darunter Küster und Stadtschreiber, begeisterten sich und ihre Umgebung für Luthers Auffassungen. Ein solcher scheint ursprünglich auch der erste evangelische Pfarrer von Potsdam gewesen zu sein: Mattheus Grothe. Denn er selbst bekennt 1546, etwa 45jährig, früher (um 1520) »des Raths Diener und Stadtschreiber« in Potsdam gewesen zu sein. 1538 bereits wird er als Pfarrer am Ort genannt und erscheint noch 1546 als »Pfarrer allhier«, als schon ein theologisch vorgebildeter und ordinierter Pfarrer und ein Diakon (Kaplan) amtieren.

Noch zu Grothes Amtszeit fand am 10. und 11. Mai 1541 die Potsdamer Visitation unter der Leitung des Kanzlers Weinlöben statt. Der überlieferte Kirchen-Visitations-Abschied vermittelt uns ein Bild von den ärmlichen Potsdamer Verhältnissen. Der Kirchturm ist »etwas baufellig«. Das Kircheneinkommen sollte aufgebessert werden, »damit davon wiederumb mag bebauet vnd gebessert werden«. Als Zeugen der Frömmigkeit aus spätmittelalterlich-vorreformatorischer Zeit existieren noch drei geistliche Lehen an der Katharinen-, der späteren Nikolaikirche. Man hat vorläufig das am Ort Mögliche toleriert, dann aber wohl doch sehr bald in Andreas Senst(ius) einen ausgebildeten Theologen berufen, der Grothe zwar nicht verdrängte, aber doch wohl die Hauptrolle gespielt haben wird. Er war gebürtiger Schlesier und hatte Luther noch in Wittenberg gehört. Schon 1543 wird Sebastian Schmidt (Faber) sein Nachfolger. Er stammte aus Koblenz, war ebenfalls noch Schüler Luthers gewesen und über die Zwischenstation eines Archidiakons in Bernau nach Potsdam gekommen, wo er 1553 starb. Erst dessen Nachfolger, Augustin Spiegelberg, war ein gebürtiger Potsdamer, der 1544, zwei Jahre vor Luthers Tod, in Wittenberg immatrikuliert worden war und über Strausberg in seine Heimatstadt zurückkehrte, in der er dann vierzehn Jahre als Diakon und Pfarrer amtierte. 1564 folgte Michael Sprengler, der zwar des Calvinismus beschuldigt wurde, aber gemeinsam mit dem Diakon Peter Werder die Konkordienformel unterschrieb.

Einen eigenen Schulmeister konnte Potsdam sich zur Zeit der Visitation nicht leisten; sein Amt versah der Küster, der zugleich Stadtschreiber war. Auch das der Unterhaltung der Armen dienende Hospital St. Gertrud in der Gegend der späteren Priesterstraße, war durch einen Stadtbrand »fast untergangen«. Die Visitatoren bestimmten zwei Bürger zu Vorstehern und kümmerten sich um die Arbeitsfähigkeit des Hospitals. Ergab sich für ein Armen-Hospital auch nach der Reformation Bedarf, so wurde die zugehörige Kapelle nicht wiederhergestellt. Allerdings behielt »ein alter Priester«, Jacob Kortenbeck, in einem mit ihr verbundenen Haus Wohnrecht. Es war jener wortgewaltige und prominente erste evangelische Prediger von Neuruppin, der hier seinen »Altersruhesitz« hatte.

In den Jahren nach Einführung der Reformation hatte Caspar von Köckritz als Amt(shaupt)mann in Potsdam das Sagen. Der aus der Niederlausitz stammende Adlige hatte schon 1524 in seinem Dorf Seese einen evangelischen Prediger angenommen und schließlich sein Gut verkauft, um Luther in Wittenberg nahe zu sein. Dort gehörte er zu dessen Tischgenossen und Vertrauten. 1543 sind Köckritz Schloß, Städtlein und Kiez zu Potsdam verpfändet worden, zugleich wurde er Amtmann in Potsdam und kurfürstlich brandenburgischer Rat von Hause aus. Zwar hat er sich häufig vertreten lassen, doch ist seine Anwesenheit und Aktivität in Potsdam zumindest für 1546/47 belegt und in den Jahren bis 1550 sehr wahrscheinlich; spätestens 1557 ist er allerdings wieder in Wittenberg, wo er 1567 stirbt. Die für die Potsdamer sicher nicht unspektakuläre Festsetzung zweier Lehniner Mönche im Potsdamer Schloß, »die mit der

Neugestaltung der Dinge unzufrieden« waren, fällt allerdings noch in die Zeit vor seiner Potsdamer Amtszeit. 1546 liegt Köckritz mit dem Potsdamer Rat im Streit wegen Grundstücksangelegenheiten im Rahmen der von ihm vorgenommenen Abtragung der Wälle. Er hat offenbar auch die Ruine der Hospitalkirche abtragen lassen. Sein Verhältnis zum Rat war nicht das beste, und schließlich verfügte gar der Kurfürst wegen des Wallabbruchs, Köckritz dürfe das Schloß nicht verlassen, auch nicht zum Kirchgang, eine Maßnahme, die 1547 aufgehoben wurde. Er muß wohl ein unruhiger Mann gewesen sein.

So stehen wir vor einem recht lückenhaften Bild der Reformationszeit in Potsdam. Doch verweist es immerhin auf das Wirken bedeutender Reformatoren in der Stadt.

Peter Bahl

Das» Potsdamer Sterben«

Der Dreißigjährige Krieg verwüstete und entvölkerte die brandenburgisch-preußischen Territorien. Was durch die Kriegsfurie nicht zerstört wurde, verfiel in der Folge von Pest, Inflation und wirtschaftlichem Ruin. Im Havelland sank die Bevölkerungszahl um die Hälfte.

Kurfürst Georg Wilhelm war ohne eigenes starkes Heer trotz ständig wechselnder Bündnisse nicht in der Lage, Schaden vom Land abzuwenden. 1627 wechselte der Kurfürst wieder einmal die Partei und suchte sein Heil auf Drängen des einflußreichen Grafen Adam von Schwarzenberg in einem Bündnis mit Kaiser Ferdinand II. Doch die Truppen des kaiserlichen Generalissimus Wallenstein versorgten sich nach der Devise ›Der Krieg ernährt den Krieg‹. Das bekam auch Potsdam zu spüren. Zwischen 1627 und 1629 mußten monatlich 450 Taler Kriegskontribution aufgebracht werden – und dies, obwohl durch Mißernten 1628 und 1629 und Ruhr-, Typhus- und Pestepidemien 1626 und vor allem 1631 das wirtschaftliche Aufkommen der Stadtbevölkerung nahezu erschöpft war.

Oft suchten die Bewohner umliegender Dörfer in der Stadt Schutz vor der marodierenden Soldateska. Der Landadel flüchtete zeitweise in das festungsartige Schloß. Die materielle und militärische Belanglosigkeit und ihre landschaftliche Unzugänglichkeit machten die Stadt zwar nicht zum bevorzugten Objekt beutegieriger Söldnertruppen, aber Überfälle insbesondere auf den relativ ungeschützten Kiez hatten die Potsdamer dennoch zu erleiden. Nur 1626 wehrten Kiezbewohner einen Übergriff kaiserlicher Soldaten erfolgreich ab. Das blieb allerdings ein in den Chroniken gerühmtes Einzelbeispiel Potsdamer Wehrhaftigkeit. Die militärische »Stärke« der Stadt und ihrer Landwehr verdeutlicht ein Verzeichnis der städtischen Rüstkammer aus dem Jahre 1633: nur 20 Harnische und Piken, 19 Musketen, 12 Feuerrohre, 14 Hellebarden und Federspieße standen den Bürgern zur Verfügung!

Hilflos wandte sich der Kurfürst im Mai 1629 an den Kaiser und berichtete, daß »aller Orten beides, das Land und auch die Städte ... ganz öde und wüst wurde ... und sehe Ich nichts anderes vor meinen Augen als die totale Ruin und Verödung meiner ... Lande ... Meine armen Lande müssen nicht allein das Volk (d. h. die Armeen), so im Lande sich befindet, unterhalten, sondern auch denen, so in anderen Landen einquartiert, den Sold nachschicken ... Es werden auch nicht allein starke Summen zu Behuf der Artillerie erhoben, sondern noch dazu von jeder Kompanie Rüstwagen, Pferde, Lunten, Karren, Schuppen und was der Dinge viel mehr ist, begehrt. Dies alles wird mit ... scharfer militärischer Execution und dabei vorgehenden strafbaren Excessen ... von den armen Leuten erzwungen und darüber viel Seufzen und bittere Tränen ausgepreßt.«

Potsdam traf es 1631 besonders schwer. In diesem Jahr, in den Chroniken das »Potsdamer Sterben« genannt, wurden in der Stadt nur 18 Kinder geboren, während 471 Menschen starben, davon 308

Abwehr marodierender Soldaten.
Radierung von Hans Ulrich Franck

an der Pest. Im Mai 1631 schlugen die Schweden auf dem Brauhausberg vor der Stadt ihr Feldlager auf. Französische Subsidien (Hilfsgelder) und die Entmachtung Wallensteins auf dem Reichstag in Regensburg hatten sie im August 1630 veranlaßt, erneut in den Krieg einzutreten.

Gustav Adolf von Schweden wurde anfänglich bei seinem Feldzug durch die Neumark als protestantischer Bundesgenosse und Befreier der Mark von der kaiserlich-katholischen Besatzung begrüßt. Sein Vordringen gegen die Festungen Berlin und Spandau nahm aber bald für den Kurfürsten und seine märkischen Landeskinder den Charakter einer existentiellen Bedrohung an. In Potsdam wurden Häuser auf dem Kiez ausgeraubt und niedergebrannt. Dem Kurfürsten hatte der Schwedenkönig mitteilen lassen: »Seine Lieb-

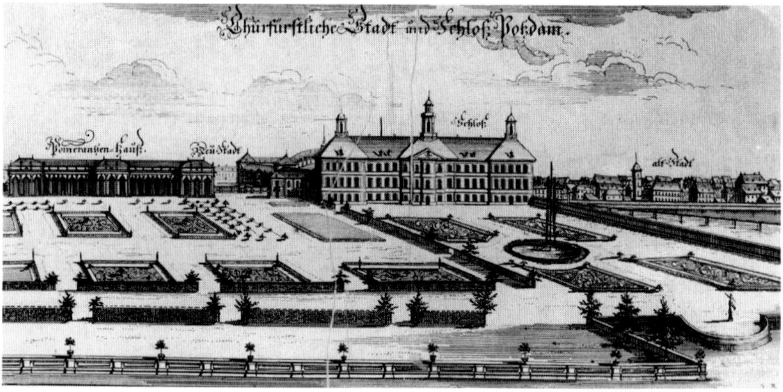

Stadtschloß, Pomeranzenhaus und Lustgarten. Kupferstich von S. Blesendorf, um 1695

den muß Freund oder Feind sein. Wenn ich an die Grenze komme, so muß sie sich warm oder kalt erklären. Hier streitet Gott und Teufel. Will seine Liebden es mit Gott halten, so trete sie zu mir. Will sie es aber mit dem Teufel halten, so muß sie für wahr mit mir fechten.« Das waren eindeutige Worte. Um den Kurfürsten auf seine Seite zu ziehen, unterbreitete der Schwede seinem brandenburgischen Schwager in jenen Maitagen 1631 bei Verhandlungen im Wald zwischen Treptow und Köpenick ein Heiratsangebot: der 11jährige Kurprinz Friedrich Wilhelm sollte dereinst die Erbtochter des Schwedenkönigs Christina (damals 5 Jahre alt) heiraten und somit nicht »nur« Kurfürst von Brandenburg, sondern auch König von Schweden werden. Waren es die Heiratsaussichten seines Sohnes? Oder die 16 000 Schweden im Land? Oder die Schreckensnachrichten aus dem von kaiserlichen Truppen zerstörten Magdeburg (20. Mai 1631)? Was immer ihn auch bewogen haben mag, im Juni 1631 suchte der Kurfürst jedenfalls Schutz im Bündnis mit den Schweden. Doch vergebens: Der Schrecken nahm kein Ende. In Potsdam »fouragierten« die neuen schwedischen Bundesgenossen »wie die Feinde«. Der Krieg fand seine Nahrung und hinterließ eine ruinierte Stadt und Bürgerschaft.

Knut Kiesant

»Das gantze Eyland muß ein Paradies werden ...«

Der Niedergang von Amt und Stadt Potsdam in den letzten Jahrzehnten des 16. und der ersten Hälfte des 17. Jahrhunderts ist auf den Krieg ebenso wie auf das nachlassende Interesse der Brandenburger Kurfürsten an ihrem Potsdamer Eigentum zurückzuführen. Kurfürst Joachim Friedrich hatte 1604 nördlich von Berlin Joachimsthal begründet und 1607 die Fürstenschule, das 1650 vom Großen Kurfürsten Friedrich Wilhelm nach Berlin verlegte Joachimsthalsche Gymnasium. Noch 1606 brachte man den Altar der Potsdamer Schloßkapelle nach Joachimsthal. Im gleichen Jahr wurden Schloß und Amt Potsdam dem Kammerherrn Wolf Dietrich vom Hacke auf Berge und Groß-Kreutz überlassen. In der Regierungszeit des Kurfürsten Georg Wilhelm nahm man zwar das dem Landesherrn zustehende Jagd- und Quartierrecht in Anspruch, aber der »Katharinenbau«, wie das Schloß nach den Umbauten von 1598/99 genannt wurde, verfiel immer mehr. Die Hofstuben wurden als Schafställe, die Kirche als Scheune genutzt. So waren Stadt und Schloß noch im Jahre 1660 in einem jämmerlichen Zustand. Damals zählte man 198 Wohnstätten, davon aber 119 »wüst«, also zerstört, und 29 »verarmbt und nicht mehr zutragend«, 50 »vorhanden und noch etwas zutragend«. In den noch bewohnbaren – und besteuerbaren – Häusern lebten nur etwa 700 Menschen. Doch mit der Verlegung der Hofhaltung von Königsberg nach Berlin Cölln 1643 durch den Großen Kurfürsten waren Schloß und Amt Potsdam sowie das Umland in das Blickfeld des Herrschers geraten. 1645 ließ sich Friedrich Wilhelm ein Inventar des Potsdamer Schlosses aufstellen, ein weiteres 1650. Es bedurfte aber einer mehr als fünfzehnjährigen Vorbereitungszeit, bis 1662 der Schloßneubau die entscheidende Wende in der Geschichte jener bis dahin bedeutungslosen städtischen Siedlung mit dörflichem Charakter einleitete. Das Ende des Nordischen Krieges mit dem Vertrag von Oliva (April/Mai 1660) bescherte dem kriegsgepeinigten Brandenburg-Preußen nicht nur den langersehnten Frieden, sondern eröffnete Friedrich Wilhelm die Möglichkeit, seine Landesherrschaft weiter auf- und auszubauen. Dieses vom Repräsentations- und Machtanspruch des Fürsten getragene Vorhaben betraf auch die Ausgestaltung der Residenzen. Die Stadt- und Residenzbauten des 1647 vom Kurfürsten ernannten Statthalters von Kleve, Mark und Ravensberg, Johann Moritz von Nassau-Siegen, beeinflußten die Potsdamer Planungen entscheidend. Ab 1652 sind Aufenthalte des klevischen Statthalters in Potsdam belegt. 1661 wird berichtet: »Fürst Moritz ist schon acht Tage zu Potsdam, einen Entwurf zu machen, wie sie vermeinen, daß es recht zu bauen und anzulegen ist.« Und 1664 schrieb er an den Kurfürsten: »Das gantze Eyland muß ein Paradies werden ...«

Die Lage der Burg- und Fischersiedlung am schiffbaren Wasser muß wohl auf die Planungen ebenso anziehend und zugleich herausfordernd gewirkt haben wie die Nähe zur Residenz Berlin und die Unberührtheit der Wald-, Sumpf-, Seen-, Fluß- und Ackerlandschaft. Außerdem war mit der ökonomisch und politisch bedeutungslosen Bürgerschaft vorerst kein Interessenkonflikt zu befürchten. Auch der durch den Krieg geschwächte Adel konnte dem Landerwerb des Kurfürsten kaum widerstehen. Die schon Mitte der fünfziger Jahre einsetzenden Landkäufe im näheren und ferneren Umfeld Potsdams bezeugen die Langfristigkeit und Weiträumigkeit der Planungen. So wurden Güter unter anderem in Nedlitz, Bornim, Caputh, Bergholz, Drewitz, Eiche, Golm, Grube, Geltow und Bornstedt vom Kurfürsten erworben. In den sechziger und siebziger Jahren standen Stadtschloß und Schloßbezirk im Zentrum der Baumaßnahmen, dadurch wandelte sich der Charakter der Stadt und ihrer Umgebung grundlegend. Mit den Brücken (Lange Brücke, Brücke nach Klein-Glienicke) wurde die Verkehrslage entscheidend verbessert. Die zahlreichen Jagden, Besuche und Empfänge in der neuerbauten Residenz mit zuweilen über dreitausend Gästen belebten Handwerk und Handel. Erweiterungsbauten am Schloß machten Ersatz für die Bürger notwendig. So entstand zwischen Schloß und Kiez ein neuer Stadtteil, die »Kurfürstliche Freiheit«. Um 1700 waren das etwa 36 Häuser, deren Besitzer zwar die übliche Akzise und Grundsteuer bezahlen mußten, aber ansonsten von anderen Abgaben und insbesondere von der Einquartierung von Soldaten befreit waren.

Der von Johann Gregor Memhardt entworfene Stadtplan konnte nur zu Teilen in die Realität umgesetzt werden, aber das im Grundriß vorgesehene Rasterschema der geometrisch angeordneten Straßen, Bauten und Kanäle mit dem Schloß im Zentrum prägt bis in die Gegenwart das Stadtbild.

In der Regierungszeit des Großen Kurfürsten wurde die Residenz mit Schloß und Fasanerie (1671), Kutschstall (1672), der Orangerie und dem Lustgarten (1685) und der Schloßkapelle sowie einem Wildgarten am Ostufer des Templiner Sees (1665) ausgebaut. Nach holländischem Vorbild strebte man eine Synthese von Nutzen und Schönheit, von Pragmatik und Repräsentation an. Davon zeugen nicht zuletzt die Kanalbauten. Die Kanäle dienten als Verkehrs- und Transportwege, wie auch der Entwässerung und ermöglichten dem Hof die beliebten Schiffsfahrten. Außerdem verschönerten sie und ihre reizvollen Brücken die Stadt- und Parklandschaft mit zugeordneten Wasserkünsten. Die Kanäle bildeten mit den auf jeweils einen markanten landschaftlichen Point de vue ausgerichteten Alleen und den neuen (Damm-)Straßen das rational geprägte Verbindungsnetz, das Natur und Bauwerke der barocken Residenz zu einer ästhetisch geprägten Kulturlandschaft zusammenfügte. Die von den Bedürfnissen des Hofes bestimmten und auf merkantilistischen Grundsätzen beruhenden wirtschaftlichen Aktivitäten waren dagegen weniger erfolgreich. Man versuchte, Fayence-, Seiden-, Drell- und Damasthandwerker aus den Niederlanden ansässig zu machen. In diesen Zusammenhang gehört auch das skandalumwitterte Wirken des vom Kurfürsten geförderten Unternehmers Johann Kunckel, der in seiner Potsdamer Glashütte Prunk- und Luxusglas (Rubinglas) herstellte. Eine mit anderen deutschen Städten vergleichbare, historisch gewachsene eigenständige Handwerker-, Handels- und Manufakturstruktur konnte sich aber im übermächtigen Einflußbereich kurfürstlicher Reglementierung nicht herausbilden. Doch mit der Zunahme der Häufigkeit und der Dauer der Aufenthalte des Großen Kurfürsten in seiner Zweitresidenz seit Anfang der siebziger Jahre rückte Potsdam zeitweise in das Zentrum des gesellschaftlichen Lebens und der innen- und außenpolitischen Aktivitäten des brandenburgisch-preußischen Staates. Fuchs- und Hirschjagden in den Wäldern, »Familien«-Feiern des Herrscherhauses, so die Geburtstage des Kurfürsten, Empfänge für ausländische Gesandtschaften, Ballette, Bälle, Gastmahle, Feuerwerke – die Chroniken vermelden eine Fülle von Ereignissen, für die das Stadtschloß, die Parks, die Seen und Flüsse und die Landschlösser den repräsentativen Rahmen abgaben. In die europäische Geschichte eingeschrieben hat sich der Erlaß des »Edikts von Potsdam« für die Aufnahme von Hugenotten in Brandenburg-Preußen 1685.

Nach dem Tode des Großen Kurfürsten und der Regelung der Erbschaftsangelegenheiten mit der kurfürstlichen Witwe Dorothea begann sein Nachfolger Friedrich III., als selbstgekrönter König in Preußen ab 1701 Friedrich I., um 1695 Um- und Ausbauten am Stadtschloß vorzunehmen. Die Pläne und Arbeiten der Architekten Jean de Bodt (Fortuna-Portal) und Andreas Schlüter (ab 1705) bezeugen die Orientierung an der französischen Architektur und leiten die spätbarocke Phase der Schloßgestaltung ein. Doch sowohl das Schloß als auch die Stadt behielten in den Jahrzehnten der Regierung des ersten Preußenkönigs ihren Charakter als barocke Residenz bei. Erst der Enkel des Großen Kurfürsten, der Soldatenkönig Friedrich Wilhelm I., veränderte Potsdam in eine Garnisonstadt.

Knut Kiesant

»Mein Herr Vater hat Potsdam sehr lieb«

In der tausendjährigen Geschichte der Stadt haben nicht wenige Herrscherpersönlichkeiten ihren Entwicklungsgang beeinflußt. Am Anfang dieser Reihe steht wohl zweifellos der brandenburgische Kurfürst Friedrich Wilhelm, der seit der gewonnenen Schlacht gegen die Schweden bei Fehrbellin im Jahre 1675 den ehrenden Beinamen »Der Große Kurfürst« trägt.

Medaille auf den Bau des Potsdamer Schlosses, 1662

Als er am 8. Mai 1688 im Potsdamer Stadtschloß starb, war aus dem unbedeutenden Ort an der Havel eine Residenzstadt europäischen Formats geworden, die zeitweilig den Vorrang vor Berlin haben sollte. Sein Nachfolger setzte ihm auf der Langen Brücke (heute Rathausbrücke) in Berlin das großartige von Andreas Schlüter 1697 modellierte und von Johann Jacobi 1700 gegossene Reiterdenkmal, das heute vor dem Schloß Charlottenburg steht.

1620 als Sohn des Kurfürsten Georg Wilhelm und seiner Gemahlin Elisabeth Charlotte von der Pfalz im Berliner Schloß geboren, mußte Friedrich Wilhelm bereits 1640, kaum zwanzigjährig, nach dem Tod seines Vaters die Regierung übernehmen. Prägend für die Persönlichkeit des heranreifenden Kurfürsten und damit für die weitere politische und kulturelle Entwicklung Brandenburgs war sein Bildungsaufenthalt von 1634 bis 1638 in der Republik der Vereinigten Niederlande. Die Heirat mit der oranischen Prinzessin Luise Henriette 1646 (gest. 1667) hat dann diese Verbindung zu Holland noch enger werden lassen. Erst am Ende seiner Regierungszeit setzte eine Orientierung auf Frankreich ein, eine allgemeine europäische Tendenz, die durch

die Einwanderung der Hugenotten noch gefördert wurde.
Nach dem Friedensschluß von Münster und Osnabrück 1648 mußten vor allem erst einmal die gewaltigen Kriegsschäden behoben werden. Das bedingte auch eine bessere Verwaltungsstruktur, was nicht ohne Streit mit den Vertretern der Stände, besonders in bezug auf die notwendigen Steuerbewilligungen, zu erlangen war. Außenpolitisch mußte der Kurfürst zwischen dem Kaiser, Frankreich und Schweden lavieren, um die drei nicht miteinander verbundenen Teile seines Landes – Kurbrandenburg, Herzogtum Preußen sowie die rheinischen

Kurfürst Friedrich Wilhelm von Brandenburg. Gemälde von Gedeon Romandon, gest. um 1698

Gebiete Kleve, Mark und Ravensberg – nicht erneut zum Spielball der europäischen Mächte werden zu lassen. Neben wechselnden Bündnissen waren dazu auch kriegerische Auseinandersetzungen notwendig.
Nach einer 48jährigen Regierungszeit – die längste eines Hohenzollern überhaupt – übergab der Große Kurfürst seinem Nachfolger Friedrich III. ein starkes Brandenburg, das auch wirtschaftlich und kulturell die Folgen des Großen Krieges überwunden hatte und sich anschickte, ein politischer Machtfaktor in Europa zu werden.
Neben Berlin, in dessen Schloß der Kurfürst und seine Gemahlin erst 1652 nach erfolgter Instandsetzung einziehen konnten, galt das besondere Interesse Friedrich Wilhelms vor allem Potsdam und seiner Umgebung. Bis heute ist nicht eindeutig geklärt, wann sich der Kurfürst in solch starkem Maße dieser Stadt zuwandte, in der er sich nach 1670 immer häufiger und länger aufhielt und in der er schließlich auch starb. Die guten Jagdmöglichkeiten und der Wasserreichtum der sich zu Seen erweiternden Havel werden wohl wesentliche natürliche Voraussetzungen dazu gewesen sein. Seit 1657 war der Kurfürst bemüht, die an adlige Familien verpfändeten Dörfer und auch die Stadt Potsdam zurückzuerwerben und zur Herrschaft Potsdam zu vereinen. An der Stelle des Renaissancebaus

von 1598/99 der Kurfürstin Katharina auf dem Gelände der alten Burg an der Havel erstand von 1662 bis 1669 ein neues Schloß nach holländischem Vorbild, vermutlich nach Entwürfen von Johann Gregor Memhardt, denen durch die Mitwirkung des Kurfürsten und seines Stadthalters in Kleve, Johann Moritz von Nassau-Siegen, Baugedanken des Jacob van Campeus zugrunde lagen. Der häufigere Aufenthalt des Kurfürsten in Potsdam machte schon 1679–82 eine Vergrößerung des Schlosses nach Norden notwendig.

Stadtschloß um 1702, Eingangsseite. Kupferstich von Pieter Schenk (1661–1715)

Stadtschloß, Marmorsaal. Aufnahme von 1911

Am Ende der Regierungszeit des Großen Kurfürsten gab es einen stattlichen Schloßbau, dem auf der anderen Seite der Havel ein großer Tiergarten gegenüberlag. Von ihm gingen breite, gerade Alleen aus, an deren Endpunkten die Lustschlösser Caputh, Bornim und Glienicke lagen. Zum ersten Mal wurde der Gedanke, eine ganze Landschaft unter Ausnutzung ihrer natürlichen Schönheit künstlerisch zu durchdringen, in die Tat umgesetzt. Hier liegen die Wurzeln der Potsdamer Kulturlandschaft, die ihre volle Ausprägung 200 Jahre später durch Peter Joseph Lenné erfahren sollten.

Schon 1666 hatte der junge Kurprinz Friedrich (III.) in sein Übungsbuch geschrieben: »Mein Herr Vater hat Potsdam sehr lieb. Es ist ein lustiger ort, ich bin gern da und mein Bruder auch«. Durch den Großen Kurfürsten ist Potsdam in die brandenburg-preußische Kunstgeschichte eingetreten, aber auch zu einem historischen Ort geworden.

Hans-Joachim Giersberg

Die Obrigkeit legte Wert auf Pünktlichkeit

Am 25. Februar 1671 unterzeichnete Kurfürst Friedrich Wilhelm eine »Pottstambsche Stadt- und Kirchen-Ordnung«. Sie sollte in dem Ackerbürgerstädtchen halbwegs Übereinstimmung zwischen der angestrebten Residenzfunktion und den absolutistischen Ordnungsprinzipien durchsetzen, wie sie in Berlin bereits üblich waren. Bisherige »unordnung unfleiß und nachleßigkeit« der Bürger, Säumigkeit und Widersetzlichkeit des Rats, sollten ein Ende haben, damit »die jenigen von Frembden ..., so sich anhero zu begeben gewilliget sein, nicht abgeschrecket, sondern vielmehr dazu angereizet werden mögen«. Die Vorstellung vom wirtschaftlichen Aufschwung durch Zuzug stand auch bei der Stadt- und Kirchenordnung von 1671 Pate.

Sowohl die in 26 Punkte gegliederte Stadtordnung, als auch die aus 8 Abschnitten bestehende Kirchenordnung, bestimmten mit ihrer Vielzahl konkreter Ge- und Verbote sowie den entsprechenden Geld- oder Gefängnisstrafen in hohem Maß das Leben der Potsdamer Untertanen. Deren Alltag, Sonn- und Feiertag wird nacherlebbar. Vorschriften über Brükken-, Damm- und Brunnenreparaturen leiten die Stadtordnung ein. Feuersbrünsten sollen Kontrollen der Feuerstätten, der Lagerung von Stroh und Heu, regelmäßigen Schornsteinfegens, das Verbot, den Flachs zur Leinenherstellung in Öfen oder Stuben zu trocknen, vorbeugen. Ausdrücklich wurde das Wässern (Rösten) des Flachses in der Havel oberhalb der Stadt verboten, damit das Brauwasser nicht verschmutzt würde. Das zum Brauen nötige Malz und Korn durfte nur auf den kurfürstlichen Mühlen gemahlen werden.

Der gewachsene Viehbestand führte bei den beschränkten Weidemöglichkeiten der Stadt zu Komplikationen, mit denen sich mehrere Punkte der Ordnung auseinandersetzten. Die Tierhaltung mußte eingeschränkt werden; nächtliche mit Pfändungen verbundene Kontrollen wurden eingerichtet. Von »lediggängern und dergleichen losen Leuten« fürchtete man die mutwillige Zerstörung von Alleen, Gehegen und Stegen, was entsprechend »aufgerichteter bestrafungszeichen« geahndet werden sollte.

Ein weiteres großes Thema bildeten Preisfestsetzungen für die Grundnahrungsmittel Fleisch, Brot und Bier und für den Tagelohn. Während die Stadt alles »unnütze lose Gesinde so nicht arbeiten noch niemanden dienen« wolle, abschieben sollte, verbot der Kurfürst den Potsdamern, sich in der warmen Jahreszeit »aufm Lande oder Holzflößen an solche örther (zu) begeben, da sie etwas mehr, als das ordentliche Lohn bekommen, und den Leuten abpressen«. Per Edikt hatten sie zu festen Lohnsätzen (6 Dreier pro Tag nebst Essen und Trinken) zu arbeiten. Wer mehr forderte oder gab, sollte mit Gefängnis bestraft werden.

Bürger, die ihre Häuser nicht instand halten konnten, sollten sie verkaufen; offenbar keine leicht durchzusetzende Forderung, weil sie für die heruntergekommenen Gebäude kaum etwas fordern konnten und daher lieber weiter darin wohnen blieben. Wohnraum war knapp in Potsdam. Mit »hülfe der ganzen Gemeine« sollten für Vieh- und Pferdehirten Wohnungen geschaffen werden, »daß sie nicht ferner in Bürgerhäusern sitzen, und ... eines nach dem andern einwohnen und zugrunderichten mögen«.

Fische waren für die Potsdamer eine wichtige Speise. Daher wurden die alten Marktangebote an die kleinen Fischer und großen Garnmeister erneuert. Täglich mußten die Leute vom Kiez und von der Burgstraße umschichtig Fisch anbieten. Die Obrigkeit legte Wert auf Pünktlichkeit und einen mit Arbeit und Gebet randvoll genutzten Tag. Deshalb wurde auf das regelmäßige Ausrufen der Stunden durch die Nachtwache, auf mehrmaliges Läuten am Tage und auf eine gut funktionierende Uhr mit Zifferblatt und Zeiger Wert gelegt.

Eine vielleicht noch strengere Reglementierung der Untertanen weist die Kirchenordnung aus. Hochzeiten, Kindtaufen, Kirchgang und Begräbnisse wurden bis in die Einzelheiten reguliert. Bei Nichtbefolgung drohten empfindliche Geldstrafen. Dem Bettelwesen wurde ein energischer Riegel vorgeschoben. Abgesehen von den »Hausarmen«, den Hospitalinsassen und den Kurrendesängern, armen Schülern, die mit Singen etwas verdienen durften, oblag die Almosenverteilung nur noch dem Oberpfarrer. Man hoffte damit alles Betteln an den Türen abzustellen. Ausdrücklich mußte zwischen Leuten »geringerer Condition und berufes« und »alten und etwas vornehmen Bürgern und Gliedern der Kirche ... wohlverdienten und in EhrenÄmtern geseßenen Leuten« bei der Beerdigung unterschieden werden. Da erstere zu den städtischen Lasten, Verbesserung von Glocken, Turm und Kirche wenig beitragen konnten, hatten sie auch keinen Anspruch auf die gleichen Beisetzungsfeierlichkeiten. Der Kurfürst ergänzte die Stadt- und Kirchenordnung durch eine Reihe neuer Zunftprivilegien, die das Bild der Stadt, wie es sich in jenem Dokument zeigt, abrunden.

Hannelore Lehmann

Das Edikt von Potsdam

Am 6./16. Oktober 1685 hatte der französische König Ludwig XIV. im Schloß Fontainebleau das sogenannte Revokationsedikt unterschrieben und es zwei Tage später publizieren lassen. Es beseitigte die den französischen Hugenotten im Edikt von Nantes 1598 zugestandenen Rechte, erklärte den Katholizismus zur allgemeinen Staatsreligion, drohte den Hugenotten mit harten Strafen und verursachte dadurch eine Massenflucht. Die Berichte der in Frankreich tätigen brandenburgischen Diplomaten Ezechiel von Spanheim und Johann Beck über die Ereignisse in Paris veranlaßten den in Potsdam residierenden Kurfürsten Friedrich Wilhelm, am 29. Oktober/8. November 1685 das »Chur-Brandenburgische Edict, Betreffend Diejenige Rechte, Privilegia und andere Wolthaten, welche Se. Churf. Durchl. zu Brandenburg denen Evangelisch-Reformirten Frantzösischer Nation, so sich in Ihren Landen niederlassen werden, daselbst zu verstatten gnädigst entschlossen seyn« – das sogenannte Edikt von Potsdam – zu unterschreiben, mit dem die verfolgten Hugenotten zur Einwanderung nach Brandenburg eingeladen wurden. Etwa 20 000 sind diesem Ruf gefolgt. Die Hugenotten oder Refugiés – in ihrer Mehrzahl Handwerker – haben im 17./18. Jahrhundert einen wesentlichen Beitrag zum ökonomischen Fortschritt Brandenburg–Preußens geleistet und viele neue Produktionstechniken eingeführt.

Drei Monate nach Erlaß des Edikts empfing der Kurfürst am 10./20. Januar 1686 im Stadtschloß zu Potsdam 15 französische Refugiés. Eine eigene französisch reformierte Kolonie entstand jedoch in Potsdam zunächst nicht, da die Stadt trotz des Schloßbaues von

Das Toleranzedikt

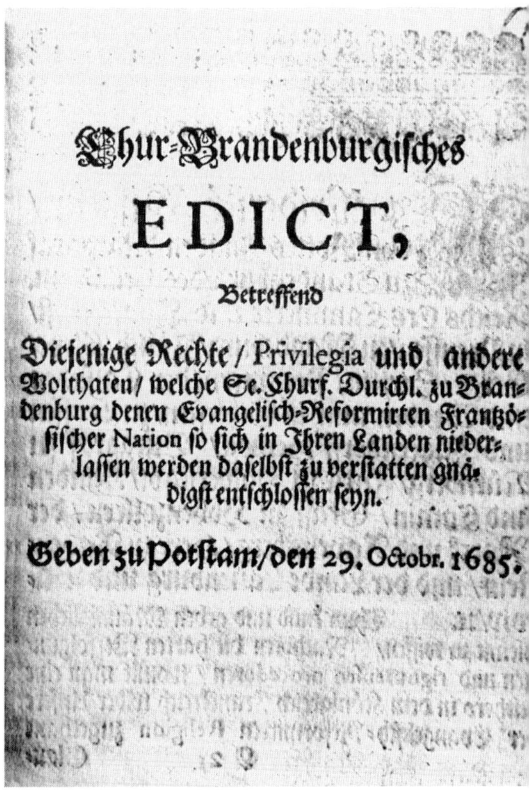
Chur-Brandenburgisches

EDICT,

Betreffend

Diejenige Rechte / Privilegia und andere Wolthaten / welche Se. Churf. Durchl. zu Brandenburg denen Evangelisch-Reformirten Frantzösischer Nation so sich in Ihren Landen niederlassen werden daselbst zu verstatten gnädigst entschlossen seyn.

Geben zu Potstam / den 29. Octobr. 1685.

1662/69 und der Erhebung zur 2. Residenz der Hohenzollern ein unbedeutendes Ackerbürgerstädtchen geblieben war und für Neuansiedlung keinen Anreiz bot.
Erst die großzügige Stadterweiterung unter König Friedrich Wilhelm I., der Ausbau zur Garnison- und Residenzstadt sowie neue königliche Verordnungen veranlaßten viele Refugiés, sich auch in Potsdam niederzulassen. In der Nähe des damals noch existierenden »Faulen Sees« entstand ein »französisches Quartier« mit einer eigenen Schule. Es befand sich etwa in der Gegend des heute von der Französischen Straße, Am Kanal, Ostseite des Platzes der Einheit und Charlottenstraße begrenzten Viertels und umfaßte nach einer Aufstellung von 1721 insgesamt 49 Häuser.

Viele französische Familien kamen aus der Schweiz und der Pfalz nach Potsdam. Ihr Zuzug wurde – im Gegensatz zu der großzügigen Aufnahme in den Jahren nach 1685 – von den preußischen Einwanderungsbehörden und vom König selbst genau geprüft. Dabei ging es vor allem darum, möglichst zuverlässige und mit guter Beurteilung versehene Kolonisten, die zudem nicht mittellos waren, im Land anzusiedeln. Das Anwachsen der französischen Kolonie in Potsdam führte 1723 zur Bestallung eines eigenen französischen Pfarrers sowie eines Kantors, der zugleich als Schulmeister wirkte. Die Gottesdienste der französisch reformierten Kirchengemeinde fanden in der Kapelle des Stadtschlosses statt.

Insgesamt gesehen erlangte die französische Kolonie in Potsdam nicht die gleiche Bedeutung wie die in Berlin, obwohl sie in ihren Anfangsjahren die besondere Fürsorge des Königs genossen hatte. Auch die Anwesenheit des Hofes in Potsdam und die Vorliebe König Friedrichs II. für französische Kultur und Sprache änderten nichts daran. Die französische Kolonie ist jedoch ein untrennbarer Teil der Geschichte Potsdams und der Geschichte der Einwanderungen nach Brandenburg–Preußen im 17. und 18. Jahrhundert.
Hans-Joachim Schreckenbach

Lustjacht im Bassin vor dem Stadtschloß

Porzellan ging zu Bruch

Verwundert müssen die Potsdamer aus Fenster und Türen geschaut haben, als in den ersten Junitagen des Jahres 1709 wie ein Blitz aus dem heiteren Sommerhimmel in und um das Stadtschloß ein hektisches Treiben einsetzte. Vollbeladene Wagen und Karren ratterten über das Pflaster. Riesige Mengen an Nahrungsmitteln trafen aus allen Himmelsrichtungen ein. Baumaterial, Blumen und Zierpflanzen wurden auf Wagen und Kähnen herbeigeschafft. Staubbedeckte Meldereiter jagten durch die Straßen und Gassen. Seit den Zeiten des Großen Kurfürsten oder jenen denkwürdigen Tagen, als im Winter 1701 Friedrich I. nach seiner Krönung in Königsberg in Potsdam Station gemacht hatte, war solcher Trubel nicht mehr gesehen worden. Was war geschehen?

Der Dänenkönig Friedrich IV. hatte sich im Mai 1709 auf der Rückreise vom Karneval in Venedig mit Friedrich August von Sachsen in Dresden getroffen. Der Sachse, seit 1706 durch den Verlust der polnischen Krone nicht mehr ganz so stark, und der von den Schweden im Nordischen Krieg gedemütigte Däne suchten ihr antischwedisches Bündnis durch preußische Truppen zu verstärken. Sie setzten dabei auf die östlichen Begehrlichkeiten des Preußenkönigs. Als die Verhandlungen mit den preußischen Unterhändlern in Dresden nicht die erhofften Zusagen Friedrichs I. erbrachten, wurde beschlossen, den »Preußenkönig persönlich zu

Schloß Caputh. Kupferstich von Pieter Schenk (1661–1715)

bearbeiten«. Dieser mußte schnell seine Sommerpläne ändern. Ursprünglich hatte er Feierlichkeiten zur Geburt eines männlichen Thronerben vorgesehen. Die Niederkunft der Kronprinzessin Sofie Dorothea stand unmittelbar bevor. Aber mit dem Dänen- und Sachsenkönig als Taufpaten ließ sich doch aus der bescheidenen Familienfeier ein europäisches Ereignis von immenser (bündnis-)politischer Bedeutung machen! Und Potsdam schien ihm dafür der rechte Ort. »Man sagt, alles das wird Furchtbares kosten und der Hofstaat wird auf lange Zeit nicht bezahlt werden.«, barmte Sofie Dorothea in einem Brief an den zukünftigen Vater Friedrich Wilhelm (den späteren Soldatenkönig), der in diesen Monaten eine Art militärisches Praktikum in Flandern absolvierte. Der Kronprinz war »ärgerlich« über das angekündigte Spektakel, kannte er doch die Neigung seines Vaters, geborgtes Geld bedenkenlos auszugeben und keinerlei Rücksicht auf den ruinösen Zustand der Staatsfinanzen zu nehmen. Tatsächlich hatte der König angeordnet, daß es an nichts fehlen dürfe, »möge es herkommen, wo es wolle«. Er war fest entschlossen, sich diese Gelegenheit der repräsentativen Legitimation seiner neuen Königswürde gegenüber traditionsversicherten Herrscherhäuser nicht nehmen zu lassen.

So traf am 1. Juli befehlsgemäß der ganze Hofstaat in Potsdam ein. Nur die hochschwangere Sofie Dorothea durfte in Berlin bleiben. Am nächsten Tag wurden die beiden königlichen Gäste in einer sechsspännigen Hofkutsche eingeholt. Nun begann das Wechselspiel von Verhandlungen vor und hinter den Kulissen und aufwendiger Festlichkeit. Die Galatafeln fanden im Marmorsaal des Stadtschlosses statt, die allabendlichen Bälle in den Gemächern der Königin Sofie Luise. In der Orangerie hatte man eine Theaterspielstätte errichtet. Für Lustpartien nach Glienicke und Caputh nutzte man die Prunkjacht »Friedrich«. Der Wildgarten vor der Teltower Brücke diente einer großen Jagd. Besonderen Eindruck machten die täglich wechselnden Saal- und Tafeldekorationen, insbesondere ein Tempel der Flora. Dieser mit goldenem Gesims und goldener Kuppel bedeckte Tempel hatte Bogenöffnungen, deren Säulen aus Spiegelglas bestanden. Er erhob sich über ein Bassin mit lebenden Fischen und Krebsen. Eine Fontäne sprang bis unter die Decke des Saals. Auf dem Gesims standen Orangenbäume mit Früchten und seltene Blumen. Aus den Bogenöffnungen des Tempels ragten die von Hunderten von Kerzen erleuchteten Tafeln heraus, an denen man speiste. Die königlichen Gäste revanchierten sich mit großzügigen Geschenken, vor allem für den »Premierminister« Kolbe von Wartenberg und dessen Frau, um auf diesem Wege deren

Einfluß auf den König zu nutzen. Die diplomatischen Verhandlungen zogen sich, wohl auch wegen der Vielfältigkeit der Ablenkungen, bis zum 8. Juli hin. Im Landschloß Caputh wurde dann »ein höchst heilsames Concert gegen Schweden« verabredet. Danach floß der Wein in Strömen. August der Starke konnte anschließend weder gehen noch stehen. Die Sammlung im Porzellankabinett des Schlößchens ging völlig zu Bruch. Als der Rausch am Tag danach etwas verflogen war, veranlaßten die Berater den Preußenkönig, von seinen Bündnisversprechungen wieder abzurücken. Man tröstete sich dann allerseits mit der feierlichen Taufe der am 3. Juli 1709 geborenen Friederike Sophie Wilhelmine am 12. des Monats. Der zu diesem Ereignis erhoffte Friedrich kam erst 1712 zur Welt.

Der am 15. Juli 1709 abgeschlossene Freundschafts- und Neutralitätsvertrag verpflichtete »niemanden zu nichts«. Das Drei-Königs-Treffen wurde von einem Hofdichter zum Treffen der Heiligen-Drei-Könige hochstilisiert, Kronprinz Friedrich Wilhelm aber nannte die »drei Könige Dummköpfe« und ärgerte sich, »daß unser König soviel Geschenke gegeben hat ...«
Knut Kiesant

Brücken, Dämme und Straßen

Von Mooren, Sümpfen und Flußarmen der Havel und Nuthe umgeben, bot Potsdam mit seiner Insellage den ersten Siedlern nur wenig Festlandfläche. Erst der Bau von Kanälen, Brücken und Dämmen ermöglichte die Entwicklung und Erweiterung der Stadt. Eingeleitet wurde dieser Prozeß durch den Bau von zwei Dämmen, die zunächst der Befestigung des slawischen Siedlungsgebietes dienten, bald darauf jedoch ihre strategische Funktion verloren. Von größerer Bedeutung für die nachfolgende Landgewinnung war die regulierende Wirkung auf Havel und Nuthe, die nunmehr in Richtung Templiner See abflossen: der »Hakendamm« zog sich von der Ecke der heutigen Friedrich-Engels-/Schlaatzstraße bis zur Nutheschnellstraße (Höhe Glasmeisterstraße) hin. Der zweite Damm wurde »Kuhforter Damm« genannt und verlief zwischen Eiche und Golm. Durch diese Flußlaufregulierungen erhöhte sich der Wasserstand, die südliche Ausfallstraße wurde überflutet und somit ein Brückenbau unumgänglich. 1416 existierte eine 450 m lange Holzkonstruktion – der Vorläufer der heutigen Langen Brücke -, die in der Mitte einen leichten Knick aufwies und an dieser Stelle auf einer festen Insel auflag.
Obwohl sich die Siedlungsfläche

auf diese Weise vergrößerte, blieb Potsdam eine kleine unscheinbare Ackerbürgerstadt. Das änderte sich mit der Entscheidung des Kurfürsten Friedrich Wilhelm, Potsdam neben Berlin zur zweiten Residenzstadt auszubauen.

Die bis zu diesem Zeitpunkt aus natürlichen Gegebenheiten und durch Handelstätigkeit entstandenen Landstraßen entsprachen wohl nicht den repräsentativen Bedürfnissen einer brandenburgischen Residenz. Daher verwundert es kaum, daß Gregor Memhard 1660 seinen Entwurf zur Stadterweiterung in Richtung Westen nach dem Modell eines trigonometrischen Dreiecks konstruierte. Er folgte dabei dem Gedanken, die Bedeutung des Herrschaftssitzes durch die Geradlinigkeit der Straßenführung zu betonen. So führte eine erste »Allee gen Panberg« vom Schloßplatz durch die Breite Straße über einen Steg durch die Havelbucht hin zur Feuerbachstraße, weiter durch das »Kuhtor« und die »Eicher Niederung« nach Golm. Die andere »Allee gen Eichberg« (Pfingstberg) begann am Kiez und verlief dann durch die Lindenstraße und die Jägerallee.

Die alte nördliche Ausfallstraße in Richtung Nedlitzer Brücke war dagegen sehr kurvenreich. Ausgehend vom Neuen Markt führte sie durch die Grünstraße (heute Französische Straße), durch das Grüntor über die Grüne Brücke, die den Stadtkanal passierbar machte, in

die Posthofstraße. Dabei ist die Bezeichnung »grün« auf das mittelalterliche Wort »gronan« (greinen, jammern) zurückzuführen, womit in vielen alten Städten Prozessi-

Grundriß der Königlichen Residenzstadt Potsdam

onsstraßen bezeichnet wurden. Die Straße zog sich weiter um das jetzige Klinikum bis zum »Witam« (Weidendamm), der späteren Behlertstraße, entlang am Heiligen

See zur heutigen Eisenhartstraße. Dieser letzte Straßenabschnitt trug bis 1710 den Namen Grüner Weg. Sicher war es eher ein Ort weltlichen Jammers als geistlicher Prozessionen, denn an seiner Nordseite stand der Galgen.
Der systematische Aufbau der Stadt als Residenz- und Garnisonstadt erforderte in dieser Zeit besondere Schutzmaßnahmen.
Ab 1718 wurde um das gesamte Stadtgebiet eine Mauer errichtet, um die Desertion der Soldaten und Steuerhinterziehung der Handelsleute zu verhindern. Auch der Havelübergang wurde in diesem Zusammenhang besonders gesichert. Durch die fortschreitende Landgewinnung zwischen »Hakendamm«, Havel, dem heutigen Stadtbahnhof und der Nuthe – den sogenannten Milchowwiesen – war ein großer Teil der Holzbrücke überflüssig geworden, so daß schon 1661 vom Leipziger Dreieck bis zum Abzweig Babelsberger Straße ein Weidendamm den Brückenbau ersetzte. Der verbleibende Teil der Brücke wurde bereits 1660/62 durch einen geradlinigen Neubau ersetzt und im Rahmen der Befestigungsbauten durch ein Wachhaus ergänzt, an dem die Zölle entrichtet werden mußten. In Richtung Osten veränderten Dämme und Deiche den ursprünglichen Lauf der Nuthe. Der in ihr mitgeführte Schwemmsand (Geschiebe) hatte sich durch die neuen Strömungsverhältnisse hinter der Mündung zwischen mehreren kleinen, teilweise versumpften Schilfinseln abgesetzt. Durch diesen natürlichen Prozeß entstand die jetzige Freundschaftsinsel, ihre gegenwärtige Gestalt ist auf künstliche Eingriffe, Aufschüttungen und Bauten zurückzuführen. Die Insel wurde in die Einfriedung der Stadt zu Beginn des 18. Jahrhunderts einbezogen. Ein Steg verband Insel und Brücke, ein weiterer führte am östlichen Ende zum Amtshaus auf dem Festland. Über die gesamte Länge sorgte eine Palisadenanlage mit einem begehbaren Wall auf der Stadtseite für eine weitgehende Sperrung und Kontrolle des Havelübergangs.
Bedeutungsvoll in Memhards Entwurf zur Stadtentwicklung wurde der Stadtkanal, der bislang lediglich eine sumpfige Niederung gewesen war. Nun wurde er begradigt, sein Wasserstand durch Zusatzeinrichtungen reguliert und die Seiten mit Holz verschalt. An den verschiedenen neu- und ausgebauten Brücken führten Treppen in die Tiefe, an den befestigten Seitenwänden waren Haltegriffe angebracht, und so diente der Kanal zusätzlich als »Abtritt« für die Soldaten der Garnison. In erster Linie aber ging es darum, den Wasserweg zum Transport der umfangreichen Baumaterialien zu nutzen.
Hermann Fellien

Residenz zwischen Sparta und Athen

Die in Verse gesetzte Stadtbeschreibung »Das Itzt=blühende Potsdam« aus dem Jahre 1727 unterstellte der Haupt- und Residenzstadt Berlin ein freundliches Verhältnis zu der in ihrer Nähe aufblühenden neuen Hohenzollernresidenz.

»Du gehst«,heißt es in bezug auf Berlin,
»die Schwesternschaft mit Potsdam willig ein,
Und dieses will dafür sein Licht von deinem borgen,
Es will Dein naher Mond, du solt die Sonne seyn.«

Vergrößerte sich Berlin während des ganzen Jahrhunderts in einem für jene Zeit rasanten Tempo, so stand ihm Potsdam in Relation zu seiner Ausgangsgröße wenig nach. Seit 1766 sprechen königliche Edikte von den »Haupt- und Residenzstädten Berlin und Potsdam«. Darin spiegelte sich nicht nur eine abgestimmte Entwicklung, sondern auch der andauernde Regierungsdualismus zwischen dem an die Person des Königs gebundenen Kabinett und dem in Berlin etablierten Regierungsapparat wider. Da sich die Könige Friedrich Wilhelm I., sein Sohn Friedrich II. und sein Enkel Friedrich Wilhelm II. vorzugsweise in Potsdam aufhielten, war eine ständige Kommunikation zwischen beiden Orten notwendig. Aber auch unterhalb der Regierungsebene nahm das Kommen und Gehen zwischen den Nachbarorten kein Ende. 1795 wurde die Berliner Straße zur ersten preußischen Kunststraße ausgebaut.

Potsdam war zu dieser Zeit noch eine ummauerte und an der Havel mit Palisaden umgebene Stadt. Mauern und Palisaden stammten aus der Zeit des Soldatenkönigs. Dieser war 1713 mit 600 hochgewachsenen Grenadieren in das »Stedekin« eingezogen, das bei etwa 1 500 Einwohnern 199 Häuser zählte. 1738 hatte sich die Stadt auf 1 163 Häuser und die Einwohnerschaft ohne Soldaten und Angehörige der Gewehrfabrik auf 11 305 Personen vergrößert. Die letzten Kompanien des Leibregiments rückten ein. 3 500 Potsdamer gehörten zur Garnison.

König Friedrich II. löste zwar die kostspielige Riesengarde seines Vaters bis auf ein Bataillon auf, erhöhte jedoch die Garnisonstärke weit über das bisherige Maß. Nach der Quartierrolle von 1750, die der Potsdamer Bürgermeister Voß, ein Bruder des Begründers der »Vossischen« Zeitung, entworfen hatte, um eine gerechte Verteilung der Einquartierungslasten zu gewährleisten, lagen 4 638 unverheiratete Soldaten in 1 081 Bürgerhäu-

sern und 856 verheiratete mit Frau und Kindern in Kasernen. Die Quartierrolle des Bürgermeisters Voß blieb über den Tod Friedrichs des Großen hinaus gültig. In den neunziger Jahren belief sich der Anteil der Garnison an der Berliner Bevölkerung auf 19 %, an der Potsdamer auf 32 %. Man mag daran ermessen, wie dauerhaft Potsdam, das im Unterschied zu Berlin seine ersten größeren Entwicklungsschritte ja erst seit 1713 tat, durch die Intentionen des Soldatenkönigs geprägt worden ist. Friedrichs II. Feststellung, sein Vater habe das militärische System »so innig mit der ganzen übrigen Organisation« verknüpft, »daß man an das Heerwesen nicht rühren konnte, ohne den Staat selbst der Gefahr des Umsturzes auszusetzen«, galt auch und gerade für Potsdam. Dessen protektionistisch hochgezogene Wirtschaft – die Residenz wurde im 18. Jahrhundert eine der wichtigsten Manufakturstädte Preußens – war ohne Heer und Hof nicht lebensfähig.

Der Potsdamer Steuerrat Johann Daniel Richter benannte 1769 als

Schloßplatz in Potsdam. Kupferstich von J. S. Ringk nach F. Catel, um 1795

Faktoren für die Erholung der Stadt von den Folgen des Siebenjährigen Krieges das vollständige Abstreifen aller sonst für die Mark noch typischen Merkmale der Ackerbürgerstadt, so daß alle Kräfte auf das Gewerbe konzentriert werden konnten; die »ahnsehnliche Garnison«, die mit Kind und Kegel 7 970, und den Hof, der 827 Personen umfasse. All das hätte jedoch nicht gereicht, »wenn nicht die Königl. Baudten bis daher eine der vorzüglichsten und fast die stärkste Stütze gewesen wären«. Tatsächlich war der kontinuierliche Bau ein ausgesprochenes Charakteristikum der Potsdamer Stadtentwicklung. Vom »starken Bau« sprach man zur Zeit des Soldatenkönigs, der die Altstadt rekonstruieren und sukzessive zwei Neustädte mit Mauern und Toren, Kirchen, Kasernen und Manukfakturhäusern, dem Militärwaisenhaus, der Gewehrfabrik, dem Rathaus und anderen öffentlichen Gebäuden vorwiegend schlicht und in Fachwerk aufführen ließ.

Unter der Ägide Friedrichs II. wirkten der geniale Baumeister Wenzeslaus von Knobelsdorff und eine Reihe weiterer namhafter Architekten in Potsdam. Schloß Sanssouci und das Neue Palais entstanden im Rahmen einer mit ergänzenden Rokokobauten und Statuen geschmückten weiträumigen Parkanlage. Stadtschloß und Marstall erhielten ein neues Gesicht; Altstadt und erste Neustadt wurden ganz, die zweite in Ansätzen, nach bedeutenden Mustern europäischer Baukunst umgestaltet. Der Neffe und Nachfolger Friedrichs II. öffnete der klassizistischen Bau- und Gartenkunst auch den Potsdamer Raum. Am Ufer des Heiligen Sees entstand als Landschaftspark der Neue Garten mit dem Marmorpalais, unweit davon das Palais der königlichen Mätresse Gräfin Lichtenau. In der Stadt selbst kündeten ein Theaterbau, die Hauptwache und eine Reihe gefälliger Bürgerhäuser von der Fortsetzung einer bedeutsamen Bautradition.

Was hob in Potsdam die Regierungszeiten des Soldatenkönigs Friedrich Wilhelm I., des aufgeklärten Despoten Friedrich II. und Friedrich Wilhelms II. voneinander ab? Es möchte scheinen, daß es am eindeutigsten die Art zu bauen war. Friedrich II. gebrauchte selbst einmal das Bild von wechselnder Fassade bei bleibenden Fundamenten. 1752 formulierte der damals am preußischen Hof weilende französische Dichter und Aufklärer Voltaire: »Es gibt erstaunlich viele Bajonette und sehr wenig Bücher. Der König hat Sparta sehr verschönt, aber Athen nur in sein Arbeitszimmer übertragen.«

»Sparta/Athen« stellte ein aussagekräftiges Gegensatzpaar in der politischen Terminologie des 18. Jahrhunderts dar. Der antike Staat Sparta, gekennzeichnet durch Bedürfnislosigkeit und einfache Sitten, war kein aufklärerisches Staatsideal, wie es der gleichzeitige Stadtstaat Athen mit seinen wirtschafts- und kulturfreudigen Bürgern verkörperte. Voltaires Kritik paßte auf Potsdam mehr als auf jede andere preußische Stadt. Es blieb eine, wenn auch außerordentlich verschönerte und wirtschaftlich hochgetrimmte Mustergarnison mit viel kleinen Leuten und Ärmlichkeit. »Hier wohnt die Armut in Palästen« hieß es unter Anspielung auf die von König Friedrich II. zur Norm erhobenen Palastfassaden. Abgesetzt davon die Tafelrunde der Aufklärer in Sanssouci, kunstfreudige, gebildete, freisinnige Privatdomäne des Königs.

In der Stadt konnte sich ein selbstbewußtes Bürgertum als Träger einer höheren Kultur kaum entwickeln, zumal der König, wie seine Randbemerkungen über Vorgänge in Potsdam ausweisen, hier bis in die private Sphäre seiner Untertanen hineinregierte. Und der »Alte Fritz«, wurde er mit zunehmenden Jahren nicht immer mehr zum Spartaner, während die Potsdamer, dem europäischen Zeitgeist folgend, seiner und des spartanischen Lebens zunehmend müde wurden? Bei seinem Tod atmete man erlöst auf. Heinrich Ludwig Manger hat gewiß nicht übertrieben, als er die Widmung der 1789/90 erschienenen »Baugeschichte Potsdams« mit den Worten eröffnete: »Der erste Tag Ew. Königlichen Majestät glorreichen Regierung war für mich ein Tag der größten Wonne!« Der gutmütige König Friedrich Wilhelm II. hatte ihn aus dem Arrest befreit, in den ihn der »Alte Fritz«, durch ein Herrscherleben zu krankhaftem Mißtrauen erzogen, geworfen hatte. Es war nicht das erste Mal, daß der »Dicke« gegen solche »Härtefälle«, die nicht zuletzt Künstler und Architekten trafen, Front machte. Doch in welchen Extremen bewegt sich die Gesellschaft! Die Aufmunterung der Potsdamer Untertanen zur Lockerung der Sittenstrenge und Entfernung von trockenem Vernunftdenken überschritt schnell die Grenzen zu Sittenlosigkeit und Mystizismus und ging mit einer Eingrenzung der Toleranz und des freien Denkens einher. Ein aufgeklärter Despot war gestorben, die Bastion der Aufklärung gefallen. Zensur- und Religionsedikt von 1788 weiteten den Blick dafür, daß die Aufklärung nicht nur in Sanssouci zu Hause gewesen war. Doch dürften die Berliner – und so mancher renommierte Potsdamer wich nach Berlin aus – von ihr mehr profitiert haben als die Einwohner der 2. Residenz.

Hannelore Lehmann

»Denn was man selber hat, verlangt man nicht zu borgen ...«

Sie mochten sich irgendwie: Zar Peter I., Herrscher aller Reußen, und Friedrich Wilhelm I., König in Preußen. Als der Zar 1716 am preußischen Hof weilte, schenkte ihm der Gastgeber das in Holland gebaute Prunkschiff seines verstorbenen Vaters, das dessen Namen »Friedrich« trug. Ehemals diente es der verwöhnten Hofgesellschaft zu fröhlichen Wasserfahrten. Vorbei.

Friedrich Wilhelm, der 1713 die Nachfolge des repräsentationsfreudigen ersten Preußenkönigs angetreten hatte, fand mehr Vergnügen an Soldaten, Jagd und Abenden im Tabakkollegium. Mochte das »gute Stück« den Zaren nach Petersburg begleiten. Der Gast revanchierte sich. 1718 lieferte Herr von Tolstoi die ersten fünfzig hochgewachsenen Russen für die Riesengarde in Potsdam ab; dazu eine in Petersburg gebaute Barke und, bezeichnend für den persönlichen Stil beider Herrscher, eine Drechselbank für den Preußenkönig und einen von Peter selbst gefertigten Becher.

Friedrich Wilhelm I. (1688–1740). Gemälde eines unbekannten Künstlers, um 1730

Beide Herrscher waren echte Kinder ihrer Zeit und ihrer gegenüber einigen Ländern Westeuropas historisch schicksalhaft zurückgeworfenen und zurückgebliebenen Länder. Sie rangen um die Durchsetzung monarchischer Allgewalt, die damals von bedeutenden Frühaufklärern als der beste Weg zu innerer Befriedung, wirtschaftlichem Vorankommen und Machtzuwachs betrachtet wurde. Lehrte man nicht selbst an der niederländischen Universität Leiden, daß der Absolutismus gerade die richtige Staatsform für den Kontinent sei? Beide Regenten interessierten sich leidenschaftlich für die Niederlande als wirtschaftspolitischem Erfolgsmuster. So reich, so proper, so fleißig wollten sie es auch im eigenen Land haben. Lernen, all die schönen und teuren Waren selbst herzustellen, Schiffe, Waffen, kostbares Tuch und anderes mehr, wofür jetzt das Geld ins Ausland floß und es immer reicher machte, während man selbst immer ärmer wurde. Die aktive Handelsbilanz, neues Zauberwort Europas, wie kam man ihr näher? Rohstoffe selbst veredeln, Manufakturen anlegen und durch Einfuhrsteuern und -verbote vor der überlegenen Konkurrenz schützen, Fachleute ins Land holen und die eigenen Untertanen zu unermüdlicher Arbeit anhalten. Das mußte man durchsetzen; auch der Preußenkönig und der Zar aller Reußen wußten es gegen den eigennützigen Adel und den alten Schlendrian durchzusetzen. »Denn was man selber hat, verlangt man nicht zu borgen: Zum Waschen brauchet man nicht eine fremde Hand« rühmte der Verfasser der Stadtbeschreibung »Das Itzt=blühende Potsdam« 1727 das Streben Friedrich Wilhelms I. nach Wirtschaftsautarkie, das gerade in Potsdam besonders ins Auge fiel.

Was war da nicht alles bei der Umgestaltung der ererbten verschlissenen Staatsmaschine zu bedenken, die jeden Untertan auf seinem angestammten Platz in der Ständepyramide halten und doch einen jeden so in die Pflicht nehmen sollte, daß das Staatswesen weit höhere Effizienz erlangte. »Travailler pour le roi de Prusse« (Arbeiten für den König von Preußen) nannten die Franzosen obrigkeitlich verordnete Uneigennützigkeit in der Arbeit. Friedrich Wilhelm I. überfiel wie manch andere zeitgenössische Herrscherpersönlichkeit ein förmliches Neugestaltungsfieber. Cito! Cito! Schnell! Schnell! Häufig wiederkehrende Randbemerkung des Königs, der, an einer schweren erblichen Stoffwechselkrankheit leidend, mehrfach sein Ende nahen glaubte und fürchtete, sein »Werk« nicht vollenden zu können. Nicht zufällig wird er Soldatenkönig genannt. Im Zentrum seines Denkens und Planens stand die Armee. Mit ihr begann er Schritt für Schritt in Potsdam sein Preußenmuster zu entwickeln. Hier im wohlüberschaubaren Raum in der Nähe seiner Hauptstadt konnte er experimentieren, probieren, kontrollieren, korrigieren, alles auf eine barocke, oft erschreckende, gewaltsame Weise, doch letztlich erfolgreich im Sinne des angestrebten Ziels.

Hannelore Lehmann

Zur Ehre Gottes

Die »Hof- und Garnisonkirche zu Potsdam« mit ihrem 88,4 m hohen Turm bestimmte bis 1968 die Silhouette der Stadt. Sie gehörte zu den berühmtesten Bauwerken der königlichen und seit 1871 auch kaiserlichen Residenz. Wiederholt war sie Ort herausragender geschichtlicher Ereignisse.

Um strenge Kirchenzucht seiner in die Stadt verlegten Soldaten bemüht, ließ Friedrich Wilhelm I. die im 17. Jahrhundert gebaute Kapelle im nordwestlichen Seitenflügel des Stadtschlosses erweitern. Sie diente nun der stark angewachsenen Militärgemeinde, neben dem Hof und der reformierten Stadtgemeinde. Im Zuge der Stadtvergrößerung entstanden um 1720 fast gleichzeitig eine katholische Kirche auf dem Gelände der Gewehrfabrik und eine »Garnison- und reformierte Stadt-Kirche« auf der Plantage (Breite Straße). Beide Kirchen waren Fachwerkbauten, ihre Einweihung erfolgte im Jahre 1722.

Nach älteren Beschreibungen hatte die Garnisonkirche einen rechteckigen Grundriß und einen bescheidenen Turmaufbau. Der König kaufte ein aus fünfunddreißig Glocken bestehendes Spielwerk des Amsterdamer Gießers Jan Albert de Grave. Die Melodien beeindruckten die Öffentlichkeit außerordentlich. In dem 1727 erschienenen Buch von Bellamintes »Das itzt blühende Potsdam«

äußerte dieser in hochpoetischer Weise sein »Entzücken« über dieses Glockenspiel.

Friedrich Wilhelm I. setzte nur Prediger seines persönlichen Vertrauens ein. Am Tag nach der Einweihung schrieb er eigenhändig das Reglement für die lutherische und die reformierte Gemeinde.

Bereits nach achtjähriger Nutzung mußte die Garnisonkirche abgerissen werden, da der sumpfige Untergrund das Gebäude gefährdete. Um sicheren Baugrund zu gewinnen, versenkte man riesige Steinmengen, rammte eine große Zahl von Baumstämmen in die Erde. Zum Architekten berief der König Philipp Gerlach, der bereits die Berliner Garnisonkirche errichtet hatte. Er entwarf eine Querhausanlage, an deren südlicher Längsseite (zur Breiten Straße hin) ein fast 90 m hoher Turm konzipiert war. Der König legte selbst den Grundstein. Am 17. August 1732 weihten der Hofprediger Cochius und der Garnisonprediger Carstedt die neue Kirche ein.

Der Innenraum war nach den Grundsätzen der reformierten Gemeinde betont einfach gehalten. Er bot dreitausend Personen Platz. Acht viereckige korinthische Pfeiler teilten das Innere in ein Hauptschiff und zwei Seitenschiffe. Um diese herum waren in zwei Geschossen hölzerne Emporen angelegt. Auf der Höhe der ersten Empore befand sich gegenüber der Kanzel die Königsloge. Noch im Jahre 1732 konnte der Berliner Orgelbauer Johann Joachim Wagner, ein Schüler des berühmten Silbermann, die neue Orgel einbauen. Der Turm an der südlichen Längsseite der Kirche, 1735 vollendet, bestimmte fortan das Bild der Stadt Potsdam. Über dem Eingang an der Straßenseite stand die Inschrift: »Friedrich Wilhelm, König in Preußen, hat diesen Thurm nebst Garnison-Kirche zur Ehre Gottes erbauen lassen anno 1735«. Der Turm war in vier Geschosse gegliedert. Der unterste Teil hatte einen rechteckigen Grundriß. Das folgende Geschoß flankierten je zwei Säulen an der westlichen und östlichen Seite. Über dem Gesims standen Trophäengruppen aus Sandstein. Das dritte Geschoß, nun mit quadratischem Grundriß, war mit einem ringsum verlaufenden Eisengitter eingefaßt. Auch hier standen Trophäengruppen aus Sandstein, die bei den Erneuerungsarbeiten in den Jahren 1925 bis 1930 durch kupfergetriebene ersetzt wurden. Unterhalb einer Galerie befand sich in der Mittelachse jeder Turmseite ein 2,5 m großes Uhrenzifferblatt, das nur einen Stundenanzeiger besaß. Das oberste, vierte Geschoß bestand aus Eichenholz, außen mit Kupferblech beschlagen. Vier gebündelte Säulengruppen grenzten den offenen Raum ab. Ein kuppelartiges Dach mit kupfervergoldeter Krone und Reichsapfel befand sich darüber. Die Spitze des Turmes bildete eine Wetterfahne.

In den offenen Raum des vierten Geschosses war 1734–1735 das Glockenspiel eingebracht worden. Die Einrichtung übernahm der aus Amsterdam stammende Glockenspielmacher Arnoldis Casseboom. Zusätzlich zu den fünfunddreißig vorhandenen des alten, ausgebauten Glockenspiels, ließ er in Berlin bei Johann Paul Meurer fünf Baßglocken gießen. Diese wogen allein 5 650 kg, die übrigen nur 4 500 kg. Über dem Uhrwerkraum im Turm lag eine Spielwerkkammer. Als Neuerung gegenüber dem ersten Glockenspiel baute Casseboom die Handklaviatur für das freie Spiel ein. Erst seit 1797 ertönte zur vollen Stunde die Melodie des Chorals »Lobe den Herrn« und zur halben Stunde die der Papageno-Arie aus der Mozart-Oper »Die Zauberflöte«. Später ist dieser Melodie der Text »Üb' immer Treu und Redlichkeit« von Ludwig Hölty unterlegt worden.

Am 21. Januar 1735 erließ Friedrich Wilhelm I. einen Kabinettsbefehl für den Bau einer Marmorkanzel in architektonischer Einheit mit einem Grabgewölbe. Mit der Überführung der sterblichen Überreste Friedrich Wilhelms I. am 4. Juni 1740 in die Potsdamer Garnisonkirche ließ sich zum ersten Mal ein preußischer König außerhalb der Schloß- und Domkirche zu Berlin beisetzen. Der zweite Gruftplatz, für die Gemahlin Friedrich Wilhelms I. vorgesehen, blieb leer. Das nutzte der preußische König Friedrich Wilhelm II., um seinen Vorgänger Friedrich II. entgegen testamentarischen Festlegungen in die Gruft der Garnisonkirche zu überführen.

Garnisonkirche um 1832. Stich von Grünewald

»Die Gruft Friedrichs des Großen« nannte die Öffentlichkeit von nun an das Grabgewölbe, das Friedrich Wilhelm I. für sich und seine Gemahlin hatte erbauen lassen.

Helmut Knitter

Bete und arbeite

Es mag verwundern, daß ausgerechnet der ungehobelte Friedrich Wilhelm I. zum »Vater« des Potsdamer Schulwesens wurde und sich um dessen Entwicklung mehr Verdienste erwarb als sein feinsinniger, »aufgeklärter« Sohn und Nachfolger Friedrich II.

Vor der Herrschaft des »Soldatenkönigs« existierte in Potsdam lediglich die alte Stadtschule (etwa am Standort der heutigen Nikolaikirche), hervorgegangen aus einer seit dem 13. Jahrhundert nachweisbaren Pfarrschule. Einer ihrer letzten Rektoren war Matthias Ritter. Seine schöne und musikalisch begabte Tochter Dorothea erregte das Interesse des damals (1730) 18jährigen Kronprinzen Friedrich. Als der König Friedrich Wilhelm I. von ihren heimlichen Treffs erfuhr, ließ er das Mädchen öffentlich auspeitschen, in das Spandauische Zucht- und Arbeitshaus bringen, ihren Vater als Rektor absetzen und aus der Stadt weisen.

Potsdams Entwicklung zur Garnisonstadt und die Stadterweiterungen ließen die Bevölkerungszahlen rasch anwachsen. Friedrich Wilhelm erkannte, daß die Stärke der Armee und der wirtschaftliche Aufstieg Preußens die Vermittlung eines elementaren Wissens auch an die unteren Stände bedingten. Die Elementarschulen sollten gehorsame, gottesfürchtige und gleichzeitig arbeitsame Untertanen heranbilden. Diesem Anliegen und dem reformierten Bekenntnis des Herrscherhauses entsprach der Pietismus, eine protestantische Strömung, die eine Erziehung unter dem Motto »Ora et labora! (Bete und arbeite!)« anstrebte. Sie wurde beispielhaft von August Hermann Francke demonstriert, der in Halle einen Komplex von Bildungs- und Erziehungsanstalten – Waisenhaus, elementare und höhere Schulen, Lehrerseminar u. a. – geschaffen hatte. Die Hallenser Einrichtungen wurden aufgrund der persönlichen Kontakte zwischen Friedrich Wilhelm I. und A. H. Francke zum Vorbild für die Schulneugründungen in Potsdam.

1722 begann der Bau des Militärwaisenhauses mit einer eigenen Schule; die Einweihung erfolgte 1724 mit 179 Zöglingen. Für die Leitung der Erziehungsanstalt sah der Monarch A. H. Francke vor. Dieser lehnte zwar ab, doch viele seiner fachlich und pädagogisch solide ausgebildeten Schüler folgten dem Angebot des Königs. Sie wirkten auch an der Garnisonschule für Soldatenkinder am Kiez und an der Elementarschule nahe der Heiligengeistkirche (beide 1722 gegründet), an der 1725 eröffneten Schule für lutherische und reformierte Kinder und an dem 1727 eingeweihten Mädchenwaisenhaus (beide in der Kellerstraße, Berliner Vor-

Die Große Stadtschule, um 1912

stadt). Den Abschluß der Schulneugründungen unter Friedrich Wilhelm I. bildete 1739 die feierliche Einweihung der Großen Stadtschule in dem repräsentativen Neubau in der Nauener Straße, der noch heute als Schule genutzt wird und das älteste erhaltene Schulgebäude Potsdams ist. Sie war vorwiegend für Kinder aus dem gehobenen Bürgertum bestimmt.

1725 befahl der »Soldatenkönig«, fünfzig Kinder aus dem Militärwaisenhaus nach dem Unterricht bei Potsdamer Unternehmern arbeiten zu lassen, um sie zur »Industriosität« zu erziehen. Diese Maßnahme war einerseits ein beachtenswerter Versuch, die Erziehung lebens- und produktionsbezogen zu gestalten. Andererseits begann damit aber auch das unrühmliche Kapitel der Ausbeutung der Waisenhauszöglinge als billige Arbeitskräfte, die unter Friedrich II. ihre krassesten Auswüchse erreichte. Zur Zeit der Herrschaft Friedrich II. erhöhte sich die Zahl der Waisenhauskinder auf 2 500 (darunter 500 Mädchen). Dieser Zuwachs erklärt den Um- bzw. Neubau des Großen Militärwaisenhauses nach Plänen Gontards in den siebziger Jahren, nachdem schon 1755 das Mädchenwaisenhaus in den neuen Flügel in der Lindenstraße eingezogen war.

Friedrich II. veranlaßte am bestehenden Schulsystem kaum Veränderungen. Er vertrat kluge, dem Gedankengut der Aufklärung entsprechende Auffassungen zur Frage der Erziehung des Adels, der zum Erhalt und zur Verbesserung der existierenden Ordnung befähigt werden sollte. Dagegen hielt er die Volksmassen – den »Pöbel« – letztlich für unaufklärbar. So erfolgte durch ihn lediglich eine Neugründung im niederen Schulwesen Potsdams: die kleine französische Elementarschule in der Junkerstraße.

Für die Erziehung des Adels hingegen gründete Friedrich II. die Pagenanstalt zur Heranbildung weltmännischer Höflinge, eine Kadettenanstalt zur Vorbereitung auf die Offizierslaufbahn und das Offizierstöchter-Institut zur Ausbildung von Kammerjungfern, Erzieherinnen und Gesellschafterinnen für den Hof. Während die letztgenannten Einrichtungen separat in Teilen des Militärwaisenhauses untergebracht waren, wurde das Pagenkorps im Gebäude der nicht vollständig ausgelasteten Großen Stadtschule einquartiert – zum ständigen Ärgernis der dortigen Lehrer, die den Streichen und Tätlichkeiten der jungen Adligen wehrlos ausgesetzt waren.

Eine spürbare Weiterentwicklung des Potsdamer Schulwesens gab es erst zu Beginn des 19. Jahrhunderts im Zeichen der preußischen Reformen unter der Leitung der Regierungs- und Schulräte Ludwig Natorp und Wilhelm v. Türck.

Wolfgang Rocksch

Wider die »unordentliche Lebensart« der Potsdamer

Seit 1722 war Potsdam Immediatstadt, d. h., die Stadt wurde der Zuständigkeit des das Gebiet um Potsdam umfassenden königlichen Amtes Potsdam entzogen und unterstand nun direkt der für die Kurmark Brandenburg verantwortlichen höchsten Behörde, der Kurmärkischen Kriegs- und Domänenkammer. Eine Stärkung der Autorität der städtischen Instanzen war damit jedoch nicht verbunden, denn die entscheidenden Kompetenzen fielen dem Kriegs- und Steuerrat, einem eingesetzten königlichen Beamten zu. In der am 25. 10. 1722 erlassenen »Instruction, nach welcher Seine Königliche Majestät in Preußen das Justiz-, Stadt-, Cämmerey- und Policey-Wesen über der Alt- und Neustadt Potsdam verwaltet und eingerichtet wissen wollen«, wurden detailliert die Aufgabenbereiche der städtischen Amtsträger abgesteckt: der »dirigierende Bürgermeister« war gleichzeitig Stadtrichter, der jeweils montags und donnerstags im 1721 fertiggestellten Rathaus am Alten Markt Gericht zu halten hatte. Der zweite Bürgermeister zeichnete vor allem für das »Policey-Wesen« verantwortlich, ein Ressort, das damals ein wesentlich breiteres Spektrum umfaßte als heute: die Aufsicht über die mittwochs und sonntags in Potsdam stattfindenden Märkte einschließlich der Preiskontrolle, ebenso die Gesundheits- und Armenfürsorge. Der Stadtkämmerer wiederum hatte exakt über die Einnahmen und Ausgaben der Stadt Buch zu führen. Zusätzlich waren drei Ratsherren bzw. Schöppen diesem Gremium beigeordnet. Einer von diesen trug speziell Sorge dafür, daß »gesundes und wohlschmeckendes Bier gebraut« werde. Die noch so genau fixierten Kompetenzen konnten dennoch nicht verhindern, daß es im Alltag zu Reibereien zwischen den immer selbstbewußter auftretenden Stadtvertretern mit dem Kriegs- und Steuerrat kam, dem die Oberaufsicht über alle Fragen des innerstädtischen Lebens und die Auswahl der vorgeschlagenen Kandidaten für ein städtisches Amt zustand. Der für 1757 quellenmäßig gut dokumentierte Streit zwischen dem damaligen Ersten Bürgermeister Alberti und dem Steuerrat Lingner entzündete sich zwar an Kleinigkeiten, führte aber letztlich zur prinzipiellen »Erkenntnis« der Kriegs- und Domänenkammer, daß »zwischen einem Vorgesetzten und denen subordinierten Bedienten keine processualischen Weitläufigkeiten gestattet werden können« und der Steuerrat »Lingner allerdings in Städte- und Policey-Sachen das Direktorium allein habe«.

Auch die Könige selbst ließen es sich nicht nehmen, mitunter bis in Detailfragen des innerstädtischen Lebens ihrer Residenz hineinzuregieren. Dies galt sowohl der Sorge um Sauberkeit, regelmäßige Straßenpflasterung und der Installierung eines wirkungsvollen Feuerschutzes – der Stadtbrand von 1714 blieb lange in der Erinnerung des Soldatenkönigs haften – als auch dem Unbehagen über die angeblich »üppige, übermütige und überhaupt unordentliche Lebensart« der Potsdamer, deren ausgedehnter Wirtshausbesuch sie »zur morgenden Tages-Arbeit ungeschickt gemacht« habe. Dies war der generell im absolutistischen Preußen verfolgten Politik geschuldet, für alle Untertanen verbindliche Regelungen zu erlassen und ihr Verhalten einer stärkeren Kontrolle zu unterwerfen.

»Diese Stadt nimmt auch noch täglich zu, weil da zugleich Handel und Wandel, Schiffahrten und auch Fabriken sind, dabey die Leute genug zu thun finden«, heißt es in einer 1748 erschienen historisch-geographischen Beschreibung über Potsdam. Viele Gewerbe fanden hier ihre Heimstatt und prägten nachhaltig das Stadtbild. Aufträge für eine ständig wachsende Armee garantierten den Potsdamer Gewerbetreibenden sicheren Verdienst. Königliche Resolutionen, wie die vom 18. 6. 1736, stießen bei den Betreffenden auf Wohlwollen: darin wurde verfügt, »daß künftighin die

Posamentierer zu Potsdam die Lieferung der wollenen Haarbänder von der ganzen Armee haben sollen«.

Eine besonders herausragende Schicht innerhalb der Gewerbetreibenden begann sich mit dem Hoflieferantentum herauszubilden. Mit der Übertragung dieses Titels waren einige bedeutende Privilegien verbunden, wie die Bestätigungsurkunde des »Hofuhrmachers« Johann Georg Fischer aus dem Jahr 1755 repräsentativ zeigt: So blieb er von Einquartierungen befreit und unterstand nicht der städtischen Gerichtsbarkeit, sondern der Jurisdiktion des Hof- und Kammergerichts. Ferner wurde ihm garantiert, daß seine Waren, »die er sowohl in als außerhalb des Landes debitieren wird«, zoll- und akzisefrei bleiben. Viele Potsdamer Handwerker setzten alles daran, Aufträge vom Hof zu erhalten, um der Verleihung dieses auch vererbbaren Titels etwas näher zu kommen.

Das 18. Jahrhundert begründete den Ruhm Potsdams nicht nur als Stadt der Schlösser und Gärten, sondern auch als bedeutende Manufaktur- und Garnisonstadt. Potsdam wurde so etwas wie die heimliche Hauptstadt Preußens.

Frank Göse

Gewehre und Uniformen

Mit Erstaunen und vorsichtiger Distanz beobachteten die Potsdamer Bürger am 3. Juli 1713 den Einzug der etwa sechshundert Soldaten, die nach der Farbe ihrer Uniform bald unter dem Namen »Rote Grenadiere« bzw. der ungewöhnlichen Größe wegen als »Lange Kerls« bekannt werden sollten. Der gerade erst vier Monate regierende neue preußische König Friedrich Wilhelm I. begann deutlich zu machen, daß er es ernst meinte mit der unmittelbar nach der Thronbesteigung gegebenen Ankündigung: »Mein Vater fand Freude an prächtigen Gebäuden, großen Mengen Juwelen, Silber, Gold und äußerlicher Magnifizenz – erlauben Sie, daß ich auch mein Vergnügen habe, das hauptsächlich in einer Menge guter Truppen besteht.« Potsdam sollte in diesem Konzept des Soldatenkönigs eine herausgehobene Stellung einnehmen. Vor allem die Jagdgebiete um Potsdam und die strategisch günstige Lage ließen ihn dieser Stadt den Vorzug vor Oranienburg und Köpenick geben.

Die Einquartierung der sechshundert Grenadiere, die zum »Leibbataillon des Königs« avancierten, brachte natürlich erhebliche Belastungen für die damals 1 500 Einwohner. Im 18. Jahrhundert wurde nur ein relativ geringer Teil des Militärs in Kasernen untergebracht, die sich in Potsdam vor

Gottfried A. Daum (1679–1743), Bankier und Mitbegründer der Gewehrfabrik. Kupferstich von A. B. König

David Splitgerber (1683–1764), Mitbegründer der Gewehrfabrik

allem entlang der westlichen und nördlichen Stadtmauer, in der Lindenstraße und Am Kanal befanden.

Der Hausbesitzer, der zwischen zwei und sechs Soldaten aufzunehmen hatte, mußte für die Zubereitung der Mahlzeiten, Heizung, Licht und Schlafstatt aufkommen. Gerade letzteres bildete ein schwieriges Unterfangen, denn für die aus vielen deutschen Territorien und europäischen Ländern stammenden »Langen Kerls« – der stattlichste unter ihnen, der Ire Kirkland, maß 2,14 m – fehlten häufig passende Bettstellen. Eine in den Kreisen der Mark Brandenburg erhobene Steuer, die Potsdamschen Bettgelder, sollte die finanziell überforderten Potsdamer Bürger unterstützen.

Die Funktion des Potsdamer Stadtkommandanten bekleideten traditionell die Kommandeure des bekannten 6. Grenadiergardebataillons, eine Art Eliteformation, die Friedrich II. zum Gedenken an seinen Vater und dessen Riesengrenadiere – das sogenannte Königsregiment – gründete. Die Offiziere genossen neben dem vom König eingesetzten Kriegs- und Steuerrat die höchste Autorität in der Stadt aufgrund ihrer weitreichenden Befugnisse. General Wolf Friedrich von Retzow wurde z. B. in seiner Eigenschaft als Stadtkommandeur (1746–1756) vom König mit der Anlage des unweit Potsdams entstehenden Nowawes betraut. 1751 zogen die ersten böhmischen Emigranten hierher, um sich eine neue Existenz als

Arbeiter in der Gewehrfabrik.
Stich um 1800

Weber und Spinner aufzubauen. Die Ansiedler fanden vorerst durchaus günstige Ausgangsbedingungen: Gewährung von Startkapital und Zunftfreiheit. Doch bald hatten auch die Nowaweser Weber einen oft zermürbenden Kleinkrieg um genügend Aufträge gegen die Allmacht vor allem der Berliner Verleger und die staatlichen Reglementierungen zu führen.

Das Hauptinteresse der königlichen Wirtschaftspolitik wandte sich naturgemäß jenen Gewerbezweigen zu, die bei der Versorgung und Ausrüstung des preußischen Heeres eine herausragende Rolle spielten. In Potsdam wurden solchen Unternehmen Gebäude zur Verfügung gestellt und finanzielle Unterstützung gewährt. Neben den Textilunternehmen repräsentierte die Gewehrfabrik die Verbindung zwischen der Garnison- und Manufakturstadt Potsdam in besonders exponierter Weise. Die Gebäude dieser 1722 von den Unternehmern Daum und Splitgerber gegründeten Manufaktur befanden sich in der damaligen Gewehrstraße (heute: Hoffbauerstraße). Eine ständig steigende Produktion von Gewehren und Klingen machte häufige Erweiterungen nötig. Durch Bereitstellung von Werkstätten und Unterbringungsmöglichkeiten vor dem Teltower und Berliner Tor konnten zusätzliche Arbeitskräfte beschäftigt werden; anfangs wurden in diesem Metier erfahrene Handwerker aus Lüttich angeworben.

Da die Angehörigen der Potsdamer Gardeeinheiten in der Mehrzahl aus weit entfernten Gegenden der Monarchie oder dem Ausland kamen, wurden sie nicht – wie sonst im preußischen Heer üblich – nach der Exerzierzeit im April und Mai nach Hause beurlaubt, sondern blieben in der Garnisonstadt. Die Potsdamer Soldaten nahmen somit die längste Zeit des Jahres am alltäglichen Leben der Stadt teil, sie waren quasi Bürger der Stadt, ohne Bürgerrechte zu besitzen.

Es erscheint verständlich, daß unter den Potsdamer Handwerkern argwöhnisch auf die halbwegs gerechte Verteilung der Heeresaufträge geachtet wurde. Doch nicht nur die Streitereien unter den einheimischen Gewerbetreibenden beschäftigten mehrfach die städtischen und staatlichen Behörden,

harte Konkurrenz erwuchs dem Potsdamer Handwerk auch aus der Armee selbst. Die Soldaten versuchten, ihren kärglich bemessenen Sold durch Heimarbeit aufzubessern, meist als Spinner für die Potsdamer und Berliner Textilfabrikanten. Der bekannte Potsdamer Stadthistoriker Julius Haeckel beschrieb dieses eigenartige Bild, das sich dem Zeitgenossen bot: »Der erprobte Krieger des großen Königs und gerade der Mustersoldat – wie Herkules am Spinnrocken sitzend, wo wir Frauen zu sehen gewohnt sind! Wenn wir an einem stillen Sommernachmittag durch die Straßen des Friderizianischen Potsdam wandern könnten, würden wir erstaunt sein, aus jedem Haus bei offenem Fenster das Surren der Spinnräder zu hören und beim Eintreten in die Quartierstube die Soldaten, die vormittags stolz zur Parade aufzogen, friedlich am Spinnrade sitzen zu sehen.«
Frank Göse

Das Holländische Viertel

Der Soldatenkönig Friedrich Wilhelm I. hat die hochentwickelten Niederlande vor Augen, als er an die Stadterweiterung Potsdams herangeht. Nach der ersten im Jahre 1722 folgt zehn Jahre später die zweite planmäßige Stadterweiterung Potsdams. Zusammen mit dem König stecken die Ingenieurkapitäne Pierre de Gayette und Andreas Berger die Straßen und Karrees ab. Fast wäre dabei der König mit seinem Pferd im Morast versunken. Der schlechte Baugrund im Nordosten des neuen Baugeländes, die fehlenden Fachleute für das Bauen im Sumpf und der Wunsch, insbesondere niederländische Handwerker und Künstler in Potsdam anzusiedeln, führen zum Bau des Holländischen Viertels.

Die ersten angeworbenen Bauhandwerker kommen im Herbst 1732 nach Potsdam. Es sind vier Familien mit insgesamt zwölf Personen: die Zimmerermeister Adrianus den Ouden und Anton de Ridder, der Schiffszimmerer-, Tischler- und Zimmerermeister Jan Bouman und der Maurermeister Huybrecht Kethel. Die ihnen versprochenen Wohnungen sind noch nicht fertiggestellt. So werden ihnen die Logiekosten vom Magistrat erstattet.

Der genaue Baubeginn der 4 Karrees des Holländischen Viertels ist nicht überliefert. Der erste Häuserblock mit 7 Häusern wird in der ehemaligen Nauener Straße zwischen der Mittelstraße und der ehemaligen Junkerstraße bezugsfertig.

Trotz aller Werbung kommen nicht so viele Niederländer wie erwartet in das »Holländische Quartier«. Bisher lassen sich etwa 35 Eigentümer holländischer Herkunft oder Familiennamens nach-

Portaldekoration Fr.-Ebert-Str. 28, restauriert durch K. Kallensee und Chr. Wendland

weisen. Die übrigen 99 Häuser beziehen Kolonisten aus Frankreich, der Schweiz und den übrigen deutschen Staaten sowie ausrangierte Soldaten. Nach einigen Jahren freien Wohnens in den möbliert übernommenen Häusern werden sie durch Schenkungsurkunden des Soldatenkönigs und Friedrichs des Großen auch zu Eigentümern an Grund und Boden einschließlich der Gebäude. Die niederländische Architektur ist für die Stadt Potsdam wie für ganz Preußen etwas völlig Neues. Potsdam bestand bis zu diesem Zeitpunkt nur aus Fachwerk- oder geputzten Ziegelbauten. Auf dem sumpfigen Baugrund im Nordosten müssen die 134 unverputzten roten Ziegelbauten zum großen Teil auf Pfahlrosten gegründet werden. Nach niederländischem Vorbild sind sie als »Traufenhaus« und als »Giebelhaus« gestaltet, als »gantze« oder »halbe« Häuser. Im ersten Karree werden jeweils die Blockfronten in einem Haustyp, dem Traufen- oder Giebelhaus, erstellt. Im zweiten Karree am Nauener Tor wird der Giebelhaustyp erstmals mit dem Traufenhaus kombiniert. Die Traufenhäuser stehen in der Mitte, am Anfang und am Ende eines Blockes, in symmetrischem Rhythmus zu den Giebelhäusern. Als besonderen Schmuck erhalten sie hölzerne Portaldekorationen mit geschnitztem Dekor nach niederländischem Vorbild. Im östlichen Teil der Mittelstraße beziehen die Portaldekorationen sogar die Giebelfenster des Dachgeschosses ein. Jan Bouman erreicht damit den Eindruck von individuellen Einzelhäusern, wie sie in seiner Heimat üblich sind.

Ab etwa der Mitte des 18. Jahrhunderts lassen sich zunehmend mehr Künstler und Kunsthandwerker im Viertel nieder. Bis etwa 1790 sind unter den Bewohnern 4 Baumeister, 16 Bildhauer, 3 Stukkateure, 10 Maler und Vergolder, 2 Musiker der königlichen Kapelle, 2 Instrumentenbauer und ein

Kunsttischler als Hauseigentümer oder als Mieter nachweisbar. Namhafte Baumeister Friedrichs des Großen wohnten hier: Carl Philipp Christian von Gontard (Benkertstr. 16), sein Meisterschüler Georg Christian Unger (Gutenbergstr. 83) und der auch als Maler und Radierer bekannte Andreas Ludwig Krüger (Benkertstr. 21). Der bedeutendste Bildhauer im Viertel war zweifellos Friedrich Christian Glume (Mittelstr. 25), der Schöpfer der Karyatiden am Schloß Sanssouci. In den Werkstätten der Dekorationsbildhauer entstanden viele der Verzierungen zu den Schloßräumen, Fassaden und Ausstattungen. Die Gebrüder Wohler fertigten hier die zahlreichen, fröhlichen Puttenreliefs der Fassaden Ungers und realisierten Entwürfe Gottfried Schadows. Porträt-, Veduten- und Dekorationsmaler und Vergolder wohnten und arbeiteten im »holländischen Revier«. Johann Friedrich Meyer (Benkertstr. 21) verdankt Potsdam die wichtigsten Stadtansichten des 18. Jahrhunderts. Ohne die Stukkateure Merck (Mittelstr. 3), Sartori (Str. d. Jugend 14) und Fehr (Benkertstr. 15) wären die Stuckdecken in den Potsdamer und Berliner Schlössern kaum denkbar. Bei dem Flötenmacher Kirst ließ Friedrich der Große seine Flöten anfertigen. Vom »holländischen Cabinetmacher« Johann Heinrich Hülsmann (Gutenbergstr. 79) stammen die Intarsien des berühmten Bibliothekszimmers

Mittelstr. 42–43, Ecke Fr.-Ebert-Str. 27 nach der Wiederherstellung 1975 bzw. 1977

Friedrichs im Schloß Sanssouci. Von besonderer Bedeutung für die einheimische Textilherstellung waren die im Viertel ansässigen Seiden-, Damast- und Samtweber. Dazu kamen Tapetenmacher, Tischler und andere Kunsthandwerker. Persönlichkeiten der Potsdamer Öffentlichkeit runden das soziologische Bild ab: der Amtmann Buddeus, der Prediger der französisch reformierten Kirche Pellet, der Kriegsrat Richter, der französische Hofrat Saintpaul und der Königliche Rat Deonisius.

Blick über das Wasserbassin auf die ehemalige Gloriette (1739) und die Französische Kirche (1753), Radierung um 1796

Auch im 19. Jahrhundert wohnten hier namhafte Bürger: die Stadtbauräte Gebhard (Benkertstr. 16) und Hesse (Gutenbergstr. 81). In der Gutenbergstraße 71 wirkte der bekannte Orgelbauer Gesell. Doch die große Zeit als »Künstlerviertel Preußens« war vorbei, auch wenn Theodor Storm einige Jahre in der Benkertstraße 15 lebte. Mehr und mehr hatte sich durch Dachgeschoßausbau und zusätzliche Hofgebäude das Viertel zu einer Wohn- und Arbeitsstätte von Angestellten, Arbeitern, Handwerkern gewandelt. Anfang dieses Jahrhunderts lachte alle Welt über den Coup des Hauptmanns von Köpenick. Die Uniform dafür hatte er sich bei den Uniformhändlern im Holländischen Viertel, in der Mittelstraße 3 und Benkertstraße 24 gekauft. In den zwanziger Jahren gingen Kurt Tucholsky und Carl von Ossietzky im Viertel ein und aus, als die bekannte Zeitschrift »Die Weltbühne« in der Evangelischen Vereinsdruckerei (Gutenbergstr. 72) bzw. in der Druckerei Stein (Hegelallee) gedruckt wurde. Das Café Rabien am Nauener Tor (Fr.-Ebert-Str. 29) diente ihnen als Ort redaktioneller Arbeit.

Nach über 50 Jahren Diktatur zweier Ideologien, in deren Folge mehr als die Hälfte des Viertels im Bestand gefährdet ist, habe ich einen Traum: Dieses einmalige städtebauliche Gesamtkunstwerk, fachgerecht restauriert, wird wieder zum Künstlerviertel Potsdams.

Christian Wendland

Im Weinfaß begraben

Am Donnerstag, dem 12. April 1731, bewegte sich ein Zug schwarzgekleideter Menschen durch Potsdam. Unter dem Geläut der Kirchenglocken näherte er sich der Stadtgrenze. In diesem Zug schwankte, von zwölf Männern getragen, ein mit einem schwarzen Tuch bedecktes Faß. Am Schlagbaum setzten die Träger ihre Last ab. Der Sarg, denn um einen solchen handelte es sich, wurde auf einen Leichenwagen gestellt; er sollte in der Bornstedter Kirche beigesetzt werden. Der Tote war Jacob Paul Freiherr von Gundling, der geadelte Hofnarr König Friedrich Wilhelms I., ein tüchtiger Historiograph. Als Präsident der Königlichen Societät der Wissenschaften zu Berlin Nachfolger des Universalgelehrten Gottfried Wilhelm Leibniz, diente er jetzt zum letzten Mal dazu, den Hof zu belustigen. Jeder kannte sein Schicksal, jeder wußte von dem Faß, das der König schon zehn Jahre vor dem Tode des trinkfreudigen, allmählich trunksüchtig gewordenen »Lustigen Rats« als dessen zukünftigen Sarg hatte anfertigen und aufstellen lassen. Gundling, der am Vortag nach qualvollem Leiden auf dem Schlosse verstorben war, wurde nach der Leichenschau in eben jenem Faß öffentlich im Schlosse aufgebahrt. Da lag er, den bösen Späßen der Königlichen Militärs und Hofleute entrückt, in seinem ihm ehedem so lästigen närrischen Prachtaufzug: der riesigen, fast bis zu den Lenden reichenden Perücke, einem lächerlichen großen Hut in der erstarrten Hand, dem Rock aus rotem Samt, den Beinkleidern von Brokat, Seidenstrümpfen, Schuhen mit großen Schnallen. Das hätte noch als feierlicher Ernst durchgehen dürfen. Doch auf dem Deckel des Fasses standen jene primitiven, empörend häßlichen Verse, die Gundling »halb Schwein, halb Mensch« und »Schweinepeltz« nannten.

Paul Jacob Gundling (1673–1731)

Bei Lebzeiten soll sich Gundling mitunter, wenn es bei Hofe lustig gewesen, in den Sarg gelegt und ein Glas Wein darin getrunken haben. Vielleicht wollte er nicht als Spielverderber erscheinen. Vielleicht war es ihm eine Zuflucht.

Er galt als ernster pedantischer Gelehrter, der lieber ruhig bei seinen Büchern und Urkunden gesessen hätte, als seine Zeit so sinn- und würdelos unter Grobianen vertun zu müssen.

Jacob Gundling und sein älterer Bruder Nicolaus Hieronymus waren Nürnberger Pfarrerssöhne. Während der ältere Gundling den Regierungsantritt Friedrich Wilhelms I. im Jahre 1713 als Universitätsprofessor und Konsistorialrat in Halle problemlos überstand, verlor der jüngere die 1705 gewonnene Professur an der Ritterakademie in Berlin und seine Stellung als historischer Mitarbeiter am Oberheroldsamt.

Paul Jacob schien dennoch Glück zu haben, als ihn der neue König zum Zeitungsreferenten berief, ihn 1718 zum Akademiepräsidenten erhob, 1724 adelte und in den Freiherrnstand erhob. Aber bald wurde Gundling und der Welt offenbar, daß es sich um ein sehr zweifelhaftes Glück handelte. Friedrich Wilhelms gelehrte Zeitungsreferenten waren »Lustige Räte«, Hofnarren, die den König und seine Offiziere besonders im »Tabakkollegium« unterhalten sollten. Vergeblich versuchte Jacob Paul, sich seinem Schicksal durch Flucht zu entziehen. Gundlings Zeitgenosse Johann Michael von Loen, ein Großonkel Goethes, widmete ihm eine seiner »Moralischen Schildereyen«, die er »Der unglückliche Gelehrte am Hof« nannte. Er mutmaßte, der König habe »hier einen Gelehrten den Soldaten (d. h. seinen Offizieren, A. d. A.) zum Schauspiel machen« wollen.

Als Gundling sein Ende nahen fühlte, ließ er den lutherischen Pfarrer der Heiligengeistkirche, Johann Heinrich Schubert, zu sich bitten. Dieser schrieb an Gotthilf August Francke, den Sohn des Begründers der Franckeschen Stiftungen in Halle, einen Brief über den Besuch am Sterbebett. Der arme Gundling habe ihm »mit vielem Jammern und Seufzen erzählet, wie man ihn mißhandelt habe, und insonderheit erbärmlich darüber geklaget, daß er vor Unruhe, daß man ihn in einem Faß mit solcher Aufschrift begraben wolle, nicht recht zu sich selber kommen könne«. Schubert bat den König, dem Sterbenden ein normales Begräbnis zuzusichern, handelte sich aber nur königliche Ungnade ein. Die Potsdamer Geistlichkeit, lutherische und reformierte, besaß den Mut, dem makabren Beisetzungsakt fernzubleiben. Predigen mußte David Faßmann, ein anderer gelehrter Hofnarr mit theologischer Ausbildung, der noch vor Ablauf des Jahres aus Preußen floh. Als in der Bornstedter Kirche in der Gruft ein Lied angestimmt und der Text: »Er hat getragen sein Joch« gesungen wurde, erhob sich Gelächter und Geschrei: »Nein, das ist nicht wahr, er hat getragen des Königs Joch«. – In der Bornstedter Kirche befindet sich heute noch der hölzerne Epitaph des Jacob Paul Frey-Herrn von Gundling mit einem ängstlich blickenden Hasen als Wappenhalter. Friedrich Wilhelm I. war leidenschaftlicher Jäger, der Symbolwert tiefer, als der König mit dem Bilde bezweckt haben mochte. Er bezog ihn selbst ein. Hatte nicht Gundling einem Freunde geschrieben: »Daß ich so behandelt werde, fällt auf den, der es tut«?

Hannelore Lehmann

Franzosen in Potsdam

Das am 19. Oktober 1731 von Friedrich Wilhelm I. erlassene »Edit du Roy« über die »Privilegien und Freyheiten, welche Se. Königl. Majestät denen Frantzösischen Colonisten, so sich von auswärtigen Oertern Nach Potsdam begeben, allergnädigst zu verleihen gesonnen« hatte ein rasches Anwachsen der französischen Kolonie zur Folge, deren Einwohnerzahl von damals 153 auf 478 im Jahre 1738 stieg. Die wichtigsten ihnen gewährten Zugeständnisse waren eine eigene französische Gerichtsbarkeit, Anstellung von Predigern und Schulmeistern auf königliche Kosten, Steuerbefreiung während 15 Jahren, Unterstützung beim Hausbau, bei der Gründung von Manufakturen und Fabriken sowie die Befreiung vom Militärdienst. Als Protektoren wurden Etatsminister von Cocceji und Hauptmann von Polentz eingesetzt. Abgesehen von geringfügigen Einschränkungen bestanden die zivilen Sonderrechte bis zu ihrer Aufhebung durch Friedrich Wilhelm III. am 30. Oktober 1809 weiter fort, die kirchenrechtlichen der französisch reformierten Gemeinden innerhalb der Landeskirche bis zum heutigen Tage. Da das gesamte Quartier im

Die französischen Refugiés erichteten Manufakturen in Brandenburg. Radierung 1785

Französische Kirche, um 1894
erbaut 1753

Zweiten Weltkrieg zerstört wurde, ist die Französische Kirche an der Südostecke des Bassinplatzes heute der letzte Zeuge der Potsdamer Französischen Kolonie. Dieser querovale Flachkuppelbau nach dem Vorbild des Pantheon in Rom und unverkennbar verwandt mit dem Marmorsaal des Schlosses Sanssouci wurde 1752/53 nach Plänen von Georg Wenzeslaus von Knobelsdorff durch Jan Bouman errichtet und am 23. September 1753 eingeweiht. Er ersetzte die zuvor in Wohnräume umgewandelte Kapelle des Stadtschlosses und wurde der Gemeinde von Friedrich dem Großen als Geschenk überlassen.

Im toskanischen Säulenportikus befinden sich die allegorischen Skulpturen der Hoffnung (Frau mit Anker) und der Liebe (Frau mit Kindern) sowie die Reliefs »Zinsgroschen« und »Tempelvertreibung« nach Modellen von Friedrich Christian Glume. Der Innenraum besaß ursprünglich amphitheatralisch ansteigende Bankreihen. Die heutige Einrichtung mit einer klassizistischen Kanzelwand wurde 1833/34 unter Beteiligung von Karl Friedrich Schinkel geschaffen. Die einschalige Kuppel »von sehr gewagter Construction« (Schinkel) führte immer wieder zu bauphysikalischen Problemen, die erst 1882/84 von Emil Gette durch Schaffung einer zweiten Kuppelschale beseitigt werden konnten.

Durch die Erschütterungen der Bombenabwürfe und Hauseinstürze im Zweiten Weltkrieg wurde das Kuppelgewölbe in sich verschoben, was jahrzehntelang unbemerkt blieb. Erst 1981/85 erfolgte die Instandsetzung. Die Restaurierung des Innenraumes soll 1993 abgeschlossen sein. Ein klangliches und gestalterisches Kleinod wird dann die 1783 vom bekannten Brandenburger Orgelbauer Johann Wilhelm Grüneberg geschaffene Barockorgel mit 13 Registern sein, die ursprünglich in der reformierten Spandauer Johanniskirche, später – jahrelang unbenutzbar – in Bärenklau bei

Oranienburg stand. Sie ähnelt stark dem ersten, 1787 von Ernst Marx gebauten Instrument der Französischen Kirche und soll die Erinnerung daran wachrufen, daß Potsdam einst mehrere berühmte Barockorgeln beherbergte.
Andreas Kitschke

Er mochte das Räsonnieren

Was bedeutete Potsdam dem Kronprinzen, dem König »Friedrich der Große« und dem »Alten Fritz«? Drei Beziehungsperioden bieten sich von den Lebensabschnitten her an.

Die erste wurde überschattet von schweren Kindheits- und Jugenderlebnissen. Seiner im Berliner Schloß inhaftierten Schwester Wilhelmine schrieb der Gefangene aus Küstrin im September 1730 tröstend, er glaube, ihr dortiger »Aufenthalt mit all seinem Trübsinn« sei »weit besser als Potsdam oder Wusterhausen«. Noch in den folgenden Jahren, als sich die Beziehungen zwischen Vater und Sohn wieder normalisiert hatten, war Wilhelmine »in Sorge«, »zitterte« um ihn, wenn er »in der Potsdamer Finsternis« weilte. Friedrichs Refugien waren Ruppin und Rheinsberg. Ein ständig wiederkehrendes Flucht- und Asylmotiv durchzieht seine Briefe und läßt erkennen, wie stark bedrängt sich der Kronprinz in einer Atmosphäre fühlte, die er mit Ausdrücken wie öde, langweilig, roh bedachte. Immer leidenschaftlicher wurde auch die Ablehnung der in Potsdam einflußreichen Pietisten. Wie hätte Friedrich, der seine Zuflucht vor den Unbilden des Lebens bei den Musen und in der Philosophie suchte, die religiöse Verdammung weltlicher Vergnügen und die Intoleranz gegen den bedeutenden Philosophen Christian Wolff akzeptieren können? Mehrfach nahm der Kronprinz dem Vater zu Gefallen

Friedrich II. Gemälde von A. Pesne, um 1735

in Potsdam das Abendmahl. Doch frivole Bemerkungen zeigen, wie wenig ernst es ihm damit war.
Und als der Vater, der »sein« Potsdam ganz anders empfand, am 31. Mai 1740 gestorben war? Zunächst fühlte Friedrich sich mehr zu Charlottenburg hingezogen. Das änderte sich nach dem Ersten Schlesischen Krieg. Vom Potsdamer Stadtschloß schrieb er der Schwester 1743: »Ich bin jetzt mit der Ordnung meiner durch den Krieg arg in Verwirrung geratenen Angelegenheiten beschäftigt und habe mich daher hier eingeschlossen, wo ich den ganzen Tag arbeite ...«. Doch welcher Wandel; unter ausdrücklicher Berufung auf den Vater wies er Wilhelmine an zu verhindern, daß ihre Hofdame, ein Fräulein von der Marwitz, »außer Landes« heirate. Vermögen sollte nicht ins Ausland abfließen. – Nach dem Zweiten Schlesischen Krieg kehrte der König mit neuen Lorbeeren geschmückt als »Friedrich der Große« nach Potsdam zurück. Hier ließ er das geliebte Rheinsberg als Schloß auf dem Weinberg neu erstehen. Aus dem Rheinsberger Kreis wurde die Tafelrunde von Sanssouci, Zufluchtsort für die verfolgten Jünger der Vernunft. Unter den Schön- und Freigeistern erholte sich der König von der Arbeit im Kabinett, der höchsten Regierungsinstanz des Absolutismus. Wilhelmine bereiste Italien. Friedrich traute sich nicht aus Preußen weg, befürchtete, die Staatsmaschinerie könne während seiner Abwesenheit ins Stocken geraten; tröstete sich damit, »immer wieder sagen zu hören, daß die Ziege da grasen muß, wo sie angepflöckt ist«. Also baute er sich sein Italien in Potsdam auf, alle die schönen Paläste, die er nie in Wirklichkeit sehen würde. Unbeschwerte Jahre? Der König war ein kranker Mann; Freunde und Illusionen verloren sich. Am 25. März 1755 schrieb er der Schwester, er lebe einsamer denn je. Dann war da immer das Lauern auf den nächsten Krieg. 1756 war es soweit. Der Preußenkönig führte einen Präventivschlag, vorsichtshalber. »Was für eine entsetzliche Schlächterei! Nur mit Schaudern denke ich daran. Wie es aber auch gehen möge, man muß sich ein ehernes Herz anschaffen und sich auf die Metzeleien vorbereiten, die das Vorurteil als heroisch hinstellt, die aber, aus der Nähe besehen, stets grauenhaft sind ...«, schrieb er Wilhelmine am 8. Februar 1758 aus Breslau. Soviel Einsicht und soviel Unvermögen, von der Bahn des Grauens abzuweichen.
1763. Ende des Siebenjährigen Krieges. Der feindliche General Graf Esterhazy hatte Schloß Sanssouci 1760 verschont. Auch die Stadt Potsdam blieb unzerstört. Der »Alte Fritz« ließ das Neue Palais, ließ die Stadt in weiten Teilen neu erbauen. Das Kabinett in Potsdam wurde die Zentrale zur Bewältigung der Nachkriegskrise.

Trotz des Arbeitspensums behielten die Künste ihren Platz im Tagesablauf des Königs. Doch bewahrte ihn der Umgang mit den Musen nicht davor, im Alter immer mehr Züge eines Menschenfeindes anzunehmen, worunter auch Künstler und Architekten zu leiden hatten. Manch einer lief davon. – Ein lebendiges Bild absolutistischer Regierungstätigkeit in der Residenz bieten uns 68 auf Potsdam bezügliche königliche »Cabinets-Ordres« aus den Jahren 1776 bis 1786. Sie weisen aus, daß Staatsräson vor persönlichem Interesse rangierte, Ruhe und Ordnung, Sparsamkeit, Schutz der Untertanen vor fremder Konkurrenz für den König eines noch immer nicht reichen Landes unverzichtbare Werte darstellten und daß die »Landeskinder« angewiesen wurden, wie ihr »Landesvater« dort zu »grasen, wo sie angepflöckt waren«. Friedrich konstatierte einmal, die »Kunst glücklich zu sein«, bestehe allein darin, »vernünftig zu sein«. Vielleicht hatte er recht, aber seine Landeskinder sahen das wohl häufig anders. »Räsonnieren« wir darüber. Er mochte das »Räsonnieren«.
Hannelore Lehmann

Sans, Souci

Als Friedrich II. 1740 die Regierung von seinem Vater, dem Soldatenkönig, übernahm, stand nicht fest, ob auch er wie seine Vorfahren Potsdam zur Residenz erwählen würde. Noch hatte er seinen kronprinzlichen Sitz in Rheinsberg nicht aufgegeben, und als neue königliche Aufenthaltsorte waren Neuruppin und bald auch Charlottenburg im Gespräch. Doch 1744 ließ er erste Ausbesserungen am Potsdamer Stadtschloß vornehmen, ein Jahr später gab er die Kabinettsorder zum Umbau des Gebäudes. Bis 1752 wurden die Seitenflügel auf die Höhe des Hauptbaues gebracht, durch eine Pilasterordnung gegliedert und mit Figuren auf der Attika geschmückt. Von den älteren Bauteilen war nur das Fortunaportal geblieben. Das Potsdamer Stadtschloß bewohnte der König von nun an im Winter, während er für den Sommer eine neue Residenz vor den Toren der Stadt anlegen ließ. Das damit begründete intensive Verhältnis Friedrichs II. widerspiegelt sich in dem Ausspruch aus dem Jahre 1758: »Potsdam, Potsdam, das brauchen wir um glücklich zu sein«.
Schon Friedrich Wilhelm I. hatte nahe dem Brandenburger Tor im Westen der Stadt seinen »Marlygarten« anlegen lassen, in dem er sich mit seinen Gästen die Zeit vertrieb. Hier spielten auch die königlichen Kinder Wilhelmine und Friedrich, und von hier aus war es nicht weit zum nahen sogenannten Wüsten Berg, der einen

Terrassen und Schloß Sanssouci. Radierung von J. D. Schleuen (d. Ä.), um 1756

vorzüglichen Überblick auf die Potsdamer Landschaft bot.
So ist es nicht verwunderlich, daß Friedrich II. bereits 1743 in einem Brief an seine Mutter Sophie Dorothea mitteilte, daß er auf dem Hügel bei Potsdam gespeist und den Ausblick genossen habe. Am 10. August 1744 wird dann die Kabinettsorder für die Anlage eines Weinberges unweit von Potsdam erlassen. Das ist die Geburtsstunde jener Sommerresidenz, die bis in die siebziger Jahre des 18. Jahrhunderts durch Erweiterungen und neue Bauten zu einer der großartigsten deutschen Schloß- und Parkanlagen geworden ist.
Weinberge gab es bereits in kurfürstlicher Zeit, sie lagen aber immer neben dem Schloß. Nun wurde ein Weinberg zur Mitte einer Anlage, sozusagen ihr Herzstück, und unterstreicht damit den privaten Charakter des Ortes. Am 14. Januar 1745 legte Friedrich II. in einer weiteren Ordre fest, daß auf dem Hügel ein Schloß zu errichten sei. Bereits 1746 war der Rohbau fertig, und 1747 im Mai konnte das Haus eingeweiht werden.
Friedrich II. gab dem Anwesen den Namen »Sanssouci«. »Ohne Sorge« wollte er hier seinen privaten Vorstellungen und Neigungen nachgehen, als »Philosoph von Sanssouci« in der Abgeschiedenheit dichten, komponieren, musizieren und mit Freunden an der Tafelrunde philosophieren.
Für Sanssouci gibt es keinen von Anfang an festgelegten Plan; Friedrich II. hat die Entwicklung Schritt für Schritt betrieben. Nach dem Ende des Zweiten Schlesischen Krieges 1745 konnte er sich

diese Anlage auch finanziell leisten. Bald nach der Fertigstellung des Schlosses mehren sich die Bauten. Auf der östlichen Seite entstehen ein Warmhaus mit einer terrassierten Anlage davor und noch weiter östlich dann die Neptungrotte. An die Stelle des Warmhauses tritt nach 1755 die Bildergalerie, in der Friedrich seine neuerworbenen Gemälde unterbrachte. Sie lehnt sich in der Architektur an das westlich gelegene Orangenhaus an, das bereits 1747 fertiggestellt war und die vielen Orangenbäume, die in den Sommermonaten auf den Terrassen und in der Kolonnade standen, aufnahm. Aus dieser Orangerie wurde 1770 ein Kavalierhaus, heute unter dem Namen Neue Kammern bekannt, das zur Unterbringung fürstlicher Gäste, aber auch für Festlichkeiten diente. So wird das Hauptschloß Sanssouci durch zwei gleichaussehende Gebäude flankiert. Noch vor dem Siebenjährigen Krieg wurde mit dem Bau des Chinesischen Teehauses im Rehgarten, südlich der Hauptallee, begonnen. Hier dokumentieren sich chinoise Einflüsse, wie sie in dieser Zeit allenthalben in der deutschen Architektur zu finden sind. Man sagt, ein Stichwerk, das Voltaire mit nach Potsdam gebracht hat, inspirierte Friedrich II. zu einer Skizze, die er dem Baumeister Johann Gottfried Büring gab. Der König kümmerte sich intensiv um das Bauwesen, und es liegt nahe, daß er das bei seinem Sommersitz besonders intensiv tat. Immer wieder begegnen wir ihm als Entwerfer aber auch als künstlerischen Korrektor in Baufragen.

Durch das Neue Palais erhält die Anlage dann eine sehr viel stärkere repräsentative Note.
Um 1770 ist das letzte Bauwerk in Sanssouci errichtet worden, das Belvedere auf dem Klausberg. Es ermöglichte einen Überblick über das Gesamtkunstwerk Sanssouci und nahm noch einmal die schon beim Ruinenberg angeklungenen antikisierenden Motive auf, da es nach dem Vorbild des Macellum des Nero in Rom errichtet wurde. Dieses Bauwerk sollte Ausgangspunkt sein für eine Gestaltung der Landschaft über die eigentlichen Grenzen des Parkes Sanssouci hinaus, denn der an dem Belvedere 1769 angelegte Weinberg erhielt mit dem Winzerhaus in Form einer chinesischen Pagode ein weiteres Stilelement. Es zeigte sich bereits die Auflösung barocker Strukturen, die im Herzstück Sanssoucis mit dem Weinberg, dem Paterre und dem Schloß noch fest, aber individuell gefügt waren.

Für den Bau der Schlösser und die Anlage der Gärten von Sanssouci standen Friedrich dem Großen die wichtigsten Baumeister in Preußen zur Verfügung. Das erste friderizianische Jahrzehnt wurde von Georg Wenzeslaus von Kno-

Friedrich II. und der Marquis d'Argens besichtigen den Gruftbau neben Schloß Sanssouci.
Gemälde von J. Chr. Frisch, um 1802

belsdorff bestimmt, der bereits seit den Rheinsberger Tagen mit Friedrich baute und plante. Als zweiter großer Baumeister muß nach dem Siebenjährigen Krieg Carl von Gontard genannt werden, der aus Bayreuth nach Potsdam gekommen war und der die Spätphase der friderizianischen Architektur geprägt hat.
Nur wenige Fürsten hatten zu ihrem Garten ein so persönliches Verhältnis wie Friedrich der Große. Schon mit der Terrassenanlage ließ er sich eine Gruft am östlichen Teil nahe dem Schloß Sanssouci anlegen, in der er auch beerdigt werden wollte. Sein Nachfolger hat diesem Wunsche nicht entsprochen, und erst zum 205. Todestag am 17. August 1991 ist der Sarg Friedrichs des Großen von der Hohenzollern-Burg nach Potsdam gebracht und in die Gruft gestellt worden.
Hans-Joachim Giersberg

Die Tafelrunden von Sanssouci

Kaum ein Besucherführer von Sanssouci vergißt heute, im Marmorsaal des Schlosses seine Gäste darauf hinzuweisen, daß Friedrich der Große in diesem Saal seine berühmten Tafelrunden abhielt. Adolf Menzel hat einhundert Jahre später seine Version dieser geselligen Zusammenkünfte in einem schönen Gemälde festgehalten. Und in der Tat könnte es so gewesen sein: ein heller Sommertag, die Türen zur Terrasse weit geöffnet, Friedrich und seine Gäste beim gemeinsamen Mahl, vertieft in eine lebhafte, ungezwungene Unterhaltung.
Sanssouci – diese privat-intime Einsiedelei, geschaffen nach den Vorstellungen Friedrichs von seinem Baumeister G. W. v. Knobelsdorff, bot genau die Umgebung und Atmosphäre, die der König sich wünschte, um »ohne Sorge«

seine künstlerischen Interessen leben zu können. Dabei war ihm das tägliche Musizieren ebenso Bedürfnis wie das Komponieren, das Dichten, die Lektüre der Werke antiker Schriftsteller und der großen französischen Autoren des 17. und 18. Jahrhunderts oder die Beschäftigung mit der Architektur. Bereits in seiner Rheinsberger Kronprinzenzeit in den Jahren zwischen 1736 und 1740 hatte Friedrich begonnen, sich intensiv mit den Künsten und der Philosophie zu beschäftigen. Das Studium philosophischer Werke und parallel dazu die Korrespondenz mit Voltaire ließen ihn zum Anhänger der Aufklärung werden. Mit Schloß und Park Rheinsberg schuf sich Friedrich einen Mikrokosmos, in dem er, umgeben von Freunden, die Antithese zu dem soldatischen Reglement seines Vaters lebte. An diese Lebensform versuchte er in Sanssouci anzuknüpfen. Obwohl inzwischen absolut regierender König, widmete sich Friedrich neben den politischen Geschäften weiterhin ausgiebig seinen musischen Neigungen. Unentbehrlich war ihm der freie Gedankenaustausch im Kreise Gleichgesinnter, wie er bei den Tafelrunden praktiziert wurde. Selbst der architektonische Rahmen dieser Gespräche, der Marmorsaal, war auf diesen Zweck zugeschnitten. Friedrichs eigene Worte bezeugen für diesen Saal eine »freie Nachbildung« des Inneren des Pantheon in Rom, das als ein Ort höchster Vollkommen-

Die Tafelrunde Friedrichs des Großen im Marmorsaal des Schlosses Sanssouci. Gemälde von A. Menzel, 1849/50, Öl auf Leinwand. Das Gemälde wurde im 2. Weltkrieg zerstört

heit, als Raumhülle der Weltweisheit verehrt wurde. Weitere Bezüge zur Antike wurden durch die Plastiken der Venus Urania, der Göttin der freien Natur und des Lebens, und des Gottes der Künste, Apoll, hergestellt, der der versammelten Runde einen Vers des Lukrez aus seinem aufgeschlagenen Buch zitiert. Und unweit des Schlosses in der Sicht nach Norden kündeten die Architekturfragmente auf dem Ruinenberg von der einstigen Größe Roms.

Auch in den Gesprächen bezog man sich immer wieder auf die antiken Denker, und nicht selten schmeichelten sich die Versammelten gegenseitig, indem sie sich mit den Namen antiker Philosophen titulierten.
Ihre glanzvollste Phase erlebten die Tafelrunden in den Jahren von Voltaires Aufenthalt zwischen 1750 und 1753. Neben dem scharfzüngigen Franzosen gehörten unter anderen solch schillernde Figuren wie Friedrichs Akademiepräsident Maupertuis, ein erfolgreicher Mathematiker, Physiker und Geograph; der Italiener Graf Algarotti, der sich einen Namen mit der Verbreitung wissenschaftlicher und philosophischer Erkenntnisse gemacht hatte; weiter der Direktor der Literaturklasse der Akademie Jordan; der Vertraute des Königs, der Marquis d'Argens sowie La Mettrie, Arzt und Philosoph, zu den regelmäßigen Gästen im Schloß Sanssouci. Kein Thema war diesem Kreis von Freigeistern tabu, alles behandelten sie unter dem kritischen Maßstab der Vernunft. An kühlen Tagen wurden die Tafelrunden aus dem Marmorsaal in einen angrenzenden Raum verlegt, der mit einem Kamin ausgestattet war. Diesen Raum hatte wohl Voltaire vor Augen, als er in Erinnerung an seine Potsdamer Jahre schrieb: »Das Souper wurde meist in einem kleinen Saal eingenommen, dessen sonderbarster Schmuck aus einem Bild bestand, zu dem er (Friedrich II. – A. d. A.) seinem Maler Pesne, einem unserer besten Koloristen, die Anregung gegeben hatte. Es war ein schönes priapeisches Gemälde. Man sah Frauen umarmende Männer, Nymphen unter Satyrn, Amoretten, die das Spiel des Enkolpios und des Giton spielten, etliche Leute, die beim Anblick dieser Kämpfe vor Wonne vergingen, schnäbelnde Turteltauben, Böcke, die Ziegen, und Widder, die Mutterschafe besprangen.
Die Mahlzeiten waren oft nicht weniger philosophisch. Wenn jemand unvermutet dazugekommen wäre, unseren Gesprächen gelauscht hätte, so würde der geglaubt haben, die Sieben Weisen Griechenlands im Freudenhaus zu hören. An keinem Ort der Welt ist wohl je so frei über allen Aberglauben der Menschen gesprochen und dieser mit mehr Spott und Verachtung abgetan worden. Gott selbst wurde nicht angetastet, aber allen denjenigen, die in seinem Namen die Menschen betrogen hatten, ließ man keine Schonung widerfahren.«
Die Tafelrunden fallen in die glücklichsten Regierungsjahre Friedrichs. Seine von dem Gedanken der Toleranz geprägte Politik fand Anerkennung und Bewunderung. Vielerorts priesen die Anhänger der Aufklärung den preußischen Staat und huldigten seinem König. In einem kühnen Feldzug war ihm mit der Eroberung Schlesiens die Vergrößerung

des von seinem Vater übernommenen Staatswesens um ein Drittel gelungen. Doch damit stieß der »Philosoph auf dem Thron« an die Grenzen seiner aufgeklärten Programmatik. Gleichwohl gehören die Tafelrunden von Sanssouci zu den besten Kapiteln der Potsdamer Geistesgeschichte.
Gert Streidt

Eine »Fanfaronnade«

Das Neue Palais ist der letzte und umfangreichste Schloßbau Friedrichs des Großen. Erste Pläne reichen bis in das Jahr 1755 zurück. Am Ufer der Havel auf dem Kiewitt, in der Hauptachse der Terrassenanlage von Sanssouci, war der Bau einer großen Sommerresidenz vorgesehen – im Gegensatz zum privat intimen Schlößchen auf dem Weinberg für eine großzügige Beherbergung von königlichen Gästen gedacht. Erst nach dem Siebenjährigen Krieg konnte der Bau begonnen werden, für den der König jetzt das westliche Ende des Gartens von Sanssouci als Standort bestimmte. Nach des Königs eigenen Worten eine »Fanfaronnade«, sollte das Neue Palais die neugewonnene Stärke des preußischen Staates manifestieren. Aber es verhalf auch der nach dem Krieg darniederliegenden Stadt zu wirtschaftlichem Aufschwung. Gab doch der Bau vielen Menschen Arbeit und führte das Handwerk zu neuer Blüte. Der von Friedrich und seinem Baumeister Knobelsdorff bereits in den Rheinsberger Tagen entworfene Plan des »Forum Fridericianum« für die Residenzstadt Berlin wurde ebenso wie das Schloß Friedrichs I. zum Leitbild des neuen Bauvorhabens in Potsdam. Andere Anregungen entnahm man dem zwischen 1711 und 1716 erschienenen Musterbuch Paul Deckers »Fürstlicher Baumeister« und Broebes Stichwerk von 1733.
In der kurzen Zeit von 1763 bis 1769 entstand die prachtvolle Anlage. Das zweieinhalbgeschossige Schloß besteht aus dem Corps de Logis und zwei den Ehrenhof einschließenden Flügeln. Die Mitte wird von einer großen Tambourkuppel bekrönt, welche mit den kleineren Kuppeln auf den jeweils seitlich angefügten einstöckigen Nebenflügeln korrespondiert. In heiterer Farbigkeit präsentiert sich das Äußere. Alle plastischen Details sind aus Sandstein gearbeitet und anschließend gelb getönt. Für die Wandflächen war ursprünglich ein Ziegelbau vorgesehen. Lediglich der zuerst ausgeführte kleine Südflügel entstand in der geplanten Weise, während das sonstige Mauerwerk ziegelrot verputzt und mit weißen Fugen bemalt wurde.
Dem Schloß vorgelagert ist die »Mopke«, wie der äußere Hof nach dem ursprünglich gelben Back-

steinpflaster genannt wird. An seinem Rand, dem Schloß gegenüber, stehen die beiden Communs. Eine zurücktretende Kolonnade mit Triumphtor und seitlichen Pavillons verbindet die Wirtschaftsgebäude und bildet mit ihnen den wirkungsvollen prospektartigen Abschluß des Schloßensembles.
Die ausführenden Architekten waren zunächst Johann Gottfried Büring, Leiter des Potsdamer Hofbauamtes, und Heinrich Ludwig Manger, Verfasser der bekannten »Baugeschichte von Potsdam«. Die Arbeiten am Außenbau und die Projektierung des Schloßinneren waren weitestgehend abgeschlossen, als 1765 Carl von Gontard die Oberleitung des Schloßbaus übernahm. Gontard hatte seine Ausbildung bei dem französischen Klassizisten Jaques François Blondel erhalten und war ein Jahr zuvor gemeinsam mit anderen Künstlern aus Bayreuth an den preußischen Hof gekommen. Nach dem Tod Knobelsdorffs hatte der König in ihm den Baumeister gefunden, der die Kraft besaß, der Baukunst in Preußen neue Impulse zu geben. Gontards künstlerischer Anteil am Neuen Palais erstreckt sich vor allem auf die endgültige Disposition und Gestaltung der Festsäle und Treppenhäuser. Die Kolonnade mit den Communs und den daran anschließenden Wach- und Kastellansbauten sind zum großen Teil sein Werk, wenngleich ihm auch hier bereits ein Entwurf des französischen Architekten Jean Legeay, des Erbauers der Berliner Hedwigskirche, zur Überarbeitung vorlag.

Schloßtheater im Neuen Palais

Luftaufnahme vom Neuen Palais, im Vordergrund die Communs, heute Sitz der Universität

Die Wirkung der Schloßanlage beruht vor allem auf dem überreichen Skulpturenschmuck, dessen Inhalt der König selbst bestimmte. Den kriegerischen Taten des antiken Helden Perseus ist der friedliche Sangeswettstreit der Musen unter der Obhut Apollos, des Beschützers der schönen Künste, gegenübergestellt. Seiner Herrschaft als Förderer der Künste Glanz zu verleihen, war auch Friedrich II. bestrebt. Die Glorifizierung des preußischen Sieges findet ihren triumphalen Abschluß in der Bauplastik der Kolonnade.

Im Zentrum des Palais liegen die beiden Festsäle – der über zwei Stockwerke hohe Marmorsaal und der untere Grottensaal – mit den ihnen vorgelagerten Vestibülen. Auf ein weiträumiges Treppenhaus, das der König wegen der darin womöglich herrschenden Zugluft scheute, wurde verzichtet. Vier kleinere Treppenhäuser ermöglichen den bequemen Zugang zu den einzelnen Appartements, die, dem konservativen Geschmack des Königs entsprechend, dekorative Formen des Rokoko beibehalten. Die Repräsentationsräume zeigen in der Klarheit und Strenge ihrer architektonischen Gliederung eine eher kühle Eleganz, die sich an

dem von Knobelsdorff geprägten Klassizismus anlehnt. Zu den Festräumen sind auch die beiden im südlichen Gebäudetrakt liegenden Galerien zu zählen. Die untere Marmorgalerie als offizieller Empfangsraum ist zugleich Bindeglied zwischen dem Corps de Logis und der königlichen Wohnung. Entgegen aller Regel höfischer Baukunst hatte sich der König in den kleinen Südflügel zurückgezogen. Anders als in den Gästequartieren erlebt der Dekorationsstil des Potsdamer Rokoko in der Friedrichswohnung eine zweite Blüte. Die Wände sind mit kostbaren Silber- und Goldbrokaten bespannt oder reich mit plastischen Ornamenten ausgeziert. Den Hauptanteil an der dekorativen Ausstattung hatte Johann Christian Hoppenhaupt, der hier öfter auf Entwürfe seines älteren Bruders zurückgriff. Eine Reihe von Prunkmöbeln und Fußböden zeugen von der großartigen Furnier- und Intarsienkunst der Gebrüder Spindler und Melchior Kamblys. Auch der intim festliche Theaterbau im Neuen Palais, der auf Wunsch des Königs nach dem von Knobelsdorff entworfenen Theater im heute zerstörten Potsdamer Stadtschloß ausgeführt wurde, zeugt von Friedrichs II. Vorliebe für das Rokoko.
Claudia Meckel

Wo Bach und Mozart musizierten

Mitte des 18. Jahrhunderts wurde Potsdam mit den Kammerkonzerten Friedrichs II. zum europäischen Schauplatz höfischer Musikausübung. Schon als Kronprinz hatte Friedrich bedeutende Musiker gewonnen, etwa Johann Joachim Quantz, die Gebrüder Johann Gottlieb und Carl Heinrich Graun, František Benda und Carl Philipp Emanuel Bach, die ab 1740 den königlichen Konzerten in den Potsdamer Schlössern Glanz verliehen. Allabendlich zwischen 7 und 9 Uhr wurde musiziert. Der König blies in der Regel Flötensonaten und -konzerte von Quantz und eigene Kompositionen. Gelegentlich ließen sich die ersten Sänger wie Giovanna Astrua oder Giovanni Concialini mit Arien von Johann Adolf Hasse und Carl Heinrich Graun hören, den Lieblingskomponisten Friedrichs II. neben Quantz.
Ein denkwürdiges Ereignis ist der Besuch von Johann Sebastian Bach am 7. und 8. Mai 1747. Der König gab Bach unvermittelt ein Thema vor und erlegte ihm auf, darüber eine Fuge auszuführen. Im Ergebnis entstand eines der schönsten Werke Bachs und der Musikliteratur überhaupt, das Musikalische Opfer. Der Thomaskantor spielte in der Heiligengeistkirche Orgel und zog damit viele Menschen in seinen Bann.
Im Potsdamer Stadtschloß wurde 1748 nach Plänen von Knobelsdorff ein Theater eigens zur Dar-

J. S. Bach spielt in Potsdam vor.
Gemälde von Eichstaedt (um 1900)

bietung französischer Komödien und italienischer Intermezzi eingerichtet. Domenico Cricchi und Rosa Ruvinetti, ein weitgereistes Intermezzistenpaar, eröffneten es am 17. März mit Pergolesis »La serva padrona«. Das kleine Intermezzo machte in den fünfziger Jahren der größeren Opera buffa Platz. Ihr Direktor war über Jahrzehnte Johann August Christoph Koch. Das Potsdamer Ensemble bestand neben dem der großen Oper in Berlin. Es hatte die beliebtesten Opere buffe italienischer Komponisten im Repertoire. Mit dem Schloßtheater im Neuen Palais stand ihm ab 1768 eine zweite Spielstätte zur Verfügung.

Auch die Kirchen waren Zentrum einer beständigen Musikpflege. Die evangelisch-lutherische Nikolaikirche unter ihrem Kantor Carl Friedrich Kolbe wartete an Sonn-, Fest- und Feiertagen mit anspruchsvollen Kantaten und Oratorien auf. Die Musiken in der Garnisonkirche waren an Festanlässe des königlichen Hauses gebunden, während in der katholischen Kirche vom Armendirektorium der Stadt großangelegte vokal-instrumentale Konzerte zum Besten der Armen veranstaltet wurden. In beiden musizierten königliche Musiker.

Neue Impulse verdankte die Potsdamer Musikkultur Friedrich Wilhelm II., dem Liebhaber-Cellisten, der schon als Kronprinz namhafte Musiker in der Stadt ansässig gemacht hatte, z. B. Ernst Eichner, die Gebrüder Jean-Pierre und Jean-Louis Duport, Pierre Vachon, Wenzel Ritter oder Carl Türrschmidt. Vom 25. April bis zum 6. Mai 1789 hielt sich Wolfgang Amadeus Mozart in Potsdam auf und musizierte am Hof. Am 29. April komponierte er die »Va-

Johann Joachim Quantz (1697–1773)

František Benda (1709–1786)

riationen über ein Thema von Duport« für Klavier, und zumindest sein Streichquartett KV 575 trägt eine Widmung an den König.

1795 erhielt die Stadt nach Entwürfen Boumanns ein Schauspielhaus. Es wurde in den ersten fünfzig Jahren vom Berliner Nationaltheater bzw. den Königlichen Schauspielen bespielt. An Werken der Musikbühne kamen populäre Singspiele und heitere Opern des Berliner Repertoires zur Aufführung; die große Oper blieb Berlin vorbehalten. Daneben veranlaßte der Hof Inszenierungen im Schloßtheater des Neuen Palais'. Von hier nahmen zwischen 1841 und 1845 die Schauspielmusiken »Antigone«, »Ein Sommernachtstraum« und »Ödipus in Kolonos« von Felix Mendelssohn-Bartholdy unter Leitung des Komponisten ihren Weg in das Berliner Schauspielhaus und in Theater anderer Städte und Länder.

Im 19. Jahrhundert konzertierten in Potsdamer Musikstätten, im Palast Barberini, im Casino und im Schauspielhaus, namhafte Künstler wie Anna Milder-Hauptmann und Clara Novello, Clara Schumann und Joseph Joachim, Gaspare Spontini, Franz Liszt, Anton Rubinstein u. a. Tragende Säulen im städtischen Musikleben des

Wolfgang Amadeus Mozart
(1756–1790)

Karl Philipp Emanuel Bach
(1714–1788)

19. Jahrhunderts waren bürgerliche Musikvereinigungen, der 1814 gegründete Gesangverein für klassische Musik und die 1816 gegründete Philharmonische Gesellschaft, beide geleitet von Carl Bernhard Wessely. Zu den verdienstvollen Dirigenten zählen die Königlichen Musikdirektoren Johann Christian Schärtlich, Ferdinand Wendel und Martin Gebhardt, die gleichzeitig als Organisten an der Garnison-, der Französischen und der Friedenskirche wirkten. Auch Nikolaikantor Wilhelm Kempff und Garnisonorganist und -glockenist Otto Becker waren ab 1900 bzw. 1910 über ihr unmittelbares Tätigkeitsfeld hinaus dem gesamten Musikgeschehen der Stadt verpflichtet. 1931 bis 1944 veranstaltete das Deutsche Musikinstitut für Ausländer im Marmorpalais internationale Sommerkurse für Berufsmusiker. Während dieser Jahre beflügelten auch im Ort wohnhafte Komponisten und Interpreten die musikalische Atmosphäre, z. B. Franziska Martienssen-Lohmann, Wilhelm Kempff, Hans Chemin-Petit und Wilhelm Furtwängler, und setzten mit ihrem Wirken im Konzerthaus, im Schauspielhaus oder im Hof des Stadtschlosses Maßstäbe.
Vera Grützner

Die schöne Wilhelmine

Unter den berühmten Frauen Potsdams ist sie nicht die Unbekannteste, aber die von allen am wenigsten Erkannte. Dem Verständnis ihres wahren Wesens steht der allmächtige Trugschluß auf ihre Rolle am Hof Friedrich Wilhelms II. entgegen. Königliche Favoritin, so will es die Übereinkunft, konnte nur eine Person sein, die der Intrige und dem Laster lebte – welch prickelndes Lesen denn auch von der Trompeterstochter Minchen Enke, die zur Herrin über den König und die Staatsfinanzen aufstieg.

Dieser König, Thronfolger des großen Friedrich, war so völlig anders als sein strenger Onkel, daß bis heute die Historiographen aller Couleurs ihre Mühe mit ihm haben. Er setzte das unter Friedrich geschaffene neue Landesrecht in Kraft und gab damit seine uneingeschränkte Alleinherrschaft auf. Gleichzeitig war er gezwungen, die Gedanken seiner Untertanen durch ein strenges Zensuredikt unter Kontrolle zu bringen. Voller Bewunderung für die von Anhalt-Dessau ausgehende Toleranz- und Friedenspolitik, pendelte er dennoch zwischen Intervention gegen das revolutionäre Frankreich im Westen und polnischer Teilung im Osten. Nichts davon konnte dem Nachruhm nützen, vielmehr sind die Anklagen seiner Widersacher ewig wiederholt worden: Sinnlichkeit und Völlerei, Verschwendungssucht und Geistersehen. Schon übelwollende Zeitgenossen machten für diese Sünden die lebenslange Gefährtin verantwortlich. So setzten sie die Geschichten in Umlauf über ein barfüßiges Mädchen, das mit Zitronen handelte und das der für weibliche Reize anfällige Prinz aus dem anrüchigen Milieu ihrer tanzenden Schwester unter seinen Einfluß brachte. Zu den Nachreden auf den »dicken Wilhelm« kamen diejenigen auf die »schöne Wilhelmine«.

Diderica Friderica Wilhelmina

Gräfin Lichtenau. Gemälde von Angelika Kauffmann, um 1795/96

Bernhardina Enke wurde am 19. 12. 1753 in Dessau geboren. Bei ihrer Taufe in der dortigen Marienkirche am 23. Dezember fanden sich unter den Paten neben dem Landesregenten und dem jungen Erbprinzen, dem nachmaligen Fürsten Franz, mehrere Angehörige des anhaltinischen Fürstenhauses, auch der Reichsgraf Wilhelm von Anhalt, der sein Patenkind später der Gnade des Prinzen von Preußen empfahl. Damals lebte die Familie bereits in Potsdam, wo der Vater Enke als Waldhornist in die friderizianische Hofkapelle aufgenommen worden war. Der eigenen Neigung und der Empfehlung des Grafen folgend, kümmerte sich Friedrich Wilhelm in den kommenden Jahren um die Ausbildung. Wilhelmine erhielt eine Gouvernante aus der Potsdamer Französischen Kolonie, und der Prinz las mit ihr Homer und Vergil, Geschichtsbücher und Memoiren, Voltaire, Rousseau und Shakespeare. Sie erwarb Fertigkeiten in den nötigen Sprachen, Kenntnisse der Malerei, Dichtkunst und Musik und wurde in die Naturwissenschaften eingeführt. Ein halbjähriger Paris-Aufenthalt vervollständigte die Unterrichtung, die weit über der weiblichen Bildung auch der höheren Stände der Zeit lag. Im Umgang mit Architekten, Bildhauern, Malern und Kunstgelehrten erweiterte Wilhelmine ihr Wissen und bildete ihren Geschmack vorzüglich in der Baukunst und Raumausstattung. Dazu bot ihr nicht erst die Italienreise 1795/96 beste Möglichkeiten; aus den Reiseberichten läßt sich auf die Universalität und das Urteilsvermögen in ihrem Handeln schließen. Sie gewann den in Rom lebenden Archäologen Alois Hirt als Reiseführer und konnte ihn anschließend zum Eintritt in preußische Dienste vermitteln. Angelika Kauffmann malte ihr Porträt und eine biblische Szene für den König; von Jakob Philipp Hackert erwarb sie sechs als Bildpaare ausgeführte Landschaften aus der Umgebung von Rom und Neapel und eine Ansicht der Insel Ischia, die ins Marmorpalais kamen; von Johann Christian Reinhardt auch eine ossianische Historie »Fingal im Kampf mit dem Geist von Loda«. Ferner brachte sie Kunstliteratur und Kupferstichbände und sieben der begehrten Korkmodelle antiker Bauwerke von Antonio Chichi mit nach Berlin und Potsdam. Der am Marmorpalais tätige Boumann berichtete: »Des Piranesi Wercke hat mir die Frau Gräfin v. Lichtenau geliehen, welche solche mit aus Italien gebracht hat.«

So verwundert es nicht, wenn die für den Hof tätigen Künstler ihren Rat suchten und sich ihrem Urteil stellten. In den Bauakten vom Neuen Garten und der Pfaueninsel gibt es unzählige Hinweise darauf, daß die dort tätigen Baumeister und Kunsthandwerker in ihr eine ehrgeizige und sachverständige Auftraggeberin sahen.

Der Nachfolger Friedrich Wilhelms II. hatte schon als Kronprinz gegen die Freundin des Vaters erhebliche Vorbehalte. Schadow berichtet, wie er seiner Umgebung gegenüber seinem Unmut vollen Lauf ließ, als »die solenne Cour« angesagt wurde, in welcher Madame Ritz (diesen Namen trug sie nach ihrer 1782 geschlossenen Scheinehe mit dem Geheimkämmerer Ritz) dem versammelten Hof als Gräfin Lichtenau präsentiert werden sollte. Er fand es auch »verdrießlich ... viel Geld ins Ausland zu schicken für Kunstwerke, welche Gräfin Lichtenau in Italien gekauft«.

Der neue König Friedrich Wilhelm III. ließ daher Wilhelmine sofort am Morgen nach dem am 16. 11. 1797 erfolgten Tod seines Vaters arretieren und ihr Vermögen einziehen. Die von einer besonderen Kommission gegen sie geführte Untersuchung ergab jedoch nichts Straffälliges. Selbst der König mußte zugeben, daß er sich bei Besichtigung ihres Hauses gewundert habe, es keineswegs so prächtig zu finden, wie man es ihm geschildert hatte. Trotzdem blieben ihre Güter und Barmittel beschlagnahmt, sie selbst wurde in der Festung Glogau interniert. Erst 1800 ließ Friedrich Wilhelm III. sie frei: »Ich habe mich von dem Ungrunde der zu Eurem Nachteile verbreiteten Gerüchte überzeugt«. 1811, neun Jahre vor ihrem Tode, erhielt sie auch einen Teil ihrer Güter zurück, der König fand jetzt, »daß ihre Sache damals doch wohl etwas übers Knie gebrochen sei.«

Heinz Schönemann

Die Stadtmauern fallen

Das Zeitalter der bürgerlichen Umgestaltung der deutschen Gesellschaft, das mit der Großen Revolution der Franzosen seinen Ausgang nahm, begann für Potsdam mit dem Kampf gegen diese Revolution. Ende Dezember 1792 marschierten die vier Potsdamer Gardebattaillone dem Krieg im Westen Deutschlands gegen die französischen Revolutionsheere entgegen. In der gleichen Zeit setzte der lebenslustige preußische König Friedrich Wilhelm II., der Neffe des großen Friedrich, erste Zeichen der bürgerlichen Öffnung. Zwischen 1793 und 1796 ließ er durch Philipp Boumann am Kanal ein Schauspielhaus im klassizistischen Stil errichten, das, »Dem Vergnügen der Einwohner« bestimmt, dem Potsdamer Publikum geöffnet wurde, während ein Theaterbesuch bisher nur den

Reste der alten Stadtmauer in der Fischerstraße

Hofkreisen möglich gewesen war. Auch der Park von Sanssouci stand den Potsdamern jetzt zur Promenade offen.

Anderthalb Jahrzehnte nach seinem Beginn erreichte der große Krieg in Europa schließlich auch Potsdam. Im Oktober 1806 drang die Garde Imperiale Napoleons in die Stadt ein, der Kaiser der Franzosen logierte für kurze Zeit im Stadtschloß der preußischen Könige. Für Potsdam und seine Bewohner begann eine mehrjährige Besatzungszeit. Massenarbeitslosigkeit, der Ruin zahlreicher Hausbesitzer und der finanzielle städtische Bankrott angesichts unerträglich hoher Besatzungskosten und Kontributionsforderungen ließen eine tiefgreifende Krisensituation entstehen. Potsdams Einwohnerzahl sank in wenigen Jahren um einige tausend Personen, viele Bürgerhäuser standen auch nach dem Ende des Krieges 1814 leer. Doch in der gleichen Zeit hatten preußische Reformer auch in Potsdam den Grund für einen Aufschwung gelegt. Der Zunftzwang fiel, die preußische Städteordnung von 1808 beseitigte die bisherige staatliche Bevormundung durch den Steuerrat und überließ bedeutende Zweige der kommunalen Verwaltung gewählten städtischen Organen: der Stadtverordnetenversammlung und dem von ihr berufenen Magistrat. Seit 1815 hat Potsdam eine bedeutende Entwicklung nehmen können. Es erreichte bis 1870 eine Gesamtbevölkerungszahl von annähernd 50 000 Einwohnern. Die Stadt wuchs nun über die endlich gefallenen Stadtmauern hinaus. Auch ihre Verkehrsverbindungen wurden in dieser Zeit ausgebaut. Der um die Jahrhundertwende befestigten Chaussee nach Berlin folgte der Neubau einer massiven, auf acht gußeisernen Bögen ruhenden Havelbrücke (Lange Brücke) im Jahre 1825, die die Verbindungen mit dem Teltow und der Zauche verbesserte. Eines der ersten in Deutschland gebauten Dampfschiffe verkehrte schon um 1820 zwischen Berlin und Potsdam als Fahrzeug der preußischen Post. Nach 1830 entstanden Chausseen nach Treuenbrietzen, Fahrland, Nauen, Eiche und Saarmund; die wichtigste Straße nach Berlin gewann durch den Neubau der massiven, aus Klinkern gebauten Glienicker Brücke, zwischen 1831 und 1834 nach einem Entwurf von Schinkel errichtet, eine neue Qualität. Mit der Eröffnung der Eisenbahnlinie zwischen den beiden preußischen Residenzstädten, als eine der ersten auf deutschem Boden überhaupt, wurde im Herbst 1838 die Grundlage für ein modernes Transportsystem von und nach Potsdam geschaffen. Bis 1846 überwog auf der neuen Strecke noch der Personenverkehr gegenüber dem Gütertransport. Schon im ersten Jahr ihres Bestehens fuhren mit der neuen Eisenbahn täglich über 2 000 Personen. Wenige Jahre später folgte die Weiterführung der Linie in westliche Richtung. Als die neue Gesamtstrecke zwischen Berlin und Magdeburg im August 1846 eröffnet werden konnte, hatte Potsdam endgültig Anschluß an das im Entstehen begriffene deutsche Eisenbahnnetz gefunden.

Die Entwicklung Potsdams zwischen 1786 und 1870, dem Jahr der Reichsgründung, war indes nicht das Ergebnis eines in der Stadt konzentrierten wirtschaftlichen Aufschwungs. Denn in dieser Periode existierten in Potsdam nur zwei Betriebe mit mehr als zweihundert Beschäftigten, die königlichen Eisenbahnreparaturwerkstätten und die Zuckersiederei des Potsdamer Unternehmers Jacobs an der Alten Fahrt. Potsdams Ressourcen lagen vielmehr vorrangig in der Weiterführung seiner alten Funktion als Residenz- und Garnisonstadt. Die seit 1815 ständig ausgebaute Potsdamer Garnison umfaßte 1869 ein Infanterieregiment, vier Kavallerieregimenter, das Gardejäger- und Infanterielehrbataillon, die Leibgendarmerieabteilung, eine Kriegs- und Unteroffiziersschule sowie eine Kadettenanstalt.

Potsdams Stellung als überregionales Verwaltungszentrum festigte sich, seitdem die neue Regierung der Kurmark und die Verlegung der Oberrechnungskammer nach Potsdam eine Entwicklung eingeleitet hatte, die hier bis 1836 zur Konzentration von 17 Verwaltungs-, Militär- und Justizbehörden führte. Diese sozialökonomische Struktur gab der Potsdamer Einwohnerschaft ein besonderes Gepräge. Ende der sechziger Jahre standen 28 % aller Potsdamer Erwerbspersonen in Militärdiensten.

Nach der Niederlage der deutschen Revolution von 1848/49 besetzten Beamte und Offiziere in der Potsdamer Stadtverordnetenversammlung ein Drittel der Sitze. Die im Juli 1853 erfolgte Revision der preußischen Städteordnung minderte die Bedeutung der kommunalen Selbstverwaltung durch eine verstärkte Staatsaufsicht. So konnte sich nach den leidenschaftlichen Auseinandersetzungen der Revolutionstage eine politische Öffentlichkeit in Potsdam zunächst nicht wieder bilden, und die Konservativen beherrschten uneingeschränkt die Szene. Das änderte sich grundlegend erst 1867 mit den Wahlen zum Gesetzgebenden Reichstag des Norddeutschen Bundes, die auf der Grundlage des allgemeinen Wahlrechts ausgetragen wurde. Hier schon zeigte sich eine Polarisierung der politischen Kräfte. Die Konservativen setzten die Wahl ihres Kandidaten, des Oberpräsidenten v. Jagow, gegen eine starke Gegenwehr der Fortschrittspartei unter Max Duncker zum Reichstagsabgeordneten für den Wahlkreis Potsdam–Spandau–Osthavelland durch. Doch bei den folgenden Reichstagswahlen von 1871 wurde den Konservativen das Potsdamer Mandat durch die Fortschrittspartei wieder entrissen.

Eine herausragende Bedeutung hat für Potsdam nach 1815 das Schaffen großer Architekten, Bildhauer, Kunsthandwerker, Garten- und Landschaftsgestalter erlangt. Sie, namentlich Karl Friedrich Schinkel und Peter Joseph Lenné, trugen dazu bei, Potsdam mit seinen Schlössern und Gärten wie seinen städtischen Sakral- und Profanbauten zu einem Gesamtkunstwerk von nationaler Bedeutung zu erheben. Vor allem die Erfordernisse Potsdams als Garnison, Residenz und Verwaltungsmittelpunkt der Provinz Brandenburg und des Regierungsbezirkes Potsdam standen im Zentrum allen Baugeschehens. Die Erweiterung der Potsdamer Garnison, deren Angehörige 1841 bereits 6 700 Mann zählten, und der Übergang zur Kasernierung machten umfangreiche Neubauten von Truppenunterkünften und anderen militärischen Einrichtungen notwendig. Seit 1835 entstanden in schneller Folge eine Reihe meist vom historisierenden Burgenstil geprägte Militärbauten, die noch heute im Potsdamer Stadtbild unübersehbare Zeichen setzen. Auch die königliche Familie hat in dieser Zeit umfangreiche Bauaufträge vergeben. Zahlreiche fiskalische Neubauten, die Vollendung der das Stadtzentrum architektonisch beherrschenden Nikolaikirche, die Ausdehnung und Umgestaltung der Parkanlagen, die Verschönerung der öffentlichen Plätze und die Verlegung eines massiven Straßenpflasters in der Innenstadt gaben Potsdam schon bis 1848 ein repräsentatives Aussehen. Neue Villengebäude für adlige Pensionäre, höhere Offiziere und Beamte bildeten mit den neuen Kasernen und Magazingebäuden vornehmlich im Norden und Nordosten Potsdams architektonische Ensemble, in denen sich der Charakter der Stadt als Militär- und Beamtenstadt eindrucksvoll verkörperte. Zugleich dehnte sich Potsdam in mehrere Richtungen aus, in seinen fünf Vorstädten setzte eine intensive Bebauung ein.

Im Bereich von Kunst und Kultur bahnte sich in Potsdam nach 1849 eine vom Hofleben um den kunstsinnigen Friedrich Wilhelm IV. unabhängige Entwicklung an. Sie wurde vor allem vom Potsdamer Schauspielhaus und vom Potsdamer Kunstverein befördert, der mit Kunstausstellungen und anderen kulturellen Veranstaltungen an die Öffentlichkeit trat. 1862 gründete sich der »Verein für die Geschichte Potsdams«, der die lokale und regionale Geschichte erforschte und damit wesentlich zur Herausbildung eines städtisch-bürgerlichen Geschichtsbewußtseins beitrug.
Harald Müller

Am Sarge Friedrichs

Am Abend des 24. Oktober 1806 stand Napoleon I., Kaiser der Franzosen, in der mit Fackeln beleuchteten Gruft der Potsdamer Garnisonkirche vor dem Sarg Friedrichs II. Er hatte zehn Tage zuvor der preußischen Armee bei Jena und Auerstedt eine vernichtende Niederlage zugefügt und war soeben, zwei Tage nach seinen Vorhuten, als Sieger und Eroberer in Potsdam eingezogen.

Erst am 2. September waren die Potsdamer Garden über die Lange Brücke in die Schlacht marschiert, nun kehrten die Überlebenden als Gefangene der französischen Sieger in ihre Garnison zurück. Napoleon hatte das Stadtschloß zwei Tage als Quartier gedient. Er ließ sich durch die ehemaligen Wohnräume Friedrichs II. führen, der als Feldherr seine besondere Wertschätzung genoß, besuchte die Garnisonkirche und die Anlagen von Sanssouci. Der Kaiser verließ Potsdam bald wieder, neuen Feldzügen und neuen Eroberungen entgegen. Mit sich nahm er als Kriegsbeute den Schwarzen Adlerorden Friedrichs II., den Interimsdegen und zahlreiche Kunstgegenstände aus den Potsdamer Schlössern. Doch die französische Armee hielt Potsdam weiterhin besetzt, zeitweilig mit bis zu 6 000 Mann. Damit begann unter dem Druck des Besatzungsregimes für die Einwohner eine harte und entbehrungsreiche Zeit. Da Potsdam Hauptkavalleriedepot der französischen Armee wurde, galt es nicht nur, die Besatzungstruppen täglich mit Brot und Wein, Fleisch und anderen Nahrungsmitteln zu versorgen; auch Tausende zum Teil in Kirchen untergestellte Pferde forderten ihr tägliches Maß an Futter.

In den zwei Jahren französischer Besatzung verließen rund 2 500 Potsdamer ihre Heimatstadt. Viele waren durch die als Kontinentalsperre deklarierte Sperrung aller überseeischen Rohstoffzufuhren um Lohn und Brot gebracht worden. Von den ehedem 450 Nowaweser Webstühlen arbeiteten nach kurzer Zeit nur noch fünf. In den Textilmanufakturen sah es nach dem Aufbrauchen der letzten Baumwollvorräte nicht viel besser aus. Angesichts der großen Arbeitslosigkeit mußte der Potsdamer Magistrat im September 1808 eingestehen, daß er über keine Mittel verfüge, der Not wirksam zu begegnen. Da auch die anderen Gewerbe darniederlagen, blieb den arbeitslos gewordenen Handwerksgesellen nur der Bettelstab. Die Waisen und Witwen der Potsdamer Soldaten, die in den Schlachten des vergangenen Krieges den Tod gefunden hatten oder in Gefangenschaft geraten waren, vergrößerten die Zahl der Bettler. Die Stadtkassen waren leer, mußte doch Potsdam bis Ende Januar 1808 für die Beher-

Napoleon am Sarg Friedrichs II.
Aquatinta von Arnold, 1806

bergung der französischen Truppen 850 000 Taler aufbringen. Damit nicht genug. Der Magistrat wurde außerdem verpflichtet, seinen Anteil an den preußischen Kriegsschulden und den von Preußen allgemein zu leistenden Besatzungskosten zu übernehmen. Auch die Aufnahme eines größeren Kredits bei Hamburger Finanzkreisen erleichterte nicht die prekäre Lage der Stadt. Der Magistrat sah sich gezwungen, eine Insolvenzerklärung abzugeben. In langen zähen Verhandlungen mit der Kammer der Kurmark wurde immerhin ein Zahlungsaufschub erreicht. Die fällige Kontributionssumme war noch lange nicht abgetragen, als im Dezember 1808 die französischen Truppen Potsdam räumten und wenige Monate später Potsdamer Truppenverbände wieder in ihre Garnison einrückten. Wenigstens die Lage der Soldatenwitwen und -waisen verbesserte sich, konnten sie doch wieder mit staatlicher Unterstützung rechnen.
Allmählich belebte sich die Tätigkeit einiger Potsdamer Manufakturen, so die der Gewehrfabrik als des damals bedeutendsten Unternehmens in Potsdam, das im Sommer 1812 wieder 210 Beschäftigte zählte.

Erst nach der Völkerschlacht von Leipzig im Herbst 1813 war die Gefahr einer neuen Besetzung durch französische Truppen für Potsdam endgültig vorbei. An den Auswirkungen der Kriegs- und Okkupationszeit litt die Stadt indes noch lange. Seit 1814 hatten ihre Einwohner eine jährliche Zinsen- und Kriegssteuerlast von über 65 000 Talern zu tragen, die um so schwerer aufzubringen war, als das gewerbliche Leben nach Kriegsende nur schwer wieder in Gang kam. Ausnahmen bildeten die Gewehrfabrik und eine größere Tuchmanufaktur, denen Heeresaufträge einen festen Absatz sicherten. Die schweren Kriegsfolgen zeigten sich auch im Potsdamer Stadtbild. Die Stadt machte einen vernachlässigten und heruntergekommenen Eindruck. Viele Häuser im Zentrum waren, von ihren Besitzern aufgegeben, unbewohnt. Die 1795 einem Brand zum Opfer gefallene Nikolaikirche lag über fünfzehn Jahre nach Kriegsende immer noch in Trümmern. Der Wilhelmsplatz war ein einziger Morast, und auch der mit Wasser angefüllte Bassinplatz bot keinen erfreulichen Anblick. Erst nach und nach gewann Potsdam wieder ein freundliches Aussehen, nachdem unter der Leitung Peter Joseph Lennés umfangreiche Verschönerungsarbeiten eingeleitet und im Rahmen dieser Maßnahmen bedeutende Mengen von Sand als Füllgut für die morastigen Plätze im Zentrum der Stadt aufgeschüttet worden waren.

Harald Müller

»Ich bin ein Mädchen«

Endlich erhebt sich Preußen auf der Seite Rußlands gegen Napoleon. Seit dem unrühmlichen Frieden von Tilsit waren die Hauptfestungen besetzt, der Ackerbau gelähmt und der Fleiß der Städte, eingeschränkt die Freiheit des Handels.

Alle Völker müßten sich erheben, kein Volk sei jedoch »mehr geschunden und mißhandelt worden von Napoleon als gerade das deutsche Volk«, ermutigt und beflügelt Ernst Moritz Arndt die Freiheitswilligen. Unter Brandenburgern, Preußen, Pommern und Litauern breitet sich eine Welle vaterländischer Begeisterung aus. König Friedrich Wilhelm III. verordnet die Organisation der Landeswehr, die »Wehr des Landes in Zeiten des Krieges«.

Er appelliert an den guten Willen jedes einzelnen und nennt als höchste Strafe für die Verweigerung »die Verachtung Aller«. In diesen Zeiten und Umständen gelangt unerkannt auch ein Mädchen aus Potsdam in das Freikorps der Lützower, dem eben auch Turnvater Jahn samt seinen Studenten folgt. Theodor Körner schreibt zündende Aufrufe: »Das Volk steht auf, der Sturm bricht los; / Wer

Eleonore Prochaska (1785–1813)

legt noch die Hände feig' in den Schoß?«
Die Streitschar wächst von zwölfhundert auf dreitausend – Mann, können wir nun nicht mehr sagen. Das Mädchen aus Potsdam, das heimlich ihre Vaterstadt verlassen hat, verkaufte ihr Hab und Gut, um sich Büchse, Hirschfänger und Czako anzuschaffen. Die hohe, schlanke Gestalt in der schwarzen Uniform, die Lützow symbolhaft für seine Kämpfer ausgewählt, läßt keinen Verdacht aufkommen. Die Mütze birgt das Haar. Gern teilt ein 15jähriger Freischärler das Quartier mit dem neuen Kameraden, der sich August Renz nennt und ebenso gut kochen wie schießen kann und bald als »wohlgesittet, bescheiden und dienstfertig die Freundschaft und Achtung der Kameraden und Vorgesetzten genießt« und ist doch das Mädchen Marie Christiane Eleonore Prochaska, geboren am 11. 3. 1785 in Potsdam. Der Vater soll Schankwirt gewesen sein. Folgen wir anderen Aussagen, zog er 1789 als Unteroffizier im 2. Garde-Bataillon in den Krieg. Da die Mutter nach seiner Auffassung die Erziehung der Kinder vernachlässigte, steckte er sie für die Dauer seiner Abwesenheit ins Militärwaisenhaus. Mag sein, daß ihn dazu der Wunsch, die ursprünglich katholisch getauften Kinder evangelisch erzogen zu wissen, getrieben hat. Das Kind Eleonore jedenfalls nahm in jenem blauen Cheviotkleid mit dem roten Paspel, das den Mädchen winters anbefohlen war, jenen Gemeinsinn an, zu dem selbstlose Pflichttreue ebenso gehörte wie Vaterlandsliebe.
Als der Vater aus dem Krieg heimkehrte, verlief Eleonores Leben zunächst in den üblichen Bahnen. Der Vater, inzwischen pensioniert, erteilte Musikunterricht. Eleonore blies die Flöte und trat später als Köchin in Dienste wie andere Mädchen ihresgleichen. Auf den Festen ihrer Herrschaft spielte sie Theater. Und vielleicht ist ihr jener Entschluß, mit dem sie im allgemeinen Taumel die Stadt verließ, auch wie eine Rolle erschienen, ebenso wie jener Ruf: »Ich bin ein preußischer Soldat!«, mit dem sie jedes Lob erwiderte. Nicht überliefert ist, ob sie einem innern Auftrag folgend getötet hat, nicht, ob sie nach vollbrachter Tat dem Schaudern vor sich selbst ausge-

liefert war, noch, ob sie sich darauf verstand, Wunden mit geschickter Hand zu verbinden, sich im Schlachtgetümmel womöglich in einen Feind verliebte ...

Beschrieben ist eines jener größeren Gefechte der Lützower am 16. September 1813. Eine Höhe bei Göhrde, auf der Franzosen mit ihrer Haubitze im Geviert standen, war zu nehmen. Eleonore hatte einem gefallenen französischen Tambour die Trommel abgenommen und schlug sie für ihre schwarzen Gesellen. Eleonore trommelte den Sturmmarsch: Vorwärts, dem Kartätschenregen entgegen: »Lützows wilde, verwegene Jagd ...«

Da traf sie ein Schuß in den linken Oberschenkel. Erst jetzt gab sie ihr Geheimnis preis: »Herr Lieutnant, ich bin ein Mädchen!« Sie erholte sich nicht von den Folgen der Verletzung und starb am 5. Oktober in Dannenberg, wo ein Denkmal an sie erinnert.
Nach ihrem Aufbruch hatte sie an ihren Bruder geschrieben: »Seit vier Wochen bin ich Soldat. Erstaune nicht, aber schelte auch nicht. Du weißt, daß der Entschluß schon zu Anfang des Jahres reifte. Ich war im Innern überzeugt, keine schlechte oder unsinnige Tat zu begehen, denn sieh nur: Spanien und Tyrol, wie da die Weiber handelten ...« So weit brauchen wir gar nicht zu gehen. Auch andere Mädchen zogen in den Befrei-

Denkmal für E. Prochaska auf dem Alten Friedhof in Potsdam

ungskrieg, unter ihnen Johanna Lührmann aus Potsdam. Da sie den Krieg überlebte und an der Seite eines ungeliebten Mannes ein langes, glückloses Leben fristete, blieb ihre Tat weniger beachtet.

Auf dem Alten Friedhof in Potsdam überragt eine Säule die Male mit verwitterter Schrift ringsum. Auf dem Sockel lesen wir:

Eleonore Prochaska – Freiwilliger Jäger im Garderegiment der Lützower ...

»Dort, wo der komische Vogel sitzt«, ruft die junge Frau, die vor mir nach dem Ort des Gedenkens suchte, und meint den Adler mit den verwundeten Schwingen, der, weithin sichtbar, auf der Säule hockt.
Lonny Neumann

Die Russen vor den Toren

Die bizarr-romantische Kolonie »Alexandrow(s)ka«, im Norden der Stadt am Schnittpunkt der alten Spandauer Chaussee und der Verlängerung der Jägerallee (»Am Schragen«) gelegen, hat bis zum heutigen Tage nichts an Anziehungskraft eingebüßt.
Mit der königlichen Kabinettsorder vom 10. April 1826 verfügte Friedrich Wilhelm III. den Bau dieses wohl bemerkenswertesten Denkmals russisch-preußischer Freundschaft. An der Seite Alexanders I. hatte der preußische König die Siegeszüge gegen Napoleon am 19. Oktober 1813 in Leipzig und am 31. März 1814 in Paris bestritten. Die 1817 geschlossene Ehe zwischen Prinzessin Charlotte und dem Zarensohn Nikolai verband die beiden Herrscherhäuser noch enger. Alexanders Tod im Dezember 1825 und die

Haus in der Alexandrowka.
Foto um 1935

Krönung Charlottes zur Zarin Alexandra Fedorowna gaben Anlaß zu diesem Denkmal.

Heimstatt für die hier verbliebenen, seit vielen Jahren von der Heimat getrennten russischen Sänger sollte die Kolonie »Alexandrowka« fortan sein.

Der aus 62 Kriegsgefangenen bestehende Chor war am 14. Oktober 1812 nach Potsdam abkommandiert und der Leibkompanie des Ersten Garde-Regiments zu Fuß zugeteilt worden. Nach der Konvention von Tauroggen am 30. Dezember 1812 hatten sie an den Feldzügen ihrer Kompanie teilzunehmen. Während ihre Landsleute nach dem Bündnis zwischen Rußland und Preußen am 18. Februar 1813 den russischen Bataillonen zugeteilt wurden, verblieben die Sänger auf Wunsch des Königs als »Geschenk« des Zaren in preußischen Diensten. 1815 füllte Alexander während seines Rückmarsches die durch »Kriegsblessuren« gelichteten Reihen des Chores wieder auf. Im Todesjahr des Zaren 1825 waren von den einst 62 Sängern nur noch 19 am Leben.

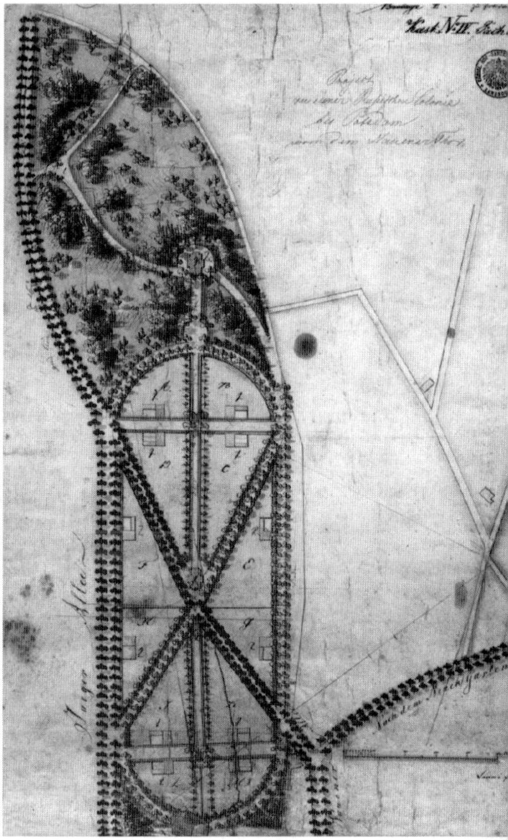

»Project zu einer Russ. Colonie in Potsdam vor dem Nauener Thor« von Lenné

Planung und Bau der Kolonie »Alexandrowka« verliefen nach den Regeln preußischer Akuratesse. Befehlsmäßig wurde laut Kabinettsorder »die Leitung der ganzen Ausführung des Planes« dem Kommandanten des Ersten Garde-Regiments zu Fuß, Oberst von Röder, übergeben. Unter »Zuziehung des Hauptmanns Snethlage, Kommandeur der Garde-Pionier-Abteilung, und Gartendirektor Lenné« entwickelte man die Ideen für den Bau der befohlenen »Häuser … nach der Art der Russischen Bauernhäuser« sowie für die Gestaltung der »äußeren Umgebung, Anlage der Gärten, Schmuckpflanzungen und Alleen«. Von vier Standortvorschlägen war bereits am 14. Januar 1826 die Entscheidung für den »vor dem Nauener Tor gelegenen« getroffen worden. Dort, wo die beiden nördlichen Ausfallstraßen gegeneinander laufen, formte Lenné aus der alten Spandauer Chaussee durch Hinzufügen eines Kreuzungsarmes das der Militärkolonie »Alexandrowka« zugrunde liegende Andreas-Kreuz aus. Nicht minder klug waren die Entwürfe Snethlages für die Bauwerke. Zum Bau der massiven Militärkirche kamen »die Risse und auch die kirchlichen Geräte von St. Petersburg«. Imitationen hingegen wurden die Blockhausbauten, aus denen man die Gehöftanlagen für die 12 Kolonisten, die für den preußischen Aufseher der Kolonie, Feldwebel Riege, und für den Kirchen-Ältesten Tornofski zusammenfügte. Hinter ihren anmutigen, filigran verzierten Fassaden verbirgt sich eine solide Fachwerkkonstruktion. Am 2. April 1827 bezogen die Kolonisten und ihr Aufseher die repräsentativen Gehöfte, wo sie Haus, Hof und Ställe mit einem vollständigen Inventar ausgestattet vorfanden. Auch die sich den Höfen anschließenden großen Obst- und Gemüsegärten waren angelegt und bestellt. Die an der Hauptallee gelegenen zweigeschossigen Gehöftanlagen wurden von dem Feldwebel Wawiloff aus Simbirsk und den Unteroffizieren Jablokoff aus Palkonow, Wolgin aus Tobolsk, Thimofejeff aus Egoldajew bezogen, während die eingeschossigen den »Gemeinen« vorbehalten waren: Serjeff aus Belanowska, Anisimoff aus Beklemischew, Alexieff aus Podolsk, Grigorieff aus Nikolsk, Gawrilenko aus Stimowitsch, Uschakoff aus Krasnow, Fockin aus Popow, Schischkoff aus Mukowskoje. Sie erhielten laut Statut die Grundstücke »als nutzbares Eigenthum nebst dazugehörigem Zubehör und Inventar«. Im Falle ihres Todes ging die Stelle auf die männlichen ehelichen Leibeserben über nach den Regeln der Erstgeburt, wenn sich dieselben zur griechischen oder evangelischen Kirche bekannten. Fehlten diese Voraussetzungen, fiel die Kolonistenstelle zur »Königlichen Disposition« zurück. Über die Besitzfolgen bis in unsere Zeit informieren Tafeln an den Giebelfronten der Wohnhäuser unterhalb der Altanvorsprünge. Heute leben in der Kolonie noch in männlicher Erbfolge Nachkommen der Kolonisten Grigorieff und Schischkoff.

Nach einer dreijährigen Bauzeit fand am 11. September 1829 die feierliche Einweihung der Kirche statt. Das architektonische Erscheinungsbild der mit fünf Zwiebeltürmen versehenen Kapelle und des in »bunter Manier« ausgeführten Wohnhauses des Kirchen-Ältesten Tornofski auf dem Kapellenberg wurde von dem damaligen Geheimen Oberbaurat Karl Friedrich Schinkel maßgeblich beeinflußt.

Zahlreiche Ausstattungsstücke in der Kapelle sind Geschenke der Zarin Alexandra Fedorowna, geborene Prinzessin von Preußen.
Die Kirche der Kolonie, von Peter Joseph Lenné so in die Gesamtanlage hineinkomponiert, daß sie mit dem Kolonistendorf in einer Sichtbeziehung steht, wurde nach dem Namensheiligen Alexanders I. auf den Namen »Alexander Newski« geweiht.
Johanna Neuperdt

Reformen und Reformer

Nach dem Rückzug der französischen Besatzungstruppen im Dezember 1808 begann für Potsdam ein neuer Abschnitt seiner Geschichte. Die preußische Städteordnung vom 19. November 1808, ein Werk des großen Reformers Karl Reichsfreiherr vom und zum Stein, erklärte die Stadt und ihre Bewohner gleichsam – wenn auch eingeschränkt – für mündig. Sie beseitigte die bisherige bürokratische Überwachung durch den Steuerrat, beschränkte damit die Staatsaufsicht und überließ die städtische Verwaltung zu wählenden städtischen Organen, trennte indes die Justiz und Polizei von der künftigen kommunalen Selbstverwaltung. Im März 1809 erlebte Potsdam die erste Wahl von Stadtverordneten durch einen vom Besitz her eingeschränkten Kreis wahlberechtigter Bürger. Die 60 Potsdamer Stadtverordneten wiederum wählten bei ihrer ersten Tagung im Potsdamer Kommandantenhaus in der Lindenstraße den Buchhändler Carl Christian Horvath zum ersten Stadtverordnetenvorsteher und die 18 Stadträte als neuen Stadtmagistrat. Der erste Oberbürgermeister, der bisherige Stadt- und Polizeidirektor, wurde hingegen nicht gewählt, sondern von Friedrich Wilhelm III. in sein Amt eingesetzt.
Die im Zuge der Stein-Hardenbergschen Reformen durchgesetzte Gewerbefreiheit wurde in Potsdam von den um ihr Überleben kämpfenden Zünften anfangs hartnäckig in Frage gestellt. Noch am ehesten konnten mittelalterliche Zunftschranken und andere Beeinträchtigungen einer freien Gewerbeentwicklung in den Fällen überwunden werden, wo es um die Befriedigung der vielfältigen Bedürfnisse der Potsdamer Garnison ging, wie etwa bei den Schankwirten und Gemischtwarenhändlern.
Große Verdienste um die Entwicklung des Schulwesens und um die bislang stark vernachlässigte Lehrerbildung in Potsdam erwarb sich Wilhelm Christian von Türck, der hier 1817 zum Schulrat berufen worden war. Er konnte die Gründung eines Potsdamer Lehrerseminars durchsetzen, dessen Leitung Karl Friedrich Klöden an-

A. F. Eisenhart, Großkaufmann.
Lithographie, um 1830

K. Chr. W. von Türck.
Lithographie von Jensen, um 1835

vertraut wurde. Dieser leistete als Anhänger der pädagogischen Prinzipien Pestalozzis zunächst erfolgreiche Arbeit, gab seinen Posten indes schon 1824 als Zeichen des Protestes gegen die in Preußen inzwischen dominierende, obrigkeitsstaatlich geprägte Schulpolitik wieder auf. 1818 führte Türck an den Potsdamer Schulen den Turn- und Schwimmunterricht ein und ließ in der Nähe des Berliner Tores an der Havel eine Schwimmanstalt errichten, die später lange Zeit seinen Namen trug. 1820 begründete er in der Berliner Straße das Zivilwaisenhaus und trug mit einer Summe von 3 000 Talern selbst zu seiner Einrichtung bei. Im folgenden Jahr wurde auf seine Initiative hin in Potsdam eine dringend benötigte Baugewerkschule eingerichtet. Die durch Türck nachhaltig geförderte Verbesserung der Lehrerbildung kam in erster Linie den Potsdamer allgemeinbildenden Schulen zugute. 1812 verfügte die Stadt über sieben Grundschulen, obwohl der Schulgeldzwang die ärmeren Einwohner belastete. Dennoch wurden 1830 bereits 1 442 Schüler von 12 Lehrern und 3 Lehrerinnen regelmäßig unterrichtet. Daß dadurch die gesetzliche Schulpflicht im wesentlichen durchgesetzt werden konnte, war auch das Verdienst des Potsdamer Kaufmanns August Friedrich Eisenhart. Der Menschenfreund stiftete einen Teil seines in der Zeit der Kontinentalsperre erworbenen beträchtlichen Vermögens, nämlich die große Summe von 193 000 Talern, für eine Anzahl von Stipendien, eine Freischule und eine Krankenanstalt.

Eng verbunden mit Potsdam war seit 1826 das Leben des Universalgelehrten Alexander von Humboldt. Jahrzehnte hindurch lebte er als königlicher Kammerherr und Vorleser in den Schlössern der Stadt und ihrer Umgebung, vollendete hier 1847 die ersten beiden Bände seines Monumentalwerkes – »Kosmos« – und wurde 1849 von der Potsdamer Stadtverordnetenversammlung mit der Verleihung der Ehrenbürgerwürde ausgezeichnet. In einen intensiven geistigen Austausch war Humboldt in Potsdam auch mit Heinrich Berghaus getreten, der 1838 am Rande des Brauhausberges seine »Geographische Kunstschule« als wegweisende Ausbildungsstätte für Kartographen und Kupferstecher begründet hatte. Berghaus' Atelier und seine der Kartographie gewidmeten Arbeiten sorgten dafür, daß in Potsdam während der Epoche des Biedermeier ein Mittelpunkt geographischen und kartographischen Schaffens entstand, der weit über die deutschen Grenzen hinaus Geltung erlangte.

Die Dominanz von Hof, hohen Beamten und Militärs im gesellschaftlichen Leben Potsdams überschattete die bürgerliche Selbstverwaltung. Bereits 1815 beklagte der Magistrat die allgemeine Interesselosigkeit der Wahlberechtigten an den jährlichen Wahlen für die Stadtverordnetenversammlung als »Mangel an Gemeinsinn«. Erst am 16. Oktober 1847 gelang es, öffentliche Versammlungen und Beratungen der Stadtverordneten durchzusetzen.

Harald Müller

Aufklärung verpflichtet

Die Geschichte der Freimaurerei geht bis ins 18. Jahrhundert zurück. Die Freimaurer bemühten sich, in Gemeinschaften einem Ideal nachzuleben, betrachteten es als ihre Aufgabe, das Einheitsstreben unter den Menschen zu fördern und alles, was dem entgegensteht, wie Chauvinismus, Fanatismus, Kastengeist zu bekämpfen. Sie setzten sich für ein friedliches Zusammenleben der Menschen ein. Lessing, Goethe, Herder, Wieland und Fichte haben diese Ideale in ihre Werke einfließen lassen und der Freimaurerei als deren Trägerin starken Beifall gezollt. Die Vereinigungen der Freimaurer heißen Logen oder Johanneslogen nach Johannes dem Täufer, dem Patron des Bundes. Die Arbeitsweise in den Logen schloß sich dem Brauchtum der mittelalterlichen Gilden und Zünfte (Bauhütte) an, in denen sich das politische, wirtschaftliche und größtenteils auch das religiöse Leben der Bauleute und ihrer Familien abspielte. Die Entwicklung der Freimaurerei in Deutschland ist wechselvoll gewesen. Einflüsse unterschiedlicher Art, die Stiftungen neuer oder nachgebildeter Orden (zum Beispiel der Rosenkreuzer) führten zu Anfeindungen. Die Anfänge der Freimaurerei gehen auch in Potsdam bis ins 18. Jahrhundert zurück.

Logenhaus Kurfürstenstraße, Medaille zum 50. Jubiläum des Meisters vom Stuhl F. W. A. Puhlmann 1881

Die Johannesloge »Sagesse« war am 3. Juli 1763 durch den »Obristen von Buttler« als erste in Potsdam gegründet worden. Zehn Mitglieder dieser Loge traten am 13. Mai 1768 zur neuen Johannesloge »Minerva« über, die der Generalarzt und Chef des gesamten Medizinalwesens der preußischen Armee Johann Wilhelm von Zinnendorf und der Flügeladjutant von Gansau stifteten. Die übriggebliebenen elf Mitglieder lösten die Loge »Sagesse« im Jahre 1798 auf und gründeten im gleichen Jahr die Loge »Zur Standhaftigkeit oder Constantia«, eine Tochterloge von Royal-York in Berlin. Von 1803 bis 1836 tagte diese Loge im Hause Kreuzstraße 3 (heute: Benkertstraße). Die Freimaurerloge hatte das Haus vom Vorbesitzer, dem Gardehauptmann Friedrich von Ozorowski, erworben und eine Hypothek von 2 100 Talern zum Zweck »der Einrichtung eines Logenlokals« aufgenommen.

Der erste »Meister vom Stuhl« dieser Freimaurervereinigung war der Oberbaurat Krüger, der Schöpfer des Kutschstalles am Neuen Markt und der Hauptwache an der Ecke Lindenstraße-Charlottenstraße. Mitglieder dieser Loge waren ferner der Hofküster Geim von der Garnisonkirche, der 1806 Napoleon zum Grabe Friedrichs II. geführt hatte, der Musikdirektor Schärtlich, Stifter der Potsdamer Liedertafeln und Schüler Zelters, der Hofgärtner Hermann von Sello, der Major und Kommandant des Garde-Jäger-Bataillons von Knoblauch und der Töpfermeister Mühlenhoff, von dem die Kandelaberöfen des Schinkelschen Kasinos herrührten. Der »schwankende Zustand ihrer ökonomischen Verhältnisse« erzwang im Jahre 1836 den Verkauf des Logenhauses. Der Verkaufspreis von 4 200 Talern ermöglichte den Fortbestand der

Loge der »Constantia« bis 1852; dann verschwand sie aus der Reihe der Potsdamer Logen.
Das 1722 erbaute Haus Priesterstraße 2 (heute: Henning-von-Tresckow-Straße) ist als Daum'sches Haus in die Potsdamer Geschichte eingegangen. Es wurde im Jahre 1817 an die Loge »Teutonia zur Weisheit« – 1809 von der Großen National-Mutterloge »Zu den drei Weltkugeln« gegründet – verkauft und zu Logenzwecken umgebaut. Im Jahre 1879 erfolgte der Weiterverkauf an den Militärfiskus, der das Haus abriß und das Gelände zum Bau der Kaserne für das 1. Garde-Regiment zu Fuß nutzte. Ein vollkommen neues, den Zwecken der Loge dienendes Gebäude entstand in der Kurfürstenstraße 52 (heute: Straße der Jugend) in den Jahren 1877/78.
Der vielleicht bedeutendste »Meister vom Stuhl« der Loge »Teutonia zur Weisheit« war der Generalarzt Dr. Friedrich Wilhelm Puhlmann, ein Freund Adolf Menzels, der eine Stiftung zur Unterstützung von Witwen und Waisen initiierte. Laut Statut vom 10. November 1875 gab es auch eine »Stipendium=Stiftung« für studierende Söhne von Logenangehörigen.
Die älteste existierende Loge »Minerva« hatte seit den vierziger Jahren des 19. Jahrhunderts ein neues, von Persius erbautes Haus in der Kiezstraße 10. Bis 1934 blieb es Eigentum des »St. Johannes-Konvent ›Minerva‹ des Deutsch-Christlichen Ordens«. Unter den Zwängen des nationalsozialistischen Staates mußte sich die Potsdamer Johannesloge »Teutonia zur Weisheit« am 11. Februar 1934 selbst auflösen.

Was sind Freimaurer heute? Sie formulieren es, wie folgt: »Sie sind Menschen wie Du und ich. Sie versuchen den hohen Idealen der Geistes- und Gewissensfreiheit, Toleranz und Humanität – schlicht gesagt – des Menschseins zu leben und diese Haltung in die Familie, den Beruf und in die Umwelt zu tragen, um damit zu helfen, daß diese Welt eine bessere werden möge.«
Hartmut Knitter

Nicht nur Trinksprüche auf den König und Goethe

»Gerichts=Assesor Th. Storm« und »Hofrath L. Tieck« werden zusammen mit mehr als hundert Persönlichkeiten in einem Verzeichnis genannt, das der Vorstand der 1830 gegründeten Potsdamer Literarischen Gesellschaft »Litteraria« 1866 drucken ließ. Man rühmte sich der Mitglieder, »welche bis dahin als Schriftsteller aufgetreten« waren oder Vorträge in der Gesellschaft gehalten hatten. Die 21 Männer, die die Gesellschaft gegründet hatten, repräsentierten

Palast Barberini am Alten Markt.
Gemälde von W. Barth, 1823

jene für die Residenz-, Garnison- und Beamtenstadt typische Schicht, die durch ein Interesse an einer »höheren, edleren Geselligkeit« und Beförderung von Wissenschaft, Kunst und Literatur unabhängig vom Hof miteinander verbunden war. Zu den Mitgliedern gehörten Theologen, Schulrektoren und Lehrer, Ärzte, Offiziere, Hofbeamte, Buchhändler, Fabrikanten und zeitweise der Rabbiner der Potsdamer jüdischen Gemeinde. Sie waren neben der Zahlung eines Mitgliedsbeitrages (1833: 1 Taler) zu Vorträgen verpflichtet oder aber aufgefordert, »auf anderem Wege zweckdienlich für die Gesellschaft zu wirken«. Man traf sich anfänglich achtmal im Jahr. Besonderer Beliebtheit erfreute sich das jährliche Stiftungsfest, das aufwendig begangen wurde. Zu dessen Höhepunkten gehörten die Festrede des Direktors der Gesellschaft, der Vortrag eines Mitglieds und das Festmahl, bei »welchem weitere Vorträge mit Gesang und Trinksprüchen abwechselten« – und all dies »verschönert« durch die Anwesenheit von Damen!

Veranstaltungsorte waren die Lokale der Logen »Minerva« und »Teutonia«, im Sommer Gartenlokale der Potsdamer Umgebung. Später traf man sich im »Palast Barberini«,

Ludwig Tieck (1773–1853),
Kupferstich von Gustav Zumpe

Theodor Storm (1817–1888),
Gemälde von N. Sunde

der ab 1849 von mehreren Potsdamer Kunst- und Wissenschaftsvereinigungen gemeinsam genutzt wurde. 1849 gab es sieben derartige Vereine, neben der »Litteraria« einen Gesangsverein für klassische Musik, eine Philharmonische Gesellschaft, eine Lieder-Tafel, den Lukas-Kunst-Verein, einen weiteren Kunst- und einen Opernverein. Mitunter fand man sich zu gemeinsamen Veranstaltungen zusammen, so z. B. zur zahlreich besuchten »Nachfeier« zu Goethes 100. Geburtstag: Der Hofgärtner hatte den Festsaal mit Blumen ausgeschmückt und sowohl im Vortragszimmer als auch im Speisesaal Büsten des Dichters mit »dem reichsten Blumenschmucke« umgeben und mit »Lorbeeren bekränzt«. Eine Rede des Direktors der »Litteraria« über Goethes »Leben, Wirken und dessen Einfluß auf die deutsche Literatur« eröffnete die Festveranstaltung, gefolgt von einem Vortrag des Hofpredigers über »Iphigenie auf Tauris«, der durch die Rezitation mehrerer Akte des Schauspiels ergänzt wurde. Beim Festmahl sang ein Chor Goethesche Lieder, Gesellschaftsmitglieder trugen dessen Dichtungen vor, und Trinksprüche in Versen waren dem König und dem Andenken des Weimarer Klassikers gewidmet!

In ähnlicher Weise verliefen Feiern zur Ehrung Ludwig Tiecks (mit Beteiligung des Dichters am 18. 9. 1841), zum einhundertjährigen Geburtstag Friedrich Schillers und zum 300. Geburtstag William Shakespeares. Anfang 1848 hatte die »Litteraria« 125 einheimische und 24 auswärtige Mitglieder. An den Versammlungen nahmen aber mit Frauen und Gästen oft mehrere hundert Personen teil.

Das Spektrum der Vorträge und Festveranstaltungen war beeindruckend vielfältig. Literarische Themen und Rezitations- und Konzertveranstaltungen fanden ebenso wie wissenschaftliche und philosophische Probleme unterschiedlichster Natur das Interesse der Gesellschaftsmitglieder. Neben den genannten Dichtern Storm und Tieck verbinden sich mit dem Wirken der »Litteraria« die Namen weiterer Wissenschaftler und Künstler: A. F. Julius Helmholtz (Vater von Hermann v. Helmholtz) gehörte zum Vorstand in den Gründungsjahren. Karl von Reinhard verdanken wir die wohl schönste Sammlung von »Sagen und Märchen aus Potsdam's Vorzeit« (1869). Vergessenen literarischen Ruhm eroberten Ernst Philipp Karl Lange (Pseud. Philipp Galen) und Balduin Möllhausen mit einer wahren Flut von Erzählungen und Romanen. Ernst von Wildenbruch trug seine deutschnationalen Heldenlieder »Vionville« und »Sedan« in Potsdam vor. Auf Vermittlung seines Bruders hielt Ernst Haeckel einen Vortrag. Aber getragen wurde die »Litteraria« über Jahrzehnte von dem bis heute noch nicht erforschten Wirken der vielen Potsdamer Mitglieder.

Im letzten Drittel des 19. Jahrhunderts scheint die Geselligkeit die künstlerischen und wissenschaftlichen Orientierungen zu überlagern. Alle Versuche einer an der Akademiebewegung orientierten

Carl Heinrich Berghaus (1794–1884), Kartograph

festeren Organisationsform und zielgerichteteren wissenschaftlichen Tätigkeit scheiterten, so etwa schon 1835 der Versuch, vier »Sectionen« zu gründen (Literatur, Geschichte, Naturkunde, Philosophie), eine eigene Schriftenreihe (1866) sowie der Aufbau einer öffentlichen Bibliothek ebenfalls in den sechziger Jahren. Mit namhaften Mitgliedern wirkte jedoch die »Litteraria« in deutschen Akademien und spezialisierten Wissenschaftsgesellschaften und Vereinen weiter, so z. B. in dem »Verein für die Geschichte Potsdams«.
Knut Kiesant

Experimente in der Kaserne

In der Literatur heißt es, Hermann von Helmholtz sei in der Hoditzstraße 8 geboren. Das entspricht nicht den Tatsachen. Die Familie des angesehenen Gymnasiallehrers A. F. Julius Helmholtz wohnte zu jener Zeit am Wilhelmsplatz 14. Das bestätigen die Eintragung im Taufbuch der Heiligengeistkirche vom 7. Oktober 1821 sowie eine Akte im Stadtarchiv. Dieses Haus stand in der kurzen Verbindungsstraße zwischen dem Wilhelmsplatz und dem Bassinplatz. 1775 von G. Chr. Unger erbaut, wurde es 1945 beim Bombenangriff zerstört.

Hier verlebte Helmholtz seine Kindheit. Er wuchs in einer Atmosphäre freiheitlicher und humanistischer Gesinnung auf. A. F. Julius Helmholtz war Teilnehmer des Befreiungskrieges gewesen, gehörte der ›Friedensgesellschaft‹ in Potsdam an und stellte sich offen gegen jegliche dogmatische Haltung, wofür er Zurechtweisungen hinnehmen mußte. Während der Vater viele seiner Denkansätze von der Philosphie herleitete, wandte sich der Sohn schon während der Schulzeit den Naturwissenschaften und ihren Methoden zu. Mit sechzehneinhalb Jahren legte Hermann v. Helmholtz das Abitur ab und begann mit dem Studium der Medizin in Berlin. Im Herbst 1843 kehrte er nach Potsdam zurück.

Hermann von Helmholtz (1821–1894)

Helmholtz wurde Eskadron-Chirurg bei den Gardehusaren in der Berliner Straße. Hier führte er Experimente zu seiner bedeutenden Arbeit ›Über die Erhaltung der Kraft‹ durch. Jede freie Minute widmete er seiner wissenschaftlichen Arbeit. Nachdem er im Juni 1847 als Militärarzt in das Königliche Regiment der Garde-du-Corps versetzt worden war, trug er wenige Wochen später seine Arbeit in der Physikalischen Gesellschaft in Berlin vor. Es ist sein Verdienst, den Energiesatz als allgemeinstes Prinzip der Physik formuliert zu haben.

In dieser Zeit seiner ersten großen wissenschaftlichen Arbeit lernte er seine spätere Frau, Olga von Velten, Enkelin des Direktors der Gemäldegalerie im Park Sanssou-

ci, kennen. Welch ein Verstehen beide Menschen miteinander verband, zeigt seine Widmung ›Über die Erhaltung der Kraft – eine physikalische Abhandlung zur Belehrung seiner theuren Olga‹. 1848 verließ Helmholtz Potsdam, um seine wissenschaftliche Laufbahn zuerst in Berlin, danach in Königsberg als Professor der Physiologie aufzunehmen. Von hier ging nach Potsdam eine der ersten Nachrichten über seine Erfindung des Augenspiegels. In einem Brief vom 17. 12. 1850 schreibt Helmholtz dem Vater, daß er eine Erfindung gemacht habe, »welche möglicher Weise für die Augenheilkunde von dem allerbedeutendsten Nutzen sein kann.«
Dorothea Goetz

Max Dortu und die Revolution

Noch beim Diktat seiner »Gedanken und Erinnerungen« erinnerte sich Bismarck mit Heiterkeit einer Begegnung vom 20. März 1848 mit dem ehemaligen preußischen Innenminister von Bodelschwingh am Bahnhof Potsdam. Der hatte sich bei dieser Gelegenheit zunächst jede Anrede verbeten, weil es ihm unerwünscht war, im Gespräch mit Bismarck, dem royalistischen Ultra, gesehen zu werden. Diese Besorgnis in der zweiten Hohenzollernresidenz weist darauf hin, daß die Märzrevolution Potsdam erreicht hatte, auch wenn es hier am 18. März lediglich zu einigen nicht weiter folgenreichen Manifestationen auf Straßen und Plätzen gekommen war. Die Wahlen zur deutschen Nationalversammlung in Frankfurt am Main und zur Preußischen verfassungsgebenden Versammlung in Berlin ließen schließlich in Potsdam erste organisatorische Strukturen verschiedener politischer Richtungen entstehen, so eine radikal-republikanische Gruppierung, den »Politischen Verein«, unter Führung des 21jährigen Max Dortu, Sohn eines Potsdamer Justizrates und Kommunalpolitikers. Am 12. Mai trat Dortu erstmals öffentlich mit einem Protest gegen die bevorstehende Rückkehr des nach Ausbruch der Revolution nach England geflohenen Prinzen von Preußen, des »Kartätschenprinzen«, hervor. Auch die Potsdamer und Nowaweser Arbeitslosen meldeten sich im Frühjahr 1848 unüberhörbar mit ihren Forderungen zu Wort. So am 15. April, als Nowaweser Jugendliche vor dem Gebäude der Potsdamer Regierung lautstark Arbeit und Brot einforderten, so am 22. Mai, als dreihundert Arbeitslose vor dem Rathaus am Alten Markt erschienen und gewaltsam in dessen Räume eindrangen.

Das Betteln hatte in der Stadt nach zeitgenössischen Berichten inzwischen den Charakter des »frechen, sogar mit Drohungen verbunde-

Soldatenaufstand 1848 vor den Communs. »Illustrierte Zeitung«, Leipzig 1848

nen Forderns« angenommen. Das veranlaßte die Behörden, nunmehr gegen die Auswirkungen der Massenarbeitslosigkeit vorzugehen, nachdem schon seit längerem an Bedürftige unentgeltlich Lebensmittel ausgegeben worden waren. In dieser Absicht wurden im Juni die Notstands-Wegebauarbeiten in der Potsdamer Umgebung wieder aufgenommen und hierbei zeitweilig fünfhundert Arbeitslose beschäftigt. Pläne, den Nowaweser Textilerzeugnissen wieder Absatzmärkte zu schaffen, scheiterten jedoch.

Am 12. September brach dann sogar ein Aufstand unter den königlichen Gardefüsilieren aus, die provisorisch in den Communs des Neuen Palais untergebracht waren und gegen die Behandlung durch ihre Vorgesetzten Protest erhoben. Als fünfzehn von ihnen in die Arrestanstalt in der Garde-du-Corps-Straße überführt worden waren, versuchte eine Gruppe ihrer Kameraden mit der Unterstützung Potsdamer Einwohner, die Festgenommenen gewaltsam zu befreien, was erst durch den Einsatz anderer Truppenteile verhindert werden konnte. Gleichzeitig entbrannten um die Berufung des Generals von Wrangel zum »Oberbefehlshaber in den Marken« neue Auseinandersetzungen. Die diesem unterstellten Verbände mit 50 000 Mann standen einsatzbereit in einem Ring um Berlin, um auf ein Zeichen hin Berlin zu besetzen und der Revolution ein Ende zu machen.

Dagegen richtete Dortu jetzt seine Aktivitäten und versuchte, Soldaten für die Ziele der Revolution zu gewinnen. Vor den Stadttoren Am Schragen forderte er die Potsdamer auf, sich mit allen Kräften für die Weiterführung der Revolution einzusetzen, bis die Potsdamer Polizei Mitte Oktober jegliche Volksversammlung unter freiem Himmel unterband.

Als schließlich Friedrich Wilhelm IV. ein offen gegenrevolutionäres Ministerium unter dem Grafen Brandenburg einsetzte, das noch am 9. November die Verlegung des preußischen Parlaments nach Brandenburg wie seine vorläufige Vertagung aussprach, Wrangel am darauffolgenden Tag mit seinen Truppen Berlin besetzte, den Tagungsort des Parlaments umstellte und über die preußische Hauptstadt den Belagerungszustand verfügte, kam es in Potsdam zum Eklat. Eine von Max Dortu in der Nähe der Eisenbahnreparaturwerkstätten einberufene Volksversammlung faßte am 12. November den Beschluß, keine Militärtransporte nach Berlin zuzulassen und sich auf Kampfeszeichen von dort bewaffnet auf dem Bassinplatz zu versammeln. Als sich später in der Stadt das Gerücht verbreitete, man wolle ein Bataillon des I. Garderegiments nach Berlin überführen, wurden im Bereich von Nowawes an mehreren Stellen die Eisenbahnschienen aufgerissen und die Telegraphenverbindungen zwischen Berlin und Potsdam unterbrochen. Am Abend bewarfen Demonstranten

Erschießung von J. L. M. Dortu (1826–1849). Stich, 1849

das mit Truppen belegte Potsdamer Stadtschloß mit Steinen. Auch die sonst regierungsfrommen Potsdamer Stadtverordneten richteten jetzt gegen den Willen ihres Vorstehers Schneider eine Adresse an den König, in der sie die Rücknahme der Parlamentsauflösung verlangten.

Der Sieg der königlichen Macht über die Revolution am 5. Dezember – an diesem Tag wurde das preußische Parlament durch königlichen Machtspruch endgültig beseitigt, die Vertreter des liberalen Bürgertums aus ihren Regierungspositionen vertrieben und eine Verfassung für Preußen oktroyiert – zwang Max Dortu zur Flucht nach Paris. Als im Mai 1849 die Kämpfe um die Verteidigung der von der Deutschen National-

versammlung in Frankfurt a. M. beschlossene Reichsverfassung entbrannten, ging er nach Baden und diente der badisch-pfälzischen Revolutionsarmee als Kommandeur eines Volkswehrbataillons. In den Julikämpfen in die Gefangenschaft der preußischen Truppen geraten, wurde er von einem Kriegsgericht zum Tode verurteilt und am 31. Juli 1849 bei Freiburg i. Br. standrechtlich erschossen.
König Friedrich Wilhelm IV. hat den Potsdamern die Steinwürfe gegen sein Stadtschloß nicht verziehen. Bei der Mobilmachung des preußischen Heeres im November 1850 befahl er für Potsdam die Bereitstellung von Truppenunterkünften ohne die sonst übliche Entschädigung und sperrte im Herbst des gleichen Jahres den Park von Sanssouci vorübergehend für alle Besucher.
Harald Müller

Juden in Potsdam

Nachdem Kurfürst Friedrich Wilhelm – der Große Kurfürst – im Mai 1671 sein »Edict wegen auffgenommenen 50. Familien Schutz-Juden« unterzeichnet hatte, konnten jüdische Familien nach einhundertjähriger Unterbrechung wieder in der Mark Brandenburg seßhaft werden. Eine Gemeinde, zu der nach jüdischem Gesetz mindestens zehn religionsfähige Männer gehören müssen, hat sich in Potsdam wohl erst um 1740 gebildet. Äußeres Zeichen war 1743 die Einrichtung des Friedhofs, dem gegenüber dem Synagogenbau der Vorrang zukommt. Die Gottesdienste fanden nach 1748 in einem Bürgerhaus in der Kupferschmiedgasse statt.
Eine Besonderheit für die Entwicklung der Potsdamer Gemeinde im 18. Jahrhundert ist der hohe Anteil jüdischer Unternehmer im Wirtschaftsleben der Stadt. Schon 1731 hatte Hirsch David von Friedrich Wilhelm I. die Erlaubnis zur Produktion von Samt und Seide und dafür fünf Häuser in der Nauener und Brandenburger Straße erhalten. Im Jahre 1769 wies die Statistik in Potsdam 19 jüdische Manufakturunternehmer aus.
Die rechtliche Situation in Brandenburg-Preußen war aber nur für die reichen Juden erträglich, die sich den Status eines »ordentlichen Schutzjuden« leisten konnten oder sogar ein »Generalprivilegium« besaßen. Alle anderen hatten nur begrenzte oder fast gar keine Rechte. So jedenfalls schrieb es das von Friedrich II. 1750 erlassene, auf entsprechenden Verordnungen seines Vaters fußende »Neue revidirte General-Privilegium und Schutzbrief vor die Judenschaft in Preußen und der Mark Brandenburg« vor, in dem auch festgelegt wurde, »daß kein Jude ein bürgerlich Handwerck treiben soll«.

Wichtig für das religiöse Leben der Gemeinde war die Einweihung der ersten Synagoge am 18. Dezember 1768. Sie stand schon auf dem Grundstück, das heute durch eine Gedenktafel gekennzeichnet ist, hinter einem Vorderhaus. Zur Gemeinde gehörten damals 34 Männer, 36 Frauen und nicht gezählte Kinder.
Bauschäden durch den sumpfigen Baugrund machten einen Neubau notwendig, der im September 1802 eingeweiht werden konnte. Durch den Flur des Vorderhauses betrat man den ovalen, emporenumzogenen Raum. Über der Heiligen Lade war der Preußenadler mit den Initialen FWR angebracht – ein Zeichen des Dankes an den König, der den Bau finanziell unterstützt hatte. Im Vorderhaus waren Kantorwohnung und Gemeinderäume eingerichtet, und in seinem Keller befand sich das Frauenbad, die Mikwe.

Das »Edikt betreffend die bürgerlichen Verhältnisse der Juden in dem Preußischen Staate« vom 11. März 1812 erklärte die brandenburgisch-preußischen Juden zu »Einländern« und Staatsbürgern und stellte sie – theoretisch – den Christen gleich. Die Familienoberhäupter hatten sich nun verbindliche Familiennamen zuzulegen, die im Amtsblatt veröffentlicht wurden.
1844 gehörten 25 Familien zur Gemeinde. Es wird berichtet, daß fünf Familien wohlhabend seien, sechs bis sieben dem Mittelstand angehörten und »die übrigen gerade ihr Auskommen hätten«. Wichtig war für die Potsdamer Juden, daß sie auf gesetzlicher Grundlage nach 1847 eine mit Korporationsrechten ausgestattete Synagogengemeinde bilden konnten. Das berechtigte die Gemeinde, als juristische Person z. B. in Verträge einzutreten und Eigentum zu erwerben.

Nachdem das Amt des Rabbiners in Potsdam 57 Jahre unbesetzt war, trat 1851 Dr. Samuel Apolant die Stelle in Potsdam an. Er setzte Reformen des Gottesdienstes sowie des jüdischen Unterrichts- und Erziehungswesens durch. In diesem Sinne kam es 1855 zur Gründung der »Chewra kadischah«, einer Vereinigung, die für entwickelte jüdische Gemeinden typisch ist und die für Wohltätigkeit, Krankenfürsorge und die ehrenvolle Bestattung der Toten zu sorgen hatte. 1857 wurde Dr. Tobias Cohn Rabbiner in Potsdam. Bis 1896 arbeitete er für die Gemeinde und erreichte so die längste Amtszeit eines Rabbiners in Potsdam. Zur Zeit seines Amtsantritts war die Gemeinde von scharfen Auseinandersetzungen zwischen den an der Tradition hängenden orthodoxen Mitgliedern und den für Reformen eintretenden liberalen Juden erschüttert. Ein Beispiel ist der Streit um die Wahl des an der Revolution von 1848 beteiligten Kaufmanns Berend Samuel

Die Synagoge neben der Hauptpost nach der Zerstörung in der Pogromnacht am 10. November 1938

Jacobi, der von den Orthodoxen abgelehnt wurde. Dr. Cohn war eine in der Stadt bekannte und geachtete Persönlichkeit. Er gehörte dem »Verein für die Geschichte Potsdams« an und war Ehrenmitglied der »Literarischen Gesellschaft«. Als Ausdruck einer typischen Strömung im liberalen Judentum, die in dem fortschreitenden Assimilationsprozeß mit der christlich-bürgerlichen Gesellschaft jüdische Kulturinhalte und Traditionswerte erhalten wollte, gründete man 1899 den »Verein für jüdische Geschichte und Literatur«.

Probleme mit der Synagoge gab es fast über das ganze 19. Jahrhundert. Schon 1844 war das Frauenbad versumpft und unbenutzbar, auch an der Kuppel zeigten sich Schäden. Dazu kam es in der Folgezeit zu Platzmangel, denn die Anzahl der Gemeindemitglieder hatte sich von 174 (1801) auf 476 (1871) erhöht. Schließlich bezog man 1891 auch Nowawes und Neuendorf in den Gemeindebezirk ein. So mußten an hohen Feiertagen für den starken Gottesdienstbesuch andere Räume, z. B. im Palast Barberini, gemietet werden.

Der dritte Synagogenbau nach einem Entwurf von Otto Julius Kerwien konnte am 17. Juni 1903 eingeweiht werden. Im Synagogenraum hinter der rötlichen, neubarocken Sandsteinfassade, gab es sechs Amtssitze, 154 Männer- und 162 Frauenplätze. Da die neue Synagoge kein Vorderhaus mehr hatte, war schon 1899 das Nebenhaus erworben worden. Es nahm nun Wohnungen, Schulraum und Sitzungszimmer auf. Die neue Synagoge bekam eine 11stimmige Orgel – typisch für eine liberale Synagoge. 1903 erschien das Buch »Geschichte der jüdischen Gemeinde zu Potsdam« von Dr. Robert Kaelter, der von 1902 bis 1908 Rabbiner in Potsdam war.

Die soziale Struktur der Synagogengemeinde war um 1900 durch Kleinbürgertum und Mittelstand geprägt. Etwa 70 % der Juden hatten ein Jahreseinkommen unter 5 000 Mark. Die Weimarer Verfassung brachte ihnen die völlige Gleichberechtigung. Aber die Mühlen des Antisemitismus waren schon seit der zweiten Hälfte des 19. Jahrhunderts angelaufen. Nach dem ersten Weltkrieg sollte z. B. das Machwerk »Die Weisen von Zion« die Weltherrschaftspläne des Judentums beweisen. Eine Diskussionsveranstaltung zu diesem Thema im Hotel »Einsiedler« am 23. April 1924, vom Hofprediger Dr. Hans Vogel zur gegenseitigen Verständigung und Dämpfung der Extremisten einberufen, bewirkte einen teilweisen Rückzug der Antisemiten, aber der Berichterstatter der »Potsdamer Tageszeitung« schrieb vom Haß, »der wie eine unaufhörliche Drohung in der deutschen Luft liegt.«

Tafel am Gebäude der Hauptpost, angebracht am 9. 11. 1979

Innerhalb der Synagogengemeinde versuchte man, den Zusammenhalt zu verbessern und die Mitglieder mit jüdischer Geschichte und Kultur vertraut zu machen. So wurde auch eine Gruppe des Jüdisch-liberalen Jugendvereins gegründet, die wohl fast alle jüdischen Jugendlichen in Potsdam erfaßte.

1928 feierte die Gemeinde das 25jährige Bestehen ihrer Synagoge. Aus diesem Anlaß war auch der vom Stadtgartendirektor Hans Kölle gestaltete Südteil des Friedhofs fertig geworden.

Wie die Mehrheit der jüdischen Deutschen trafen die Machtübernahme und die unmittelbar folgenden Ereignisse die Potsdamer Juden unvorbereitet. Niemand hatte sich vorstellen können, wie schnell und rigoros antijüdische Gesetze verabschiedet und durchgesetzt wurden. Zu den ersten Häftlingen des am 21. März 1933 eingerichteten Konzentrationslagers Oranienburg gehörte der Potsdamer Rechtsanwalt Dr. Ludwig Levy. Am 3. April 1933 meldete die Lokalpresse das Ausfallen von Gerichtsterminen, da die jüdischen Rechtsanwälte in ihrer Tätigkeit beschränkt wurden. Ferner liest man, daß der Boykott jüdischer Geschäfte »ruhig« verlaufen wäre: »Das Betreten jüdischer Geschäfte wurde vielfach gänzlich verhindert, zum Teil durch Bildung einer Postenkette.« Die Potsdamer Juden versuchten zusammenzurücken. 1934 gründete der Rechtsanwalt Dr. Marcuse eine Ortsgruppe des »Reichsbundes jüdischer Frontsoldaten«, und der Sohn des Rabbiners, cand. jur. Paul Schreiber, sammelte Acht- bis Fünfzehnjährige in einer Gruppe des »Bundes deutsch-jüdischer Jugend«. Die Nazis überwachten mißtrauisch diese Vereine.
Die Terrormaschinerie lief in Potsdam wie im ganzen deutschen Reich ab. In der Pogromnacht im November 1938 zerstörten die Nazis die Inneneinrichtung der Synagoge, Feuer wagten sie wegen der benachbarten Post nicht zu legen. Die jüdischen Männer wurden verhaftet und verschleppt. Gehörten 1925 600 Mitglieder zur Synagogengemeinde, verzeichnet die Statistik von 1939 nur noch 175 »Glaubensjuden«, genau: 98 Frauen und 77 Männer. Vielen, vor allem jüngeren Menschen, gelang die Auswanderung. Aber viele gingen den Weg in die Vernichtungslager, die Deportationen begannen im Januar 1942.

Es existiert noch das Fragment einer Liste der Juden, die am 6. Oktober 1942 in Potsdam, meist zusammengepfercht in einem Haus in Babelsberg, lebten. Es ist eine Seite mit 16 Namen von B (Bernhard) bis L (Levy), wohl das letzte Dokument, das an die Mitglieder der zerstörten Synagogengemeinde von Potsdam erinnert. Die Synagoge, 1945 vollends zur Ruine geworden, tilgte man 1955 aus dem Stadtbild.
Klaus Arlt

Privilegiertes Kurieren

In Brandenburg-Preußen sind ausgangs des 17. Jahrhunderts und zu Beginn des 18. Jahrhunderts – 1685, 1693 und 1725 – drei wichtige Medizinalgesetze erlassen worden, die Vorschriften für alle im Gesundheitswesen tätigen Personen wie Mediziner, Wundärzte, Apotheker, Bader und Hebammen enthielten. Dem Gesetzgeber kam es darauf an, Recht und Ordnung zu schaffen, denn nachdem »sowohl in den Städten als auch auf dem Lande beim Kurieren der Kranken, bei der Anfertigung und Abgabe von Arzneien große und höchstgefährliche Mißstände entstanden sind, wodurch die Leute des öfteren um ihre Gesundheit und Wohlfahrt, ja gar um Leib und Leben gebracht wurden, soll solch schädlichem Wesen und Mißbrauch mittels heilsamer und guter Ordnung begegnet werden.« (1685)
Das Medizinalgesetz von 1685 regelte vor allem die Schaffung eines Collegii Medici als oberster Medizinalbehörde.

Die Medizinalordnung von 1693 enthielt in der »Ordnung, wonach sich Apotheker in Unsern Landen zu achten« 29 Paragraphen, die die Tätigkeit der Pharmazeuten regelten. So schützte ein Privilegium die Apotheker vor unliebsamer Konkurrenz, forderte jedoch von ihnen einen vorbildlichen Lebenswandel. Die Herstellung von Arzneien durfte nur nach approbierten Schriften erfolgen.
Das Medizinaledikt von 1725 fixierte im Kapitel »Von den Apothekern« in 16 Punkten Bestimmungen für die Pharmazeuten. Die Herstellung durfte nun nach »Unserm Dispensatorium«, d. h. nach dem Dispensatorium Brandenburgicum von 1698 erfolgen. Und es mahnte: »Des Landes Wohlfahrt, der Patienten Leben und Gesundheit, der Mediziner Ehre und Reputation hängen auch von des Apothekers Fleiß, Wissen und Treue ab.«
Nur Apotheker konnten Apotheken errichten, kaufen oder verwalten. Auf der Grundlage dieser drei Medizinalgesetze konsolidierte sich allmählich ein selbständiges Apothekenwesen.

Die Apothekenzulassung war zu dieser Zeit an die Vergabe eines Privilegs gebunden, das in Brandenburg-Preußen und somit auch in Potsdam durch den Kurfürsten bzw. seit 1701 durch den preußischen König erteilt wurde. Am 26. April 1654 verlieh Kurfürst Friedrich Wilhelm dem Apotheker Johann Schönebeck ein allergnädigstes Privileg auf die Apotheke sowie den Materialisten- und Gewürzhandel in Potsdam. Die Apotheke »Zum schwarzen Bär« befand sich in der Brauerstraße. Diese Straße, sie existiert heute nicht mehr, lag hinter dem Alten Rat-

Königliche Hof-Apotheke »Zum Bären« in der Brauerstraße 5, im 2. Weltkrieg zerstört. Foto um 1900

haus. In den folgenden Jahrzehnten ging die Apotheke stets durch Heirat in den Besitz des Nachfolgers über. 1687 brannte sie bei einer großen Feuersbrunst ab, aber der damalige Besitzer Christoph Eckardt ließ sie wieder aufbauen. Am 23. November 1717 erwarb Johann Georg Bertholdt die Apotheke von seiner Schwiegermutter für die Summe von 1 271 Talern. Die Bären-Apotheke blieb bis zum Anfang des 18. Jahrhunderts die einzige Apotheke in Potsdam. Das Bedürfnis zur Errichtung einer zweiten Apotheke bestand offenbar nicht, da Potsdam zu Beginn der Regierung des preußischen Königs Friedrich Wilhelm I. nur etwa 1 500 Einwohner zählte.

1725 eröffnete Nicolaus Becker am Neuen Markt die Adler-Apotheke. Becker stand offenbar sehr hoch in der Gunst des Königs, denn er erhielt am 29. Januar 1733 ein Privileg zur Errichtung einer weiteren Apotheke in Potsdam, der Löwen-Apotheke in der Nauener Straße, für seinen ältesten Sohn Johann Philipp.

Nicolaus Becker konnte sogar noch eine dritte Apotheke in Potsdam eröffnen. Das Privileg zur Errichtung der Apotheke zum Goldenen Hirsch in der Lindenstraße für seinen Schwiegersohn Johann Heinrich Harsleben datiert vom 20. April 1735.

Der preußische König Friedrich II. erteilte den vier Potsdamer Apothekern am 23. November 1748 ein Privilegium exclusivum, das die Eröffnung einer fünften Apotheke in Potsdam untersagte, solange die Stadt sich nicht vergrößerte. Dieses Privileg schützte die Potsdamer Apotheker genau einhundert Jahre vortrefflich vor unliebsamer Konkurrenz, denn erst am 30. September 1848 erhielt der Apotheker Dr. August Müller die Konzession zur Errichtung einer fünften Apotheke in Potsdam vor dem Brandenburger Tor am Luisenplatz.

Paul Biela

Barmherzige Schwestern und Diakonissen

Dem eiligen Besucher Sanssoucis, der den Park durch das »Grüne Gitter« betritt, wird der einfache, hinter großen Bäumen fast unscheinbar wirkende Ziegelbau linker Hand vor dem Eingang kaum auffallen. Möglich, daß er nach seinem ausgiebigen Kunstgenuß, ermüdet von den Weiten des Parkes, ruhigen Schrittes das monumentale Gebäude des St. Josefs-Krankenhauses genauer betrachtet: die lange Fensterfront, der Westflügel mit seinen hohen Söllern und der Ostflügel mit einer zierlichen Kapelle als Abschluß. Viele Bewohner Potsdams hingegen erinnern sich dankbar an die hingebungsvolle medizinische Betreuung durch Schwestern und Ärzte, deren Meisterschaft seit Jahren von Patienten, Angehörigen und Medizinern hoch geschätzt wird.

Anstoß für den Bau des Krankenhauses gab der im November 1860 ins katholische Pfarramt der St. Peter und Paul-Gemeinde berufene Franz Xaver Beyer. Zunächst blieb der Krankenhausbau jedoch nur eine Idee. Pfarrer Beyer setzte sich intensiv für die Einrichtung eines Waisenhauses ein. In den beengten und primitiv ausgestatteten Gebäuden der Gewehrfabrik nahmen am 1. Mai 1862 drei Barmherzige Schwestern die Arbeit mit sieben Zöglingen auf. Die Zahl der Neuzugänge stieg rasch an. Geld- und Platzmangel verhinderten jedoch einen Waisen- und Krankenhausneubau neben der entstehenden Kirche St. Peter und Paul auf dem Bassinplatz.

Unermüdlich suchte Pfarrer Beyer nach einem anderen Ort, bis ein großes Grundstück mit Gebäuden in der Zimmerstraße (Nr. 3 und 4) zum Kauf angeboten wurde. 10 600 m^2 mit einer engen Zufahrt zur Allee nach Sanssouci bildeten den Grundstock. Am 24. September 1867 wurde der Grundstein gelegt; im Oktober 1868 erhielt der Neubau den Namen »St. Josef-Waisenhaus«. Acht Ordensschwestern versorgten 50 Waisen und zunehmend auch die Kranken der

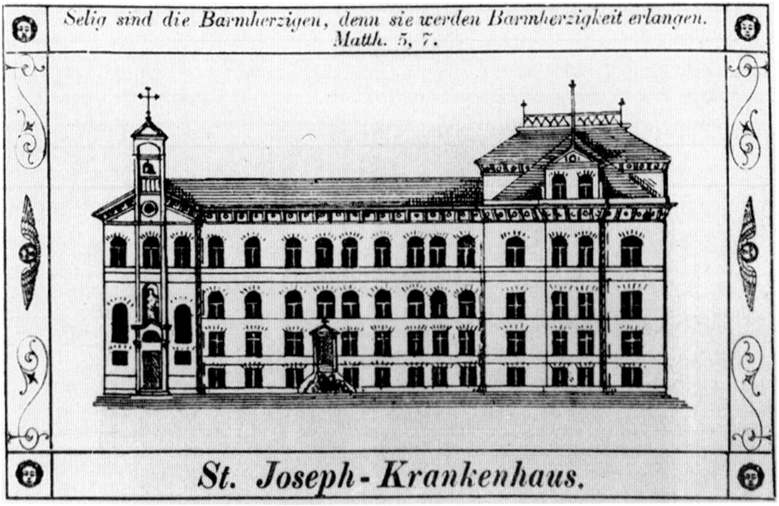

St. Josefs-Krankenhaus

Stadt rund um die Uhr. Hauskrankenpflege, eine Choleraepidemie und die Kriegsverwundeten von 1866 und 1870/71 forderten viel von den Ordensschwestern, ein Krankenhausneubau wurde unverzichtbar. Schrittweise begann man mit dem Umbau des Hauptgebäudes – das Waisenhaus wurde verlegt –, und im November 1872 eröffnete das St. Josefs-Krankenhaus mit 25 Betten seine Türen.
Die Um-, An- und Neubauten auf dem Gelände konnten die ständig steigenden Anforderungen kaum ausgleichen: Bade- und Gymnastikräume entstanden, Wohnräume für das Personal, eine Haushaltungs- und Krankenpflegeschule wurde gegründet, Abteilungen für Infektions- und innere Krankheiten eingerichtet. Parallel zu den baulichen Veränderungen wurden medizinisch-technische Neuerungen schnell in den Krankenhausalltag integriert.

An den Apparaturen standen geschulte, schwarz gekleidete Ordensschwestern – fast bis zum heutigen Tag – und versahen ihren Dienst zu jeder Tages- und Nachtzeit, wann immer es nötig war. Eine Krankenschwesternschule entstand in den Kriegsjahren 1914/18 als Unterstützung für Ärzte und Schwestern.

Die Folgen der Bombennacht vom 14. April 1945 waren nur schwer zu beseitigen; seit 1950 wurde die Krankenversorgung in bewährtem und erweitertem Umfang gewährleistet.

Die kirchliche Trägerschaft des katholischen St. Josefs-Krankenhau-

Oberlin-Haus

ses und des evangelischen Oberlinhauses ermöglichte bereits zu DDR-Zeiten eine besondere medizinisch-technische Ausstattung mit modernsten Geräten.
Die Einrichtung des Oberlinhauses war besonders für die Nowaweser Einwohner eine spürbare Erleichterung. Den Namen verdankt das Haus dem Pfarrer Dr. Johann Friedrich Oberlin, der seinen Dienst in einem abgelegenen Dorf der Vogesen nahe der französischen Grenze als Überlebenshilfe für die Dorfbewohner betrachtete und sich selbstlos für die Verbesserung der unmittelbaren Lebensbedingungen engagierte.

Für das Krankenhaus wurde 1877 der Grundstein als Diakonissenmutterhaus gelegt; am 28. Oktober 1878 wurde es eingeweiht. Hauptarbeitsgebiete waren die Betreuung der Kinder in sogenannten Kleinkinderschulen, häusliche Kranken- und Altenpflege. Das Mutterhaus gewährleistete die fundierte Ausbildung der evangelischen Schwestern in der Kinderpflege und schrittweise auch für die ambulante Krankenpflege durch Zusatzeinrichtungen: der Poliklinik (seit Juni 1878) und einer Krankenstation (seit Mai 1880). Allerdings verfügte man in Nowawes weder über einen Arzt – Potsdamer Ärzte kamen in Notfällen, auch mehrmals am Tag – noch über eine Apotheke. Als 1884 plötzlich mehrere Schwestern ernsthaft erkrankten und ihren Dienst nicht versehen konnten, wurde der Bau eines gesonderten Krankenhauses forciert und von der königlichen Regierung befürwortet. Ein niedergelassener Arzt und eine Apotheke verbesserten die bedrückenden Verhältnisse. Am 20. Oktober 1890 wurde der Neubau seiner Bestimmung übergeben.

Neben Krippe, Jugendhort, Ausbildungseinrichtungen u. a. galt der Pflege behinderter Kinder, ihrer geistigen und körperlichen Ertüchtigung, besondere Aufmerksamkeit. Der erste Knabe kam am 6. Mai 1886, 1892 waren es 35 Kinder, und ihre Zahl wuchs unvermindert, so daß ein zusätzlicher Bau erforderlich wurde. Später wurde eigens eine Schule eingerichtet.

Gerade die medizinischen Erfolge im chirurgischen, im psycho- und physiotherapeutischen Bereich haben das Oberlinhaus berühmt gemacht, ebenso wie die dort beispielhaft praktizierte Einbeziehung geistig und körperlich behinderter Menschen in den Alltag des Lebens.

Petra Pravemann

Visionen in märkischer Landschaft

Schon der siebzehnjährige Schinkel hat Potsdam dargestellt – innerhalb einer Serie kleiner Blätter aus dem Jahr 1789 fällt das reizvolle »Potsdam beim Sonnenaufgang« als sein vielleicht erstes wirkliches Landschaftsbild auf.

Der Blick vom Babelsberge zeigt das Bild der im Talkessel der Havelniederung gedrängten barocken Türme der Stadt, wie es die Veduten des 18. Jahrhunderts überliefert haben. Noch fehlt die weiträumige Sicht, die das Panorama von Stadt und Landschaft zusammenfaßt mit den von Schinkel, Lenné und ihren Schülern in den folgenden Jahrzehnten geschaffenen Akzenten. In Potsdam steht auch (in Resten, die die Erinnerung an den Standort bewahren und zum Wiederaufbau herausfordern) Schinkels frühestes Bauwerk überhaupt, der 1800 entworfene Pomona-Tempel. Er enthält wie ein Keim bereits wesentliche Eigenschaften des künftigen architektonischen Werkes. Erst zwanzig Jahre später konnte Schinkel wieder in Potsdam bauen, parallel zum Berliner Schauspielhaus entstand dort das Zivilkasino. Bei verwandtem Formenapparat zwangen Bauplatz und innere Ordnung zur Asymmetrie, die von Schinkel nicht allein bewundernswert bewältigt, sondern zur Anwendung eines neuartigen Kompositionsprinzips genutzt wurde, das ihm bis in unser Jahrhundert professionelle Bewunderung eingebracht hat. An diesem zukunftsträchtigen System einer ausgewogenen Komposition der Körper- und Raumkompartimente um horizontale und vertikale Koordinaten frei von axialer und symmetrischer Unterordnung hat er sein ganzes Architektenleben lang gearbeitet. Der sich aus der Verbindung von Bauen und Natur ergebenden frei variierten Asymmetrie spürte er ebenso nach wie der inneren Ordnung von Baugruppen nach Sinn und Rang ihrer Bestandteile.

Pomona-Tempel 1942

Schinkels Fähigkeiten, durch scheinbar ungezwungene, aber äußerst feinsinnige Mittel erregende Räume zu bilden, erfahren ihre volle Entfaltung in Potsdam und in der Begegnung mit Peter Joseph Lenné. Schinkel war in Potsdam freier als in Berlin, und die Zusammenarbeit mit dem Garten- und Landschaftsgestalter hat ihn zu einer lockeren und weniger gebundenen Art der Komposition ermutigt. Im gegenseitigen Ansporn entwickelten Gärtner und Baumeister ihre Fähigkeiten, durch Bauwerke das Gefüge der Umwelt zu bestimmen und gleich-

Karl-Friedrich Schinkel (1781–1841)

Peter Joseph Lenné (1789–1866)

zeitig »Elemente der Natur« in die Gebäude einzubeziehen. Ihr System läßt in regulären wie in offenen Planungen ein verbindliches Raster erkennen. Schinkels mittelbarer Bezug auf die aus Publikationen empfangenen Grundmuster des französischen Architekturtheoretikers Jean-Nicholas-Louis Durands traf darin auf Lennés unmittelbare Kenntnis von dessen in Paris besuchtem »cursus der Architektur«.
Zwischen Schinkel und Lenné ergab sich eine einmalige Partnerschaft. Sie fanden sich in dem philosophischen Programm der »Verschoenerung« von Natur und Menschenwerk, das die Umsetzung der Natur-, Moral- und Staatstheorien der großen Denker ihrer Zeit in Landschafts- und Siedlungsmodellen anstrebte.

Beider Arbeitsweise war sehr intensiv. Sie nutzten auch Freizeit und Geselligkeit, um ihre Ideen zu vervollkommnen, und befanden sich in einem fortwährenden Dialog über gemeinsame Vorhaben wie auch über die Aufträge jeweils des anderen. Dadurch gelang es ihnen, das romantische Ideal einer Künstlergemeinschaft zu verwirklichen, in die sie neben ihren Mitarbeitern und Schülern auch die Auftraggeber, besonders den gebildeten Kronprinzen Friedrich Wilhelm (IV.), einzubeziehen verstanden.

Schinkel wird wohl auf den Hardenbergschen Besitzungen, Neuhardenberg und Glienicke, zuerst mit Lenné zusammengetroffen sein. In Glienicke schufen sie duch Umbau eines älteren Gebäu-

Pomona-Tempel 1992. Im Krieg unzerstört geblieben, verfiel er nach 1945 zur Ruine.

des das über der weiten Wasserfläche der Havelseen schwebende Kasino, dessen seitliche Pergolen wie ausgebreitete Arme die Potsdamer Landschaft umfangen. Aus der Vereinigung des kubischen Baukörpers mit vergänglicher Vegetation, der ans Haus gebundenen Terrassen und Treppenanlagen mit freier Garten- und Landschaftsform erwarben sie den Fundus für das nachfolgende Charlottenhof, einer »geträumten ersehnten Welt« von unausschöpfbarem Reichtum der Ideen. Mit der Anlage von Babelsberg führten sie die Möglichkeit aus, der seit dem 18. Jahrhundert bestehenden italianisierenden Vorstellung von der ins Haveltal gebetteten Stadt Potsdam durch eine nordländische Ausdeutung des bergigen Parkgeländes und seiner urtümlichen Einheit des Gebauten mit der Natur zu begegnen. Neben der Italiensehnsucht werden damit Erinnerungen an englische Reisen beschworen, zur Antikenrezeption fügt sich der Nachhall schottischer Oden. Man darf sicher annehmen, daß auch Schinkels hochfliegende Träume von einer »idealen Residenz« für einen Herrscher, »der überall auf der Höhe der Bildung steht«, von Potsdam ausgegangen sind und daß seine späten Utopien durch gedachte und erträumte Bauplätze in und um Potsdam beeinflußt wurden.

Das von Schülern Schinkels geschaffene Aussichtsbauwerk auf dem Pfingstberg zeigt bei bereits veränderter Architekturauffassung noch sein ganzes Vokabular und gewährt eine grandiose Überschau über die von Lenné und ihm geschaffene Landschaft.
Heinz Schönemann

Die Sacrower Heilandskirche mit dem Grenzstreifen

Die Berliner Vorstadt

Blick auf die Französische Kirche, links das Städtische Klinikum

Das einstige Zentrum Potsdams mit Nikolaikirche, Altem Markt und Marstall. Im Vordergrund das Sportstadion auf dem Gelände des ehemaligen Lustgartens

Nauener Tor und Holländisches Viertel

Flatow-Turm im Babelsberger Park

Schloß und Park Sanssouci

Schloß Charlottenhof im Park Sanssouci

Ruinenberg am Schloß Sanssouci

Russische Kirche »Alexander Newski« auf dem Kapellenberg

Die Moschee – ehemals Dampfmaschinenhaus für die Fontänen von Sanssouci, heute Technisches Museum

Ein Traum von Italien

Nach Friedrich dem Großen gab Friedrich Wilhelm IV. Potsdam als Residenz wieder den Vorrang vor Berlin. Wenn ihn auch nicht viel mit seinem großen Ahnen verband, teilte er dessen Bauleidenschaft. Während der »Alte Fritz« seine Bauten oft nach Bildvorlagen kopieren ließ, griff der »Romantiker auf dem Thron« selbst zum Zeichenstift und entwarf mit wenigen, doch das Charakteristische stets deutlich hervorhebenden Strichen Hunderte von Kirchen- und Profanbauten. In Potsdam entstanden so im Zusammenwirken zwischen dem Architekten Ludwig Persius, dem Gartengestalter Peter Joseph Lenné und dem königlichen Bauherrn Park- und Architekturanlagen, die in ihrer Komplexität wohl einmalig in der deutschen Romantik sind. Eine dieser Kostbarkeiten entdeckt der Besucher des Schlosses Sanssouci, wenn er von der oberen Weinbergterrasse Ausschau hält und sein Blick etwas links an einem italienisch anmutenden Turm haften bleibt, der ihm vielleicht irgendwie bekannt vorkommt ...

Die Freitreppe hinab, an der Großen Fontäne vorüber und über die Schinkel-Brücke ist bald das Gartendirektionsgebäude erreicht, in dem schon Lenné gewohnt hat. Links davon liegt der von diesem umgestaltete Marlygarten. Von den Gemüsebeeten oder der Kegelbahn des Soldatenkönigs ist nichts mehr zu erahnen, lediglich die Schießmauer ließ Friedrich Wilhelm IV. in einem merkwürdigen Anflug von Pietät in das Ensemble der Friedenskirche einbeziehen und in eine Brunnenanlage umwandeln.

Die wie ein italienisches Kloster wirkende, asymmetrische und doch von allen Blickrichtungen her ausgewogene Gruppierung der einzelnen Gebäude (Kirche, Gäste-, Pförtner-, Pfarr- und Schulhaus) um die Dominante des Glockenturms zeigt in besonders beeindruckender Weise die Meisterschaft von Persius, die ihn aus der Reihe der Schinkel-Schüler deutlich heraushebt.

Zu den florentinischen Formen der Wohnhäuser und der Schlankheit der Säulenarkaden will das ziegelrote Portal (Nachbildung des romanischen Refektoriumsportals vom Kloster Heilsbronn in Mittelfranken, einer Hohenzollern-Grablege) in der westlichen »Klostermauer« nicht recht passen. Der König hatte dessen Plazierung hier strikt abgelehnt, doch kaum war er gestorben, veranlaßte Baurat Hesse 1863 die Aufstellung. Durch das »Heilsbronner Portal« gelangt man in den Kreuzgang, der einen »Camposanto« umschließt. Selbst an ein Tonsori-

Friedenskirche und Mausoleum.
Foto um 1912

um (Brunnenkapelle) ist gedacht. Nördlich liegt das Atrium, der Vorhof zum Gotteshaus, dessen frühchristlich motivierter Brunnen die Nachbildung der berühmten Christus-Statue des Dänen Bertel Thorvaldsen trägt. Gegenüber der Marmorgruppe »Moses im Gebet gestützt von Aaron und Hur«, dem letzten Werk von Christian Daniel Rauch, befindet sich der Eingang zum Kaiser-Friedrich-Mausoleum. Dieser Kuppelbau nach dem Vorbild der Heiligengrabeskirche in Innichen/Südtirol wurde 1888/90 vom Berliner Dombaumeister Julius Carl Raschdorff errichtet. Hier – auf dem Gelände seines ehemaligen Küchengartens – hat 1991 auch Friedrich Wilhelm I. seine Ruhestätte gefunden.

Vom Atrium erreicht man über einige Stufen die offene Vorhalle (Nartex) der Friedenskirche und überblickt vom Hauptportal den lichten Innenraum. Alles konzentriert sich auf das goldglänzende Apsismosaik aus dem ersten Drittel des 13. Jahrhunderts, das die Maße für den Bau bestimmte. Schon als Kronprinz hatte es

Friedrich Wilhelm IV. 1834 aus der zum Abbruch bestimmten Kirche San Cipriano auf Murano bei Venedig ersteigern und – in Einzelteile zerlegt – nach Potsdam bringen lassen.

Im Verlauf der Planungen, die nach Persius' Tod 1845 durch die Architekten August Stüler, Ludwig Hesse und Ferdinand von Arnim gemeinschaftlich fortgeführt wurden, wich man im Einvernehmen mit dem König immer weiter ab vom anfangs favorisierten Vorbild, der Basilika San Clemente in Rom. Die dunkelgrauen Säulen aus Harzer Marmor kontrastieren wirkungsvoll mit den weißen Wänden. Die hölzerne, bemalte Kassettendecke trägt zur hervorragenden Akustik bei. Den Altartisch überdeckt ein Baldachin auf vier kanellierten Säulen aus dunkelgrünem sibirischen Jaspis (Geschenke des Zaren Nikolaus I., eines Schwagers des Königs).
Friedrich Wilhelm IV. hatte den Grundstein zur Friedenskirche am 14. April 1845 legen lassen, genau 100 Jahre nach dem von Schloß Sanssouci. Die Weihe der Hof- und Gemeindekirche vollzog Bischof Neander am 24. September 1848. Sechs Jahre später bestimmte der Regent das Gotteshaus zur Ruhestätte für sich und seine Gemahlin Elisabeth und legte fest, daß die Gruft unterhalb der Altarstufen plaziert werden sollte. Er starb am 2. Januar 1861 in geistiger Umnachtung. Bis 1864

Ludwig Persius (1803–1845)

waren die Gruft und der farbige Marmorfußboden im Mittelgang vollendet, dessen scharzes Endlosband die Ewigkeit symbolisiert. Auf der Westempore steht die viel zu klein konzipierte, oft (zuletzt 1930) umgebaute Orgel, die wegen technischer und klanglicher Unzulänglichkeiten unter Beibehaltung des historischen Prospekts erneuert wird. Verläßt man die Kirche nach links, so ist vom »Friedensgarten« aus noch einmal das Bauensemble zu überschauen. Lenné hat sogar einen künstlichen Teich angelegt, in dem sich die Kirche spiegelt. Von dieser Perspektive wird nun die ganze Pracht des filigranen Turmes sichtbar, der sogar ein wenig höher ist als sein mittelalterliches Vorbild in Rom – der Campanile von Santa Maria in Cosmedin.
Andreas Kitschke

Pückler in Potsdam

Bei der Anfertigung des 1833 veröffentlichten »Verschönerungsplanes der Umgebung von Potsdam« von Peter Josef Lenné war der Kranz königlicher Parkanlagen um die Residenzstadt noch nicht geschlossen. Das bewegte Terrain des Babelsberges jenseits der Havel fehlte in der Gestaltung der Potsdamer Landschaft. Die Verwüstung des ehemaligen Eichenbestandes auf dem Höhenzug während der französischen Besetzung von 1806–1813 hatte ein verkahltes und verödetes Gelände hinterlassen, auf dem nicht einmal die neu angepflanzten Kiefern wachsen wollten. Lenné hatte jedoch längst die bevorzugte Lage und große landschaftliche Bedeutung des Babelsberges erkannt. Alle Pläne und Entwürfe zu einem Landsitz an dieser Stelle für den Prinzen Wilhelm durch seinen künstlerisch begabten Bruder, den Kronprinzen Friedrich Wilhelm, sowie Karl Friedrich Schinkel und Lenné blieben zunächst nur eine vom König unbewilligte Träumerei. Erst im September 1833 erhielt Prinz Wilhelm, inzwischen verheiratet mit der Prinzessin Augusta von Sachsen-Weimar, die Erlaubnis, auf dem Babelsberg eine Fläche von 72 ha vom Forstfiscus in Erbpacht zu nehmen. Da das Gelände nicht der Königlichen Gartenintendantur unterstand, mußte die Finanzierung der Parkanlage aus der Privatschatulle des Prinzen

Fürst Hermann von Pückler-Muskau (1785–1871)

erfolgen. Im Frühjahr 1833 hatte Lenné bereits mit der Anlage von Wegen und Neupflanzungen begonnen. Für den Entwurf zu einem Schloß in englisch-gotischem Stil gewann Prinzessin Augusta den Baumeister Schinkel. Den Standort dafür wählte Lenné auf der halben Höhe des Nordhanges vom Babelsberg mit einem weiten Blick über die Havel. Aus finanziellen Gründen konnte nur ein Teil des Gebäudes ausgeführt und 1835 eingeweiht werden.

Großer Erfolg war den Arbeiten Lennés nicht beschieden. Bei der Gestaltung des Rasenhanges vor dem Schloß bis zur Havel oder bei der Anlage des Pleasuregroundes in einer Senke seitlich des Schlosses vermochten die bescheidenen

Schloß Babelsberg.
Stich von Grünewald, um 1840

finanziellen Mittel dem künstlerischen Anspruch in keiner Weise gerecht zu werden, so daß sich die Verständigung zwischen dem Prinzenpaar und Lenné immer mehr verschlechterte. Zudem vertrockneten zahlreiche Neupflanzungen in dem sandigen Boden aufgrund fehlender Bewässerungsmöglichkeiten. 1841 mußte Lenné seine längst nicht vollendeten Arbeiten einstellen.

Mit der Ernennung zum Thronfolger 1840 stand dem Prinzen mehr Geld zur Verfügung. Anstelle von Lenné wurde Fürst Pückler-Muskau mit der Gestaltung des Parkes betraut. Dieser setzte sich in einem 1842 verfaßten »Unterthänigsten Promemoria« äußerst kritisch mit den Arbeiten Lennés auseinander und legte darin sein Programm für den Babelsberg vor. Er forderte: »... man muß mir freie Hand lassen und tun was ich sage ...«. Auch an Mitteln durfte nicht gespart werden. Dafür verpflichtete sich Pückler, dem Kronprinzenpaar den Babelsberg so zu gestalten, daß er »alle Anlagen seiner Art in der Potsdamer Gegend Übertreffendes« werden wird. So gelang es ihm, bis 1855 das Gesicht des Parkes völlig zu verändern und ihn mit der für Pückler typischen Eleganz zu versehen. Nach Vollendung des Schloßbaues 1849 wurde das Gelände mit vier geschmückten Terrassen, jede mit einer besonderen Note, umgeben. Auch der von Lenné begonnene

Pleasureground erhielt eine Ausstattung mit allen Pückler zur Verfügung stehenden Zieraten. Allein auf 27 kunstvoll eingefaßten und malerisch die Wege begleitenden Blumenbeeten erfolgte vom Frühjahr bis zum Herbst ein ununterbrochener Wechsel des Blumenflores.

Die Errichtung eines Dampfmaschinenhauses nach Entwürfen von Ludwig Persius von 1843–1845 an der Glienicker Lake schuf die Möglichkeit, die umfangreichen Gehölzpflanzungen durch Bewässerung bestens gedeihen zu lassen und das Wasser als eine über dreißig Meter aus der Havel emporsteigende Fontaine, als dahinplätschernder Bach oder als Wasserfall, das »Schwarze Meer« speisend, einzusetzen.
Ohne das von Lenné geschaffene Wegesystem zu verändern, erschloß Pückler durch wunderbar dem Gelände angepaßte Pfade die Parkpartien zwischen den Hauptwegen und leitete die Spaziergänger immer wieder zu Aussichtspunkten, die den Park mit Potsdam und der weiteren Umgebung verbanden.
Bis zum Tode Wilhelms I. 1888 wurde an der Vollendung des Babelsberges gearbeitet. Bald danach geriet der Park langsam in Vergessenheit, und die Pflege wurde eingeschränkt. Resigniert über diesen Zustand ging der seit 1865 hier tätige Hofgärtner Otto Ferdinand Kindermann 1898 vorzeitig in Pension. Die reduzierte Pflege des Gehölzbestandes führte bald zu einem waldähnlichen Charakter weiter Parkteile, wodurch überaus reizvolle Ausblicke in die Landschaft verlorengingen.

Das schwerste Schicksal traf den Park nach 1945. Die Verkennung seines Wertes führte zu einer schädigenden Übernutzung der erhalten gebliebenen Wiesenflächen. Gelände für eine Matrosenstation, ein Strandbad und die ehemalige Akademie für Staat und Recht mußte abgetreten werden. 14 Hektar Parkfläche fielen der »Grenzsicherung« zum Opfer und wurden fast vollständig zerstört und bedeuten heute eine besondere Herausforderung bei der Rekonstruktion. Der Mangel an nötigen Arbeitskräften und finanziellen Mitteln hinterließ überall im Park und an den Gebäuden seine Spuren.

Seit 1960 wird an der Wiederherstellung des Parkes gearbeitet. Die bis heute erreichten Ergebnisse sind beispielgebend für die Parkdenkmalpflege in Deutschland. Aufgrund seiner kulturgeschichtlichen Bedeutung wurde der von Lenné begonnene und durch Pückler vollendete Park Babelsberg als Bestandteil der einzigartigen Potsdamer Landschaft 1991 in die Liste des Weltkulturerbes der Vereinten Nationen aufgenommen.
Heinrich Hamann

»Potsdam verklärt dem Deutschen Berlin«

Der Blick zurück auf die Entwicklung Potsdams in der zweiten Hälfte des 19. Jahrhunderts sei hier mit einem Ereignis eingeleitet, das zu den bedeutendsten gezählt werden kann: Am 22. September 1862 empfing der seit 1861 regierende König von Preußen Wilhelm I. in seinem Schloß Babelsberg den damaligen Botschafter Otto Graf von Bismarck-Schönhausen. Hier fand die Unterredung statt, in der Bismarck zum preußischen Ministerpräsidenten ernannt wurde. Ein neuer Abschnitt der preußischen Politik begann, der über die Kriege von 1864, 1866 und 1870/71 zur Gründung des Deutschen Reiches am 18. Januar 1871 im Spiegelsaal von Versailles führte. Der König von Preußen Wilhelm I. wurde der erste Deutsche Kaiser, und Potsdam konnte sich von da an »Residenzstadt des Deutschen Kaisers« nennen.

Potsdam entwickelte sich immer mehr zu einer Beamten- und Wohnstadt. Mit dem Bau der ersten Eisenbahn in Preußen 1838, die Potsdam mit Berlin verband, wurde sie zu einer »Fremdenstadt ersten Ranges«.

Der allgemeine wirtschaftliche Entwicklungstrend in den letzten Jahrzehnten des 19. Jahrhunderts ist in Potsdam nachvollziehbar, obwohl die Hofhaltung und die weitläufigen Park- und Gartenanlagen der industriellen Ausdehnung Grenzen setzten. Die Einwohnerzahl stieg von 41 824 im Jahr 1861 auf 59 796 im Jahr 1900. 1882 waren rund ein Viertel der Bewohner im Handel und im Gewerbe beschäftigt.

4 069 Betriebe zählte man in der Stadt. Die Vorstädte (Brandenburger, Jager, Nauener, Berliner und Teltower) mit ihren weiten Ackerflächen wurden mehr und mehr bebaut und nahmen teilweise einen villenartigen Charakter an. Die Grundfläche des Stadtgebietes dehnte sich aus (1865: 1 283 Hektar; 1900: 1 350 Hektar). Das äußere Bild der Stadt blieb bis 1900 fast unverändert, obwohl einige größere öffentliche Gebäude entstanden. Dazu gehörten die neue katholische Kirche auf dem zugeschütteten Bassinplatz (Grundsteinlegung: 4. Juni 1887), das Landgerichtsgebäude (1880/83) und das Haus der Deutschen Lebensversicherungsgesellschaft (1888) in unmittelbarer Nähe des Nauener Tores. Mit diesem Bau begann auch der Abriß der Stadtmauer des 18. Jahrhunderts. Nach der Jahrhundertwende folgten dann teilweise monumentale Bauwerke: das Hauptpostamt am Wilhelms-

platz (1897/1900), die neue Kriegsschule auf dem Brauhausberg (1899/1902), das Königliche Regierungsgebäude an der Spandauer Straße (1902/06) und der Rechnungshof des Deutschen Reiches in der Waisenstraße. Diese Bauten entstanden nach den Bedürfnissen der Residenz- und Behördenstadt. Potsdam war weiterhin die bevorzugte Wohnstätte der deutschen Kaiser (Wilhelm I. – Schloß Babelsberg, Friedrich III. und Wilhelm II. – Neues Palais). Auch als Garnisonstadt ist Potsdam in dieser Zeit ausgebaut worden. Hinzu kamen das 3. Garde-Ulanen-Regiment (seit 1860), das 2. Garde-Feldartillerie-Regiment (1890 und 1895), die Leibgendarmerie (1894), das 4. Garde-Feldartillerie-Regiment (1899) und die Maschinengewehr-Abteilung der Garde-Jäger (1900). Sie machten Potsdam wieder zur »Pflanzschule des Heeres«. Über 8 500 Militärangehörige waren für das Wirtschaftsleben der Stadt von großer Bedeutung. Die bunten Uniformen der Garderegimenter beherrschten das Stadtbild.

Einen wesentlichen Fortschritt für die Einwohner brachten die Anlagen der Wasserversorgung und der Kanalisation. Eine englische Aktiengesellschaft baute das erste Wasserwerk (1875/76) in der Bertinistraße, die Anlage der Leitungen war 1877 vollendet. Erst im Jahre 1890 kaufte die Stadt dieses Werk zum Preis von 1 026 000 Mark. Eine neue Lange Brücke war 1888 fertiggestellt worden. Die seit 1880 existierende private »Potsdamer Pferde-Eisenbahn« konnte dadurch ihre Linie bis zum Bahnhof in der Teltower Vorstadt ausbauen. Um dem wachsenden Verkehr gerecht zu werden, pflasterte man wichtige Straßenzüge neu. Die öffentliche Beleuchtung erfolgte zuerst durch Gasglühlicht, nach der Fertigstellung des städtischen Elektrizitätswerkes in der Brandenburger Vorstadt (13. September 1902) mehr und mehr durch elektrische Lampen. Die Pferdestraßenbahn, 1904 von der Stadt übernommen, wich im September 1907 der elektrischen Straßenbahn mit einer erweiterten Linienführung. Seit 1911 hatte Potsdam an der Pirschheide einen Luftschiffhafen, ehrgeizige Pläne sahen ein Luftfahrtzentrum Europas vor.

Das friedliche Bild der Kaiserstadt mit Paraden und großen Staatsempfängen schien selbst die Wahl des Sozialdemokraten Karl Liebknecht zum Reichstagsabgeordneten im »Kaiserwahlkreis« im Jahre 1912 nicht stören zu können. Doch der erste Weltkrieg veränderte vieles.

Nach dem Ausmarsch der Garderegimenter wurde die Stadt zum großen Feldlager der Ersatzeinheiten und zur Lazarettstadt. Baracken auf dem Bornstedter Feld dienten diesem Zweck ebenso wie die Orangerie im Park Sanssouci und das Schützenhaus in der Teltower Vorstadt. Nach und nach machten die bunten Uniformen dem Feldgrau Platz. Nahrungsmittel, Bekleidung, Brennstoffe wurden rationiert. Suppenküchen sollten die Not der Ärmsten lindern, deren Zahl ständig wuchs. Als die militärische Niederlage Deutschlands offensichtlich war, dankte Kaiser Wilhelm II. ab und ging nach Holland ins Exil. Am 27. November 1918 verließ die Kaiserin in aller Heimlichkeit vom Wildparkbahnhof aus die Stadt. Potsdam hörte auf, die Residenz des Kaisers zu sein. Der verlorene Krieg verschärfte die Not und das Elend. Der umfangreiche Besitz der Hohenzollern an Schlössern und Grundbesitz ging bis auf einige Wohnstätten (u. a. Schloß Cecilienhof) 1926 endgültig in Staatseigentum über. Das Stadtschloß am Alten Markt wurde zum Teil von der Stadt gemietet und diente bis 1945 als Sitz des Magistrats. Trotz der Verkleinerung des Heeres nach dem Versailler Vertrag blieb Potsdam Garnisonstadt (Infanterie-Regiment 9, Reiter-Regiment 4, Artillerie-Regiment 23).

Die Auswirkungen des Krieges für die Einwohner der Stadt waren gravierend. Selbst die gewisse Wohlhabenheit der Potsdamer Beamtenschaft verlor sich in der Inflationszeit. Die Stadtverwaltung versuchte durch den Bau und die Vermietung von Siedlungen (Vorderkappe an der Leipziger Straße, Stadtheide 1919/21, im Bogen 1927 an der Zeppelinstraße, Kleinstsiedlung 1928 und Stadtrandsiedlung an der Drewitzer Straße, Siedlung »Vaterland« am Rande des Bornstedter Feldes 1923/27) der Arbeitslosigkeit und Wohnungsnot entgegen zu wirken. Die Anlage von »Wald-Potsdam« in der Teltower Vorstadt sollte die Entwicklung der Stadt zur »vornehmen Wohn- und Beamtenstadt« sowie als Hauptanziehungspunkt für den Fremdenverkehr fördern.
Zahlreiche Eingemeindungen ließen das Stadtgebiet wachsen, im Jahre 1927 waren es 2 705 Hektar, und die Einwohnerzahl hatte 67 000 überschritten.
Wachsender Fremdenverkehr, steigender Zuzug, Wassersportausstellungen, Flugveranstaltungen, Tagungen von Verbänden und Organisationen befruchteten das Wirtschaftsleben.

Die nach Potsdam in die Garnisonkirche verlegte Reichstagseröffnung vom 21. März 1933 steht am Beginn einer Zeit, die sich das »Dritte Reich« nannte. Ein neuer Krieg war programmiert. Durch die Wiedereinführung der allgemeinen Wehrpflicht wuchs Potsdam als Garnisonstadt über seinen früheren Rahmen hinaus. Eine große Kriegsschule in Bornstedt, eine Heeresunteroffiziersschule in Eiche und die Reitschule in Krampnitz machten Potsdam erneut zur »Pflanzschule des Hee-

Blick vom Brauhausberg auf Potsdam, um 1930. Lustgarten, Marstall, Stadtschloß, katholische Pfarrkirche, Nikolaikirche, Palasthotel, Palazzo Barberini, Altes Rathaus, Französische Kirche (v. l.), im Vordergrund die Freundschaftsinsel

Bierkellerei
der
Berliner
Unions-Brauerei

res«. Über 10 000 Mann zählte die Garnison schon 1938. Eingemeindungen großen Umfangs waren die Folge. Die Gemeinden Bornstedt, Bornim, Nedlitz und Eiche gehörten ab 1935 zu Potsdam, seit dem 1. April 1939 auch die größte Stadt des Kreises Teltow: Babelsberg. Im Jahre 1938 hatte der nationalsozialistische Gauleiter Stürtz die Zusammenlegung der Stadt Nowawes (seit 1924) mit der Gemeinde Neu-Babelsberg und die Übernahme des Namens »Babelsberg« verfügt. Drewitz, Bergholz-Rehbrücke, Wilhelmshorst, Geltow, Golm, Grube und Fahrland kamen 1939 ebenfalls hinzu. Das Stadtgebiet wuchs von 5 745 Hektar auf 16 227 Hektar, die Einwohnerzahl stieg von 78 982 auf 135 892 Personen. Potsdam war kurz vor dem Ausbruch des 2. Weltkrieges zur »Großstadt« geworden.

Die ersten Bomben fielen im Juni des Jahres 1940 auf die Stadt. In der Endphase des Krieges war sie das Ziel eines schweren Luftangriffs der Royal Air Force. In den späten Abendstunden des 14. April 1945 warfen 490 Flugzeuge 1 750 Tonnen Spreng- und Brandbomben auf die markierte Innenstadt ab. Unzählig waren die Opfer unter der Bevölkerung, unersetzlich die Verluste an der Bausubstanz. Ganze Straßenzüge verbrannten im Feuersturm. Die Kampfhandlungen in den letzten Apriltagen vergrößerten die Schäden. Potsdam wurde am 30. April, Berlin am 2. Mai von der Roten Armee erobert.

Im August 1945 zählte die Stadtverwaltung 856 zerstörte, 248 teilweise zerstörte und 3 301 beschädigte Gebäude.

Die Zahl der Toten dieser Zeit kann nur geschätzt werden, zeitgenössischen Angaben zufolge waren es um die 3 000.

Fast symbolhaft ist der gewählte Tarnname »Terminal« (Endstation) für eine Konferenz, die im letzten Schloßbau der Hohenzollern, in Cecilienhof, vom 17. Juli bis zum 2. August 1945 stattfand. Wenige Monate nach dem Ende des Krieges in Europa wurde Potsdam noch einmal zum Schauplatz der Geschichte.
Hartmut Knitter

Havelschiffahrt

Bis vor wenigen Jahrzehnten, als Dampfmaschine und Verbrennungsmotor auf den Plan traten, gab es eine umfangreiche Segel- und Treidelschiffahrt in und durch Potsdam. An langen Seilen zogen Menschen oder Tiere die Kähne vorwärts. In der Umgebung Potsdams findet man noch heute Reste der Treidelwege. Wo Lastensegler diese Stellen kreuzten, besaßen die Brücken aufklappbare Fahrbahnen. In Potsdam führten bis fast in die Gegenwart nur zwei Straßen über den Fluß: die Glienicker und die Schloßbrücke (heute Lange Brücke). Wie schon bei den Wasserfahrzeugen verwandte man zuerst ausschließlich Holz für den Brückenbau. Erst in der zweiten Hälfte des vorigen Jahrhunderts ersetzte man sie durch drehbare, eiserne Brücken. Brückenwärter sorgten für die ungehinderte Durchfahrt der Schiffe. Als die Eisenbahn ihren Bahnhof eröffnet hatte, stellte die Brücke am Stadtschloß die Landverbindung zur Stadt her. Erst nach erheblichen Bemühungen der Eisenbahngesellschaft blieb die Brücke 15 Minuten vor Abfahrt der Züge geschlossen. Bis dahin hatten die Schiffe Vorfahrt. Es war nicht unerheblich, was sie in die Stadt hinein und auch aus ihr wieder heraus transportierten. Neben landwirtschaftlichen Erzeugnissen wurde vor allem Baumaterial nach Potsdam und weiter nach Berlin verschifft. Schon damals beförderte die Stadt ihre Abfälle aufs Land. Es handelte sich hauptsächlich um Pferdemist, der den Bauern willkommen war.

Die Bevölkerungszunahme in der Stadt und der Ausbau Berlins nach der Reichsgründung 1871 brachte den Havelschiffern viel Arbeit. Die Lastensegler und Treidelkähne wurden durch Schleppdampfer abgelöst, die die Kähne wie auf einer Perlenschnur aufgereiht hinter sich herzogen. Nördlich von Potsdam entstand der Sacrow-Paretzer Kanal, der den durchgehenden Verkehr von und nach Berlin wesentlich erleichterte und verkürzte. Bald darauf grub man mit dem Teltowkanal den zweiten Weg. Er verminderte die Entfernung von der Havel in die Spree, wenn man in Berlins Süden wollte oder von dort kam.

Auch der älteste Kanal in Potsdam soll erwähnt werden. Seine baumbestandenen Ufer mit den kaiartigen Mauern waren gleichzeitig Marktplatz der Fischfrauen, die den Fang direkt aus den Fischerkähnen übernahmen. Obwohl vor Jahren zugeschüttet, ist sein Verlauf für den aufmerksamen Beobachter auch heute noch deutlich markiert. Die Ortsangabe: Am Kanal, ist vielen Einwohnern noch immer ein klarer Hinweis.

Auf den Straßen durch die Stadt

Potsdams Lage in einem sumpfigen Seengebiet an der Havel erschwerte schon immer den Landverkehr. Verkehrswege für Wagen und Fuhrwerke waren, wenn überhaupt befestigt, Knüppeldämme und nur mit Mühen zu befahren. Erst seitdem Potsdam Garnisonstadt und später auch Residenzstadt wurde, bestand die Notwendigkeit, befestigte Wege zu den wichtigsten Zentren der Mark Brandenburg anzulegen. Hier haben die preußischen Chausseen, mit ihrem unverwechselbaren Kopfsteinpflaster und den Alleebäumen, ihren Ursprung. Natürlich trugen auch militärische Gründe zu ihrem Entstehen bei.

Die Verleihung des Enteignungsrechtes für den Straßenbau durch Königliche Kabinettsorder war eine weitvorausblickende, segensreiche Entscheidung, deren Wirkung bei Verkehrsbauten bis heute erhalten blieb. So ließen sich nicht nur die Chausseen von Potsdam zu anderen Städten und Dörfern günstig trassieren und zügig bauen, auch viele Verkehrswege innerhalb unserer Stadt konnten günstig angelegt werden. Wo heute in Babelsberg zwei Straßen und eine viergleisige Eisenbahntrasse in Richtung Griebnitzsee führen, verlief früher die 200 Fuß breite Lindenallee. Neben dem gepflasterten Fahrweg war vor allem für Reiter viel Platz zwischen mehreren Baumreihen, die dieser großzügigen Anlage ihren Namen gaben.

Die relativ späte Entwicklung Potsdams von einer Ansiedlung zu einer Stadt und die Siedlungs- und Bevölkerungspolitik der Preußenkönige brachten wesentliche Vorteile für den Verkehrsbau. Das Straßennetz der Stadt genügte den Anforderungen, solange sich der individuelle, motorisierte Verkehr in bescheidenen Grenzen hielt. Der stark anwachsende Berufsverkehr und der Tourismus stellten eine zunehmende Belastung dar.

Den Auftakt für den öffentlichen Personennahverkehr in Potsdam bildeten zwei, etwa um 1850 konzessionierte »Omnibuslinien«: von der Glienicker Brücke durch die Stadt bis zur Eisenbahnstation Wildpark und vom Bahnhof zum Eingangstor Sanssouci. Die Omnibusse, von Pferden gezogene Wagen, verkehrten nach festen Tarifen und Fahrplänen. Das überall vorhandene Kopfsteinpflaster förderte den Wunsch nach einer bequemen Straßenbahn. Am 13. Mai 1880 nahm sie den öffentlichen Verkehr auf. Ein oder zwei Pferde zogen die jetzt größer gewordenen Wagen auf Schienen durch die Stadt. Einige davon verfügten über Sitze auf einem Oberdeck. In den Sommermonaten wurden für

Pferdebahn auf der Langen Brücke, um 1896

den starken Ausflugsverkehr offene, doppelstöckige Wagen eingesetzt. Farbige Scheiben am Wagendach signalisierten dem Benutzer, wohin die Fahrt ging, wenn er vor dem Stadtschloß einen Wagen besteigen wollte. Die »Gelbe Linie« brachte ihn durchs Nauener Tor zur Alleestraße, mit der »Grünen« gelangte er durch die Brandenburger Straße und deren Tor zum Eingang von Sanssouci, und mit der »Roten« fuhr man zur Glienicker Brücke. Auch als es seit 1907 elektrisch durch die Straßen bimmelte, hatte sich daran kaum etwas verändert.

Nach und nach verlängerten sich die Linien zu neuen Endpunkten. So endete die grüne Linie erst am Bahnhof Charlottenhof (heute Potsdam West), ab 1913 am Luftschiffhafen und schließlich ab 1958 nochmals einen Kilometer weiter am »Hauptbahnhof«. Im Süden verlängerte man bis zum Bahnhof, und anschließend wurden in mehreren Etappen sowohl nach Nowawes als auch in Richtung Rehbrücke Strecken eingerichtet. Weniger Erfolg, weil zu wenig Fahrgäste, hatte die Linie vom Schützenplatz auf dem Brauhausberg, die einmal bis nach Caputh führen sollte. Das gleiche Schicksal hätte wohl auch die dampfbetriebene

Potsdam und die Eisenbahn nach Berlin. Lithografie von R. Ziegert

Zahnrad- oder Drahtseilbahn ereilt, die 1904 dort entstehen sollte und am Einspruch des Königlichen Magnetischen Observatoriums gescheitert war. Diese Institution hatte ja auch durch ihr Veto die Elektrifizierung der Straßenbahn fast zehn Jahre lang verhindert. Schon in der Planung blieb kurz vor dem ersten Weltkrieg eine Strecke nach Bornstedt/Bornim stecken. Einen letzten »Streckenneubau« gab es 1951, als vom Platz der Nationen durch die Zimmerstraße ein Gleis bis vor das Hans-Otto-Theater gelegt wurde. Damals genoß das Theater offensichtlich ein hohes Ansehen.

Die Pferdeomnibusse verbanden auch den Wilhelmsplatz mit dem Bahnhof Drewitz an der Berlin-Wetzlarer Bahn. Eine weitere Linie führte um die Jahrhundertwende von der Hauptpost zum Krankenhaus Hermannswerder. Um 1904 schließlich etablierte sich eine Potsdamer Auto-Omnibus-Gesellschaft mit einer Linie von Nedlitz nach Nowawes. Eine weitere Buslinie kam später mit der Strecke Brandenburger Tor nach Bornim hinzu. Nach dem ersten Weltkrieg übernahm die Reichspost den Vorortverkehr und richtete insgesamt 13 Kraftpostlinien in viele umliegende Orte ein. Einen kommunalen Omnibusverkehr gab es zu dieser Zeit lediglich in Nowawes. Dieser kam mit der Eingemeindung 1939 zu den Potsdamer Verkehrsbetrieben. Nach den Zerstörungen des zweiten Weltkrieges begann man 1948 in Babelsberg den Busbetrieb als O-Buslinien aufzubauen. Hierdurch wurde die alte Verbindung vom Bahnhof Drewitz nach Nowawes und zur Straßenbahn am Bahnhof Babelsberg wiederhergestellt. Während bis zum zweiten Weltkrieg der Alte Markt und die Hauptpost der Ausgangs- und Endpunkt der Kraftomnibuslinien war, verlagerte sich der »Omnibusbahnhof« in der Folgezeit auf den Bassinplatz. Die Überdachung der Abfahrtstellen blieb ohne die ebenso notwendigen Abfertigungsgebäude aber leider nur Stückwerk.

Peter Zander

Das Haupt des Teufels überm Telegraphenberg

Zwei Gründen hat es Potsdam zu verdanken, daß es sich seit über hundert Jahren als Standort astronomischer Forschung von internationalem Ruf entwickeln konnte: einmal der Entdeckung von Gustav Kirchhoff und Robert Bunsen, daß die Linien im Spektrum einer Lichtquelle die Fingerabdrücke ihrer chemischen und atomaren Struktur selbst sind, und zum anderen dem Umstand, daß Hermann v. Helmholtz die Tragweite der neuen Methoden erkannte und den Bau eines Observatoriums anregte, das speziell für die Anwendung der Spektralanalyse ausgelegt werden sollte.

1874 wurde das Königlich-preußische Astrophysikalische Observatorium gegründet, das erste seiner Art auf der Welt. Zunächst mit provisorischen Arbeitsräumen, nach vier Jahren in den Gebäuden auf dem Telegraphenberg, die heute noch für die Astrophysik genutzt werden. Der Grabstein des 1882 berufenen ersten Direktors Hermann Carl Vogel ist am 1899 eingeweihten Großen Refraktor zu sehen.

Das erste bedeutende Ereignis war die vollständige Bestimmung der Geschwindigkeit der Sterne auf ihrer Bahn durch die Milchstraße mit Hilfe der Doppler-Verschiebung der Spektrallinien durch eben H. C. Vogel. Diese Geschwindigkeitsmessung erlaubt unter anderem, die Bahn eines Doppelsternsystems nach den Keplerschen Gesetzen zu bestimmen, vor allem aber ihre Größe und die Massen der beteiligten Sterne. Auch die Durchmesser der Sterne können so bestimmt werden, wenn sich die Sterne des Doppels auf ihrer Bahn gelegentlich bedecken. Das Haupt des Teufels, Algol im Perseus, mit seinem schon dem bloßen Auge auffallenden Lichtwechsel, ist in Potsdam genau vermessen und bestimmt worden. Heute greift die Methode weit hinaus in das Weltall und zeigt uns die gigantische kosmische Expansionsbewegung, deren atemberaubende physikalische Implikationen Gegenstand modernster Forschungen sind, zu denen auch in Potsdam in der Sternwarte Babelsberg beigetragen wird.

Mit der Bestimmung nur eines Sterns ist es nicht getan: Die Regel ist es, die nur an großer Zahl bestätigt werden kann, und ihre Grenze, die gefunden und identifiziert werden muß. Das Projekt »Carte du Ciel« wurde deshalb noch im vorigen Jahrhundert am Astrophysikalischen Institut begonnen, und die im Rahmen dieses Projekts aufgenommenen Fotoplatten sind noch heute ein Schatz:

Die scheinbare Bewegung eines Sterns über den Himmel ist zu gering, um nicht erst dann genau vermeßbar zu sein, wenn photographische Aufnahmen aus zwei möglichst weit auseinanderliegenden Jahren verglichen werden können.

Am Anfang des Jahrhunderts wurde die Lösung des Paradoxons der Geschwindigkeit des Lichts erfunden, die Relativitätstheorie, und es war der Direktor des Astrophysikalischen Instituts, Karl Schwarzschild, der aus den von Albert Einstein gefundenen Gleichungen das Gravitationsfeld eines Sterns berechnen konnte. Erwin Freundlich, der 1914 vergeblich ausgezogen war, eine Sonnenfinsternis zu beobachten, um die von Einstein vorhergesagte Lichtablenkung an der Sonne zu finden, warb mit dessen Hilfe für den Bau eines Sonnenobservatoriums, das die Rotverschiebung der Spektrallinien im Gravitationsfeld der Sonne finden sollte. Der von Erich Mendelsohn entworfene und 1922 fertiggestellte Bau auf dem Telegraphenberg, der Einstein-Turm, zieht jedes Jahr mehr als tausend Besucher an. Das ursprüngliche Ziel wird heute mit anderen, experimentellen Methoden viel genauer erreicht, aber der Kampf mit den Schwierigkeiten der Messungen und die Deutung der unvorhergesehenen Resultate führten zur Entwicklung der Sonnenphysik in Potsdam. Die entscheidenden Mechanismen des Strahlungstransports durch die Sonnenatmosphä-

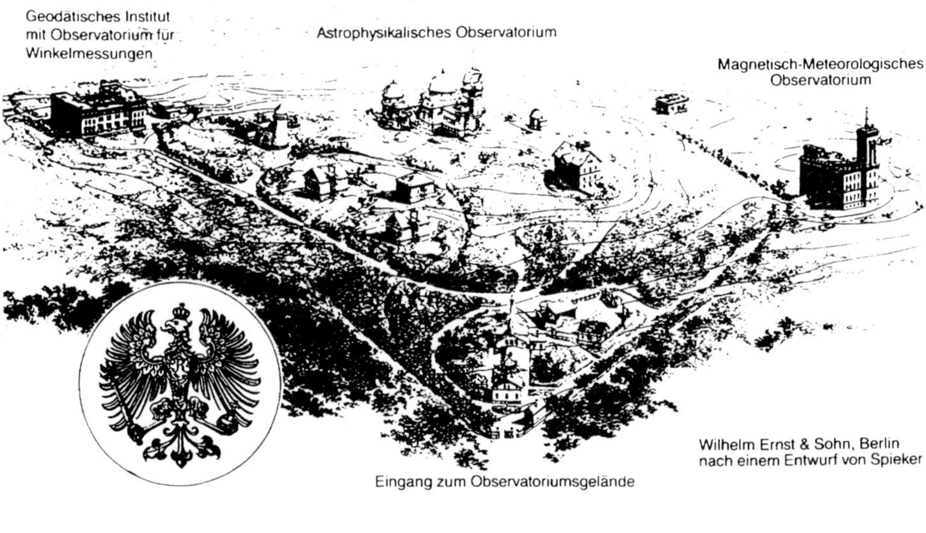

Die Königlich Preußischen Observatorien bei Potsdam auf dem Telegraphenberg (um 1892)

re wurden in Potsdam gefunden und richtig beschrieben. Heute ist es das Magnetfeld der Sonne, dessen Untersuchung uns den gewaltigen Dynamo erschließt, der in der kochenden Sonne arbeitet und das Vorbild für die Magnetfelder sogar ganzer Milchstraßensysteme liefert.

1913 zog mit der Berliner Sternwarte eine der ältesten astronomischen Traditionen Deutschlands nach Babelsberg. Hier erhielt die 1700 von Gottfried Wilhelm Leibniz gegründete Sternwarte der Preußischen Akademie der Wissenschaften einen Platz, der noch nicht durch das Licht, die Wärme und den Staub der sich entwickelnden Großstadt gestört war. Hier in Babelsberg wurden von Paul Guthnick die ersten Sterne photoelektrisch vermessen. Die damals benutzte Photozelle liegt heute im Schaukasten zur Besichtigung aus. Angewendet wird das Verfahren mit einem Bauelement, für das CCD die Abkürzung ist: Tausende kleiner Photozellen auf einem Halbleiterplättchen lassen ein Bild oder ein Spektrum vermessen, vielfach schneller als in den Zeiten des Anfangs. Und wieder greift die Phantasie weit hinaus: Extragalaktische Sternsysteme, der Bau des Universums selbst sind ins Blickfeld gerückt und begreifbar geworden, sowohl für die Beobachtung als auch für die mathematische Beschreibung. Einsteins Relativitätstheorie hat sich aus einer nachzuprüfenden

Einsteinturm

Hypothese zu einem Arbeitswerkzeug gewandelt.

Heute ist die Astronomie in Potsdam in einem Institut zusammengefaßt, das der Bund und das Land Brandenburg gemeinsam betreiben und das sich auf die Sternwarte Babelsberg wie auf das Astrophysikalische Observatorium stützt. In internationaler Einbindung werden Schwerefeld und Magnetfeld in den Tiefen des kosmischen Raums beobachtet, ihre Spuren vermessen, ihre Eigenschaften modelliert, ihre Gesetze geprüft. Nicht zuletzt werden die Erfolge wie die Rätsel dem Publikum dargestellt und zugänglich gemacht.

Dierck-E. Liebscher

Mit dem Kopf in den Wolken

Auf dem Potsdamer Telegraphenberg befindet sich ein nahezu einzigartiges Ensemble von Observatorien. Begonnen mit dem 1877 bis 1879 errichteten Astrophysikalischen Observatorium, war 1892 mit den Gebäuden des Geodätischen Instituts und des Meteorologischen Observatoriums dessen Ausbau zunächst beendet. Später wurden als architektonisch bedeutende Gebäude noch der Große Refraktor und der Einstein-Turm hinzugefügt. Damit hatte sich eine Anregung Alexander von Humboldts, ein Institut zum Studium des Weltalls, der Atmosphäre und der Bodenbeschaffenheit zu gründen, im übertragenen Sinne erfüllt. Das Meteorologisch-Magnetische Observatorium war als Observatorium des in Berlin beheimateten Preußischen Meteorologischen Instituts in seiner Kombination von Meteorologie und Erdmagnetismus entsprechend den damaligen Gepflogenheiten gegründet worden. Zwar hatte Wilhelm Foerster, der Direktor der Berliner Sternwarte, Gründer der Urania und Vater des »Bornimer Staudengärtners« Karl Foerster, in einer Denkschrift 1871 noch ein Observatorium für sonnenphysikalische, erdmagnetische und meteorologische Beobachtungen empfohlen, die Königliche Akademie der Wissenschaften riet aber in einem Gutachten 1872 aus Zweifel an einer effektiven Leitung von einem so großen Institut ab. 1930 erfolgte mit der Gründung des Adolf-Schmidt-Observatoriums in Niemegk die organisatorische Trennung zwischen der erdmagnetischen und meteorologischen Abteilung des Observatoriums, nachdem die am 1. 1. 1890 begonnenen erdmagnetischen Messungen wegen der zunehmenden Elektrifizierung des Personennahverkehrs bereits 1908 aus Potsdam verlegt werden mußten.

Die regelmäßigen meteorologischen Beobachtungen begannen am 1. 1. 1893.
Schon bald erlangte das Potsdamer Meteorologische Observatorium einen guten internationalen Ruf. Er wurde zunächst durch die von Adolf Sprung, seinem ersten Leiter, entwickelten registrierenden meteorologischen Geräte für Regen, Wind, Wolken und Luftdruck begründet. Auf den Weltausstellungen in Chicago 1893, Paris 1900 und St. Louis 1903 sowie weiteren internationalen Ausstellungen zeugten die von der Firma Fueß, Berlin, nach Sprungs Angaben gebauten Präzisionsinstrumente von der Leistungsfähigkeit der deutschen Feinmechanik. Bedeutende Instrumentenentwicklungen bzw. -verbesserungen gab es später auf dem Gebiet der Messung der Sonnen- und Himmelsstrahlung, des Wärmeumsatzes im Erdboden, der Wol-

kenphysik und der Luftelektrizität. Am bekanntesten ist sicher der von J. Scholz entwickelte Kernzähler zur Bestimmung der Anzahl der atmosphärischen Kondensationskerne, die für die Wolkenbildung entscheidend sind. Die Verbesserungen an Strahlungsmeßinstrumenten waren so bedeutend, daß die Instrumentenbezeichnungen zweier auch heute noch weit verbreiteter Geräte um die Namen der Potsdamer W. Marten (Michelson-Marten-Bimetallaktinometer) und K. Feußner (Linke-Feußner-Panzeraktinometer) erweitert wurden. Der Gegenstand der Forschung des Observatoriums reichte von der Untersuchung von Prozessen im Erdboden – auf der Basis der bis 12 m Tiefe reichenden Temperaturmessungen – bis zu denen in Planetenatmosphären. Das Observatorium war an der Konzipierung und Auswertung von Infrarotspektrometermessungen des ersten Tiefraumexperimentes der DDR zur Venus beteiligt. Heute sind die bevorzugten Arbeitsgebiete des Observatoriums Untersuchungen zum atmosphärischen Energie- und Feuchtehaushalt, sowie zur Turbulenz und Grenzschicht und zu Landoberflächenprozessen.

Wissenschaftliche Institute auf dem Telegraphenberg

Es ist nicht möglich, die in einhundert Jahren erbrachten Leistungen des Observatoriums in wenigen Zeilen darzustellen. Erwähnenswert ist die Beteiligung an der Erstellung des internationalen Wolkenatlas (ab 1894), in den viele in Potsdam gemachte Wolkenaufnahmen eingingen und der für den Austausch internationaler Wolkenmeldungen die Grundvoraussetzung darstellte; die Rolle des Observatoriums an der Erforschung der freien Atmosphäre durch bemannte Freiballon-Hochfahrten und unbemannte Ballonsonden- und Drachenaufstiege, von denen der Rekordaufstieg von Berson und Süring, Direktor des Observatoriums von 1928–1932 und von 1945–1950, am 31. 07. 1901 natürlich in der Öffentlichkeit die größte Aufmerksamkeit fand. Insbesondere sind auch die bahnbrechenden Arbeiten Fritz Albrechts (von 1923 bis 1946 in Potsdam tätig) zu Fragen des Strahlungs- und Wärmehaushalts der Atmosphäre zu würdigen, dessen Formeln erst die modernen Atlanten des Wärmehaushalts der Erde ermöglichten. Man müßte die Beiträge zahlreicher Mitarbeiter in internationalen Gremien zur Physik der Atmosphäre (Wolken, Luftelektrizität, Strahlung und Ozon) analysieren ebenso wie die Beteiligung an Polarexpeditionen. Auf einer dieser Expeditionen ließ am 3. 8. 1960 Christian Popp, 32jährig, in Mirny, Antarktika, sein Leben. Und schließlich und endlich gilt den Wissenschaftlern und Beobachtern Anerkennung, die durch ihren Fleiß die Grundlage für die seit einhundert Jahren durchgeführten meteorologischen Beobachtungen legten.

Dieter Spänkuch

Der fliegende Pfarrerssohn

Auf dem Friedhof der Potsdamer Gemeinde Bornstedt sind zahlreiche, weit über die Stadtgeschichte Potsdams hinaus bekannte Persönlichkeiten begraben. So nennen die Grabdenkmäler Namen hochrangiger Militärs der Hohenzollernherrschaft, von Künstlern, Architekten und Landschaftsgärtnern ebenso wie den des Bornstedter Flugpioniers und Weltredordfliegers Werner Alfred Pietschker. Er fand seine letzte Ruhestätte neben dem Grab seines Vaters, des Bornstedter Pfarrers Dr. Carl Pietschker. Auf der Grabplatte ist zu lesen: »Gestorben den Fliegertod«. Am 14. Januar 1887 wurde Werner Alfred Pietschker im Bornstedter Pfarrhaus, in der heutigen Ribbeckstraße 17, als zweites von fünf Kindern geboren. Nach den Worten seiner Mutter Käte Pietschker, der Tochter des Berliner Großindustriellen Dr. Werner von Siemens, war Werner Alfred das Sorgenkind der Familie. Die Erziehungs- und Lernschwierigkeiten, die man mit ihm hatte, waren bisweilen sogar erheblich. Mehrmals mußte er die Schule wechseln, ehe er als Zwanzigjähriger endlich die Reifeprüfung bestand. Das in jener Zeit noch in den Kinderschuhen steckende Flugwesen hatte es Werner Alfred Pietschker angetan. Mit Hilfe von Fachzeitschriften eignete er sich erstaunliche Kenntnisse an. Als Pietschker nach dem Militärdienst im Herbst 1907 wieder sein Studium an der Technischen Hochschule Charlottenburg aufnahm, schrieb die Mutter in die Familienchronik: »Das Problem der Fliegerei nahm ihn immer mehr in seinen Bann. Ohne mein Wissen hatte er schon Flüge in Johannisthal mitgemacht, und immer mehr reifte der Entschluß in ihm, sich ganz der Flugtechnik zu widmen. Nicht auf die sportliche Betätigung käme es ihm an, sondern er wolle an der Vervollkommnung dieser neuen, jungen Wissenschaft mitarbeiten. Zunächst müsse er aber selber das Fliegen erlernen. ... Ich wünschte

Werner Alfred Pietschker auf seinem Albatros-Doppeldecker in Johannisthal, 1911

aber, daß er seine Studien auf der Technischen Hochschule zum Abschluß bringen sollte. Er war aber so besessen, daß ich ihn zum Fortsetzen der Studien nicht bewegen konnte ...«

Im Februar 1911 erschien Werner Alfred Pietschker zum ersten Mal als Flugschüler auf dem Flugplatz Johannisthal. In den Werkstätten der Albatroswerke befaßte er sich gleichzeitig mit dem Bau eines von ihm konstruierten Eindeckers. Bei den bekannten Albatros-Lehrern Brunnhuber, König und Simon erlernte Pietschker das Fliegen, und am 13. September 1911 erwarb er in Johannisthal das Flugzeugführerzeugnis Nr. 116.

Vom 24. September bis 1. Oktober 1911 fand auf dem Flugplatz Johannisthal die sogenannte Nationale Herbstflugwoche statt, bei der es um die längste Gesamtflugzeit und die größte erflogene Höhe ging. Werner Alfred Pietschker gewann auf Albatros-Zweidecker mit 100-PS-Argus-Motor vor dem Weltrekordflieger Josef Suvelack. Als Preis erhielt er 3 717 Goldmark, und der Albatros-Zweidecker wurde von der Heeresverwaltung Döberitz angekauft. Seinen unerwarteten Sieg gegen erfahrene Konkurrenten krönte Pietschker am 1. Oktober 1911 durch zwei Weltrekorde. Mit zwei Passagieren an Bord erflog er auf dem Albatros einen Dauerflugrekord von 2 Stunden 19 Minuten und die Rekordhöhe von 730 Metern.

Diesen erfolgreichen Flügen folgten Wochen intensiver Arbeit in der Werkstatt. Am 13. November 1911 startete Werner Alfred Pietschker in Johannisthal auf seinem Albatros-Zweidecker mit einem Passagier zu einem Flug »Rund um Berlin«. Nach einer Zwischenlandung in Schulzendorf führte ihn der Weiterflug auch über Potsdam. Obwohl er über dem Pfarrhaus von Bornstedt seine Schleifen drehte, durchflog er die 240 km lange Strecke in nur 2 Stunden 4 Minuten. Begeistert wurde Pietschker in Johannisthal empfangen. Er sagte: »Ich glaube fast, jetzt hätte ich den nötigen Elan, meinen Eindecker auszuprobieren.« Technische Experten und Flieger warnten vor übereilten Flügen. Doch alle Einwände und Bedenken hielten Pietschker nicht von seinem Vorhaben zurück. Zwei Tage später, am 15. November 1911, stürzte er, erst 24jährig, auf dem Flugplatz Johannisthal beim ersten Probeflug mit seinem Eindecker tödlich ab. In einem Nachruf der Pioniere der deutschen Luftfahrt hieß es: »Deutschland verlor mit ihm einen seiner besten Piloten!« Der Bericht eines zwanzig Meter von der Absturzstelle entfernten, kompetenten Augenzeugen in einer Berliner Abendzeitung lautet: »Pietschker beschrieb eine äußerst enge gefährliche Kurve, wobei der Apparat in einem Winkel von etwa 60 Grad lag, und ein Sturz erschien mir unvermeidlich. Der Flieger machte größte Anstrengungen, um den Apparat wieder aufzurichten; denn es war deutlich zu erkennen, daß er die Verwindung (Quersteuerung) heftig betätigte. Für einen Augenblick schien es so, als wolle sich das Flugzeug auch tatsächlich wieder aufrichten, doch machte der Eindecker auf der Höhe der Haupttribüne plötzlich eine zweite fast rechtwinklige Kurve und stürzte darauf seitlich aus etwa 25–30 Meter Höhe ab. Pietschker war sofort tot.«

Mit tiefer Anteilnahme verabschiedeten die Angehörigen, die Johannisthaler Fliegerfamilie und die Potsdamer Öffentlichkeit einen großen Sohn ihrer Stadt – einen Flugpionier der Avantgarde der Flieger. Sein Name auf dem Grabstein des Bornstedter Friedhofs und das Werner-Alfred-Bad mit einer am 15. 11. 1990 enthüllten Gedenktafel in der Potsdamer Hegelallee – auf seinen zu Lebzeiten geäußerten Wunsch aus seinem Erbteil 1913 gebaut –, eine Gedenktafel am Geburtshaus in der Ribbeckstraße sowie eine Straße in Berlin-Johannisthal erinnern die Nachwelt an die Pionierleistungen des fliegenden Pfarrerssohnes aus Bornstedt für die Entwicklung des Flugwesens in Deutschland.

Werner Garitz

Babelsberger »Circus«

Eine in Deutschland einmalige Anlage zur Herstellung von Dampflokomotiven ließ die Firma Orenstein & Koppel – Arthur Koppel AG in Drewitz bei Potsdam errichten. Bis 1899 entstand dort eine neue Lokomotivfabrik, deren besonderes Merkmal ein Kuppelbau war. Nicht nur das Äußere, auch die innere Einrichtung dieser Fabrikhalle legte bald den gebräuchlichen Namen »Circus« nahe. Um den Kuppelbau gruppierten sich in Form eines Sechsecks zwei Reihen Werkstattgebäude. In ihnen wurden die Teile für die Lokomotiven vorgefertigt. Die größte Fläche beanspruchte die Schmiede, wo mit mechanischen Hämmern die Lokomotivkessel, Rahmen und alle anderen schmiedeeisernen Teile gefertigt wurden. Im Rundbau in der Mitte trafen die Teile auf kürzestem Wege zusammen und wurden zu einer Lokomotive zusammengesetzt. Die Montage erleichterten zwei Portalkräne, welche auf Schienen die Halle umfahren konnten.

Die Firma Orenstein & Koppel – Arthur Koppel AG produzierte vorwiegend kleinere Lokomotiven für Schmalspur- und Industriebahnen. Offensichtlich gingen die Geschäfte gut. Hatte man im ersten Jahr insgesamt 108 Lokomotiven hergestellt, lieferte man schon 1904 die 1 000. Maschine, eine regelspurige Personenzugtenderlok für die preußischen

Orenstein & Koppel, Gesamtansicht, rechts im Bild der »Circus«, um 1910

Staatsbahnen. Bald fuhren Orenstein & Koppel-Lokomotiven in den chilenischen Anden ebenso wie in den weiten Gebieten deutscher Kolonien in Afrika und in Japan. Unermüdlich und unverwüstlich verrichteten sie ihren Dienst auf und unter der Erde, denn auch Grubenlokomotiven gehörten zur Fertigungspalette.
Die Bienenwabe der Werkstätten und der Montage-»Zirkus« in deren Mittelpunkt blieben das Kennzeichen der Drewitzer Lokschmiede, auch wenn mit den Jahren immer neue Fabrikanlagen entstanden und das Werk bald auf 70 000 Quadratmetern bebaut war. Erwähnenswert ist das Kraftwerk zur Eigenversorgung der Fabrik mit elektrischer Energie und Wärme. Es erleuchtete später, im August 1945, zumindest die Räume des Schlosses Cecilienhof, als dort über die Zukunft Deutschlands entschieden wurde.

Mit den braunen Machthabern begann 1933, wie überall in Deutschland, aus den Betriebsangehörigen eine Gefolgschaft zu werden. Bis zum 24. April 1945 produzierten fast 2 000 »Gefolgsleute« und 1 650 Zwangsarbeiter nicht nur Lokomotiven, sondern auch manches Kriegsgerät. Nun kam es zur Demontage und zum Abtransport des Maschinenparks in die Sowjetunion. Zurück blieben vier ältere Werkzeugmaschinen, wahrscheinlich unbrauchbar, mit einem Gesamtwert von 1 621 Reichsmark. Fast gleichzeitig wurde aber auch schon die erste Reichsbahnlok unter freiem Himmel repariert und auf den Namen Potsdam getauft.

Das Werk gelangte unter die Treuhänderschaft der Sowjetischen Militäradministratur. Obwohl durch die Demontage alle Voraussetzungen vernichtet worden waren, vergab die Sowjetunion im April 1946 einen Großauftrag über 500 Schmalspurlokomotiven an das Werk. Genauer gesagt: General Sokolowski befahl diese Arbeit als Reparationsleistung. Man hatte sich nach den russischen Politoffizieren und nach den Schriften von Marx zu richten, dessen Namen der Betrieb 1948 erhielt. Das Werk ging in das Eigentum des Landes Brandenburg über, welches am 15. Juli 1948 offiziell die Enteignungsurkunde an die ehemalige Aktiengesellschaft Orenstein & Koppel ausstellte.

Das Babelsberger Werk entwickelte sich zur wichtigsten Fabrikationsstätte für den Bau von Dampflokomotiven der DDR. In den fünfziger Jahren entstanden verschiedene Typen von Dampflokomotiven. Ingenieure und Arbeiter bemühten sich, die Dampflokomotivkonstruktionen der minderwertigen mitteldeutschen Braunkohle anzupassen. Neue Bauarten für den Personen- und Güterzugverkehr der Deutschen Reichsbahn wurden konstruiert und gebaut. An Indu-

Feierliche Probefahrt auf der Potsdam-Magdeburger Eisenbahn, 1846

striebetriebe wurden Dampfspeicherloks und Kleinlokomotiven geliefert. Manche vielversprechende Konstruktion blieb, wie auch anderswo, in der Schublade. Aus der Volkswirtschaft wurde unmerklich eine Kommandowirtschaft.

Zu Beginn der sechziger Jahre ging die Zeit des Dampflokneubaus zu Ende. Nach den Vorgaben aus Parteizentrale und Ministerien wurde in Babelsberg 1958 mit dem Bau von Streckendiesselloks begonnen. Nach den jahrzehntelangen Erfahrungen beim Bau von Kleinlokomotiven mit Verbrennungsmotoren für den Rangierbetrieb warfen die Loks mit 1 800 bis 2 400 Pferdestärken völlig andere Probleme auf. Viel Kreativität und Schöpfergeist bestimmten auch noch diese, leider nur kurze Epoche des Lokomotivbaues in Babelsberg. Nur fünf Jahre nach der Abnahme der Großdiesellok-Serienfertigung – im Werk war eigens eine neue Montagehalle errichtet worden – erhielt der Betrieb die Auflage, stattdessen Klimatechnik zu fertigen. Aus dem Lokomotivbau »Karl Marx« Babelsberg wurde der VEB Klimatechnik. Ob mancher dem Datum besondere Bedeutung beimaß, als am 1. April 1970 die Serienproduktion der Klimablöcke begann?
Schon nach vier Jahren wechselte erneut das Produktionsprofil. Straßenfahrzeuge, Autodrehkräne, Sattelauflieger und andere Branchenerzeugnisse verließen die Werkhallen. Wenn auch meist nur im vertrauten Kreis, meldeten sich kritische Stimmen und Zweif-

ler. Doch viele, zu viele schwiegen aus Angst vor Repressalien oder aus Gleichgültigkeit.

Wie 1945 wurde der Betrieb 1990 wieder der Treuhänderschaft unterstellt. Diesmal kamen die Treuhänder nicht aus dem Osten, sondern aus dem Westen. Ein neuer Anfang steht bevor, eine neue Zeit beginnt.
Peter Zander

Pilgerfahrten

Seit der Einführung der stabilen Rentenmark im Jahre 1923 hatte der Fremdenverkehr in Potsdam eine beispiellose Entwicklung genommen. Die ehemalige Residenz der Hohenzollern wurde zu einer der meistbesuchten Städte Deutschlands. Der Besucherstrom aus dem In- und Ausland kam über die Glienicker Brücke, die Dampferanlegestationen an der Langen Brücke und den Stadtbahnhof in die Innenstadt. Für 1930 errechnete die Reichsbahndirektion Berlin von den Bahnhöfen Hauptbahnhof Potsdam, Charlottenhof und Wildpark aus eine Beförderung von 6 099 579 Reisenden. Zwischen Potsdam und Berlin verkehrten gegen Ende der zwanziger Jahre an den Werktagen immerhin im Sommer 254 und an den Sonntagen 317 Züge. Mitte der zwanziger Jahre benötigten die dampfgetriebenen Vorortzüge für die Strecke vom Berliner Potsdamer Bahnhof bis nach Potsdam bei einmaligem Aufenthalt in Neubabelsberg nur eine Fahrzeit von 31 Minuten, und seit 1928 gab es zusätzlich eine elektrische Stadtbahnverbindung über Charlottenburg–Zoologischer Garten nach Bahnhof Friedrichstraße. Im gleichen Jahr 1930 beförderten die Schiffe der Stern & Kreisschiffahrt im fahrplanmäßigen Potsdamer Betrieb 1 331 937 Personen.

Wer die vom Bahnhof aus ansteigende Straße und die Lange Brücke mit ihren Soldatenfiguren passiert hatte, sah sich dann vis-à-vis der Bittschriftenlinde, die an Friedrich den Großen erinnerte. Hier befanden sich die Besucher schon mitten im historischen Potsdam, im Bereich des an den Soldatenkönig erinnernden Lustgartens und dem des Stadtschlosses mit seiner rampenartigen Freitreppe und dem großartigen Fortunaportal. Dann zog der Besucherstrom über den Lustgarten, vorbei am Marstall (er enthielt das Garnisonmuseum) mit den ausdrucksvollen, von Glume geschaffenen Skulpturengruppen. Schon in der Breiten Straße, vor sich den Turm der Garnisonkirche, vernahmen die Besucher die Klänge des berühmten Glockenspiels, zu jeder vollen Stunde den Choral »Lobe den Herrn«, dazwischen neben anderen kleinen Musiksätzen das Lied »Üb immer Treu und Red-

Potsdam-Besucher, Frauengruppe auf einem Ausflug in Potsdam, 20. 6. 1932

lichkeit« mit der Melodie des Papageno-Liedes aus Mozarts unsterblicher »Zauberflöte«. Im Kircheninneren bestaunten die Besucher die in den Kriegen und Feldzügen von 1813–1815, 1864, 1866 und 1870/71 durch preußische Truppen eroberten Fahnen und Standarten und standen schweigend vor der Gruft mit den Särgen Friedrich Wilhelms I. und Friedrichs II.
Weiter ging es über die Plantage vorbei am Großen Militärwaisenhaus, dem Stadtkanal folgend, der der Potsdamer Innenstadt ein ganz besonderes Flair verlieh, bis das Brandenburger Tor und der Luisenplatz erreicht waren, auf dem sich damals noch das Denkmal Kaiser Friedrichs III. erhob.
Auf dem Platz vereinigten sich die Besucher, die den geschichtlichen Königsweg genommen hatten, mit denen, die über den Alten Markt an der Nikolaikirche vorbei und über den Wilhelmsplatz und durch die Brandenburger Straße gezogen waren, um durch die Allee nach Sanssouci dem Hauptanziehungspunkt Potsdams, Schloß und Park von Sanssouci, zuzustreben.
Andere der vielen Sehenswürdigkeiten Potsdams und seiner Umgebung traten, was die Besucherzahl angeht, weit hinter Schloß und Park von Sanssouci zurück, blieben aber gleichwohl nicht unbeachtet.

Durch den Vergleichsvertrag, den der preußische Staat am 6. Oktober 1926 mit den Hohenzollern geschlossen hatte, waren das Potsdamer Stadtschloß, der Marstall und die Schlösser und Gärten von Sanssouci an den preußischen Staat gefallen. Die damit geklärte Besitzlage setzte die Verwaltung der staatlichen Schlösser und Gärten unter der Leitung von Ministerialdirektor Dr. Gall in die Lage, in ihrem Bereich ein großangelegtes »Revisionsprogramm« zu verwirklichen. Der ursprüngliche Charakter von Parkflächen und Baulichkeiten wurde weitgehend wiederhergestellt. Im Potsdamer Stadtschloß gelang es, den künstlerisch besonders wertvollen Marmorsaal in den ursprünglichen Zustand zurückzuführen und die bisher der Öffentlichkeit nicht zugänglichen Wohnräume der Königin Luise den Besuchern zu erschließen.

An den Spätnachmittagen leerten sich die zahlreichen Stadt- und Ausflugsrestaurants, denn das Potsdamer Beherbergungsgewerbe war nur schwach entwickelt; 1927 verfügten sämtliche Hotels und Fremdenheime hier nur über 302 Betten. So konzentrierte sich die Tätigkeit des rührigen Verkehrsvereins Potsdam durch die Vermittlung von Rundfahrten und Führungen auf den typischen Potsdambesucher jener Jahre, der die Stadt im Verlaufe des Vormittags betrat, um sie im Regelfall noch am Abend, von unvergeßlichen Eindrücken erfüllt, wieder zu verlassen.

Harald Müller

Traumfabrik

Die notorische Wachsamkeit von Feuerwehrleuten war nicht ganz unbeteiligt daran, daß aus dem Weberstädtchen Nowawes die Filmstadt Babelsberg werden konnte. Die Berliner Feuerpolizei muß sich in einem Zustand dauernder Alarmbereitschaft befunden haben angesichts des hohen Verbrauchs von leicht entflammbarem Filmmaterial, das die immer zahlreicher werdenden Filmunternehmen in der dichtbesiedelten Großstadt belichteten. Die Brandgefahr war ein Grund unter anderen, daß sich im Herbst 1911 der technische Leiter der Deutschen Bioskop Gesellschaft, der Filmpionier Guido Seeber, auf den Weg ins Berliner Umland begab, um ein geeignetes Areal für das expandierende Filmunternehmen zu finden. Er fand und erwarb es für seine Gesellschaft in Neu-Babelsberg.

Innerhalb kurzer Zeit errichtete man hier nicht nur eines der ersten gläsernen Filmateliers Deutschlands – mit den technischen Erfindungen gingen auch solche auf filmkünstlerischem Gebiet einher. Der dänische Regisseur Urban Gad

Blick über das UFA-Gelände mit dem Tonfilm-Kreuz, um 1930

ließ in seinen Filmen den derb-hölzernen Charme des früheren Kintopps hinter sich und setzte mit filmischem Gespür den ersten europäischen Stummfilmstar für die Kinoleinwände in Szene: Asta Nielsen.

Umgetrieben von der Ahnung, einer neuen Kunstgattung auf die Beine zu helfen, begaben sich Theaterschauspieler auf Entdeckungsreise in die Möglichkeiten des neuen Mediums – etwa Paul Wegener, der mit dem dänischen Regisseur Stellan Rye 1913 bei der Bioskop in Neu-Babelsberg den Film »Der Student von Prag« drehte.

Als Ende 1921 die mächtige Ufa sich das Babelsberger Filmgelände einverleibte, hatte der erste Weltkrieg der Bioskop-Gesellschaft eine existenzbedrohende Schuldenlast eingebracht, die sich auch durch die im Frühjahr 1919 vollzogene Fusion der Firma mit der Decla Filmgesellschaft kaum verringerte. Die so entstandene Decla-Bioskop war wohl der ernsthafteste Konkurrent für die Ufa – doch hinter letzterer stand eine konzentrierte Macht, die letzlich das nötige Geld und den längeren Atem hatte. Durch die Ufa-Gründung war 1917 aus der einstigen Varieté- und Jahrmarktsattraktion Film die politische Institution Film geworden. Die Gründung der Universum Film AG hatte Erich von Ludendorff während des Krieges angeregt und sich dabei der Untersützung jener versichert, die später die Weimarer Republik nur als ein irrtümliches Intermezzo zu verstehen bereit waren. Das Engagement der geldschweren Hin-

Der Kameramann Karl Freund an der »entfesselten Kamera«, die in den zwanziger Jahren in den UFA-Ateliers entwickelt wurde

termänner richtete sich darauf, die Filmproduktion in Deutschland zu kontrollieren und zu lenken.
Doch das Spektrum gesellschaftlicher Toleranz war breit genug, um Nischen zu lassen für die Äußerungen einer künstlerischen Avantgarde – und deren innovativer Erfindungsreichtum galt auch der Filmkunst. Während man in den traditionellen Künsten die ehernen Gesetze der Gattungen in Frage stellte und mit formalen Neuerungen ein verändertes Bewußtsein auszudrücken versuchte, mußte sich der Film zunächst als seriöse Kunstgattung etablieren. Allein auf Wirtschaftlichkeit orientierte Filmproduzenten hätten der Filmkunst längst den Garaus gemacht. Doch Filmgeschichte haben jene mitgeschrieben, deren Ambitionen weiter reichten. Unter ihnen ein Mann, den die Ufa mit der Decla-Bioskop übernommen hatte: Erich Pommer. Seit er 1916 die Filmgesellschaft Decla gegründet hatte, war er als erfolgreicher Produzent, als schillernde Persönlichkeit bekannt, die neben dem branchenüblichen Geschäftssinn ein ausgeprägtes Kunstverständnis besaß. Pommer verbrachte seine produktivsten Jahre vornehmlich im Babelsberger Ufa-Studio, bis er 1933 emigrierte. Mit seiner Unterstützung entstanden in den zwanziger Jahren Filme, die zu den Klassikern des deutschen Stummfilms wurden: »Das Cabinet des Dr. Caligari« (R: Robert Wiene, 1920 noch bei der Decla produziert), »Die Nibelun-

gen« (R: Fritz Lang, 1924), »Der letzte Mann« (R: Friedrich Wilhelm Murnau, 1924), »Faust« (R: F. W. Murnau, 1926) und »Metropolis« (R: Fritz Lang, 1927). Pommer war auch einer derjenigen, die am Ende der zwanziger Jahre den Tonfilm als neue Herausforderung für die Filmkunst begriffen. Bereits 1929/30 produzierte er im gerade errichteten Ton-Atelier in Babelsberg, dem sogenannten Tonkreuz, einen Tonfilm-Klassiker: »Der blaue Engel« (R: Josef von Sternberg, mit Marlene Dietrich).

Die Premiere von »Der blaue Engel« fand zu einer Zeit statt, in der sich die gesellschaftlichen Konflikte vehement zuspitzten. Die Ufa – seit 1927 dem Pressekonzern des nationalistisch gesinnten Alfred Hugenberg zugehörig – leistete mit der Mehrzahl ihrer Produktionen einen Beitrag zu dieser Eskalation. Die Ufa-Theater boykottierten pazifistische Streifen wie »Im Westen nichts Neues«; hingegen bemühten Ufa-Filme wie Gustav Ucickys »Das Flötenkonzert von Sanssouci« (1930) den Preußenmythos, um die Bereitschaft zur Wiederaufrüstung zu befördern.

Schon vor Hitlers Machtergreifung hatten viele namhafte Künstler Deutschland verlassen; andere emigrierten 1933 aus rassistischen oder politischen Gründen, unter ihnen Fritz Lang, Erich Pommer, Lilian Harvey.
Joseph Goebbels leitete im März 1933 die totale Kontrolle des Staates über das Filmwesen in die Wege und vollendete sie durch die Verstaatlichung der Filmindustrie 1937. Getreu der Goebbelsschen Auffassung von der unmerklichen Erziehung der Massen durch den Film produzierte die Ufa in anempfohlener Ignoranz der Wirklichkeit weiterhin Kino-Unterhaltung. Die Produktion von ausgesprochenen Propagandafilmen blieb sorgsam dosiert.
Mit der deutschen Niederlage im 2. Weltkrieg war der Untergang der mächtigsten deutschen Filmfirma besiegelt.
Ugla Gräf

Potsdamer Kunstsommer

Der Name »Potsdamer Kunstsommer« klingt nach einer festivalartigen Veranstaltungsreihe mit langer Tradition. Tatsächlich handelt es sich um jeweils nur eine Ausstellung in der Orangerie im Park Sanssouci, und von wirklicher Bedeutung war nur der erste Potsdamer Kunststommer 1921, denn die elf Gemälde van Goghs, die – 1925 nach einjähriger Pause – in der vierten und letzten Ausstellung dieser Reihe, »50 Jahre holländische Malerei«, enthalten waren, konnten zu diesem Zeitpunkt keine Sensation mehr sein. Der

Kunstsommer 1922 hatte sich mit zweihundert Jahren lokaler Baugeschichte – von 1660 bis 1860 – befaßt, und der des Jahres 1923 mit Glasmosaiken und Glasmalereien.

Einzig die erste Ausstellung erreichte ein nennenswertes überregionales Echo. Allerdings fand der von Potsdamer Künstlern bestrittene Teil der Ausstellung in den Kritiken keine Erwähnung. Was Wunder, wenn man bedenkt, daß die Maler, die heute noch am ehesten Interesse hervorrufen – Walter Bullert und Egon von Kameke –, nur mit einem Holzschnitt bzw. einem Marine-Bild vertreten waren. Auffällig ist, daß sich kein bedeutender Künstler der Moderne, von denen viele die Berliner Vororte dem Zentrum vorzogen, in Potsdam niedergelassen hat. Die national-konservative Atmosphäre der Stadt scheint der modernen Kunst nicht förderlich gewesen zu sein, obwohl der Kunsthändler Ferdinand Möller hier lebte und seine Galerie in den Jahren 1924 bis 1927 ganz von Berlin nach Potsdam verlegte, obwohl der Kiepenheuer-Verlag hier ansässig war, in dem die Zeitschrift »Das Kunstblatt« und die Grafik-Edition »Die Schaffenden« erschienen, und trotz der gelegentlichen Ausstellungen in der Buchhandlung Heidkamp.

Die Potsdamer Kunstsommer wollen das durchbrechen, »indem sie unbefangen mit der heiteren Größe der Alten das in Verbindung

Plakat für den Kunstsommer 1921.
Otto Mueller »Große Sitzende«

bringen, was in unseren Tagen um neue Schönheit ringt«, wie es im Katalog von 1921 heißt. Das Titelbild des Kataloges, das auch als Plakat Verwendung fand, zeichnete Olaf Gulbransson: »Der Geist des großen Friedrich neigt sich, um das Künstlerkind mit zarter Bewegung zu segnen.« Aber letztlich wurde die Amorette mit Elfenflügeln von solch mißverständlichem und vielfach mißverstandenem Geist in ihrem Wachstum eher behindert. Immerhin wurde 1921 vielleicht erstmals in einer größeren Ausstellung die Kunst des 20. Jahrhunderts mit der des 19. in Zusammenhang gebracht. Der Schwerpunkt im 19. Jahrhundert lag mit vier Arbeiten bei Adolf Menzel. Die Berliner Sezession war stark vertreten, in vorzüglicher Auswahl vor allem bei Max Liebermann und Lovis Corinth. Für das 20. Jahrhundert lag der Akzent schon zahlenmäßig auf dem Brücke-Expressionismus, darunter berühmte Gemälde, wie Erich Heckels »Roquairol« und »Beim Friseur«, die ebenso wie Oskar Kokoschkas »Auswanderer« als Höhepunkte der Ausstellung gelten müssen. Emil Nolde, Christian Rohlfs, Karl Hofer und Franz Marc wurden wenigstens mit jeweils zwei Gemälden gezeigt. Bei den Plastiken vertrat Gottfried Schadow einsam das 19. Jahrhundert. Am reichhaltigsten wurden August Gaul und Ernst Barlach dargeboten, daneben die gemäßigte Moderne und kleinere Arbeiten von Wilhelm Lehmbruck. »Im Ganzen eine mit Vorsicht gruppierte, in entscheidenden Umrissen orientierende Rückschau«, resümierte Paul Westheim im »Kunstblatt«. Er nannte den Potsdamer Kunstsommer »eine Ausstellung, die Idee und Charakter hat«. Sie sei »weitaus die beste und sinnvollste dieses Sommers im ganzen Umkreis von Berlin«, meinte Paul Fechter in der »Deutschen Allgemeinen Zeitung«. Und Erich Vogeler schrieb im »Berliner Tageblatt«: »Diese Kunstausstellung ist die schönste, die wir seit Jahren in diesem chaotischen Dasein zu sehen bekommen haben. (...) einfach, weil alles, was hier ist, Kunst ist, Kunst, jene merkwürdige Schöpfung der menschlichen Hand, vor der Auge, Seele, Geist, das ganze Lebensgefühl Glück und Steigerung erfährt.«

So war der Potsdamer Kunstsommer 1921 ein vielversprechender Auftakt. Er wurde es nicht zuletzt durch die maßgebliche Mitwirkung Ferdinand Möllers, dem wohl auch der Anstoß für das alternative Ausstellungsplakat von Otto Mueller zu verdanken ist. Möller besaß ein Haus in der Wollnerstraße, der heutigen Otto-Nagel-Straße. Und nichts kann wohl den Umstand, daß das Versprechen der Ausstellung nicht eingelöst wurde, besser illustrieren als die Feststellung, daß die langjährige Tätigkeit dieses engagierten Kunsthändlers in Potsdam es nicht vermochte, eine bedeutende private oder öffentliche Sammlung moderner Kunst in der Stadt zu initiieren.

Ein spätes Zeugnis für Möllers Wirken ist das 1937 ausgeführte Wandbild von Oskar Schlemmer im Hause Hermann Matterns in Bornim, für das Möller dem als »entartet« verfemten Künstler den Auftrag vermittelte. Dieses wichtigste moderne Kunstwerk in Potsdam symbolisiert in seiner Darstellung die Einheit von Körper, Seele und Geist, zu einer Zeit, als sie bei vielen Menschen zerschlagen wurde. Seither hatte sie kaum Gelegenheit, sich wieder herzustellen. Und in der dafür verantwortlichen Atmosphäre, die in

Potsdam noch ihr eigenes Gesicht und ihre eigenen Höhepunkte hatte, blieb hier der Bereich der aktuellen bildenden Kunst besonders verkümmert. Seit 1990 besteht erstmals die Chance für eine lebendige Kunstszene, einen Kunstsommer in Potsdam, zu dem die neuen Galerien Trapez, Samtleben, Sperl, Steinbrecher, die Kunstfabrik und die städtische Kunsthalle jede in einer ganz anderen Weise beitragen können.
Andreas Hüneke

Verlage und Verleger

Eugen Diesel, der Sohn des Erfinders, schrieb an Karl Heidkamp, den Autor, im Geleitwort zu »Symbol und Allegorie: Potsdam«, 1933 im Alfred Protte Verlag, Potsdam, erschienen: »Potsdam ist ein deutscher Mittelpunkt, insofern es Preußens Mittelpunkt war, und doch ist es wiederum weniger und mehr als ein Mittelpunkt. Es ist lebendig durch seine Geschichte, aber es ist nicht nur historisch, sondern es ist immer noch aus sich selbst heraus lebendig. Von Berlin ist es keineswegs erdrückt worden, vielmehr muß man sich fragen, was Berlin ohne Potsdam wäre. Potsdam verklärt dem Deutschen Berlin, das Vielen als Hauptstadt des Reiches immer noch keine reine Freude bereitet. Potsdam ist nicht intellektuell, hingegen ist es künstlerisch und geistig auf Grund der Echtheit seines gesamten Wesens.« Anregerin Heidkamps, der eine Buchhandlung im Palasthotel besaß, war Henny Porten.

Bücher über Potsdam sind seit dem 18. Jahrhundert – am 18. Juli 1722 wurde Bartholomeus Neumann ein Privileg erteilt – ein Hauptgegenstand der hiesigen Verleger. Am Beginn standen »Das Itz blühende Potsdam, mit poetischer Feder entworfen von Bellamintes« (Georg Belitz aus Niemegk), 1727 von dem Königlich privilegierten Buchhändler Johann Andreas Rüdiger herausgebracht, und das von dem Verleger Horvath selbst verfaßte »Potsdams Merkwürdigkeiten beschrieben und durch Plans und Prospekte erläutert« (1798) mit Stichen von A. L. Krüger als Supplement. Auch Verleger des 19. Jahrhunderts bemühten sich um das Potsdambild: wie zum Beispiel Otto Janke (Horvath'sche Buchhandlung) mit den Lithographien von Xaver Sandmann und H. E. R. Belanis »Geschichte und Beschreibung der Fontainenanlagen in Sanssouci« (1843) oder Ferdinand Riegel mit dem Album von Schloß Babelsberg, erstmals mit Farblithographien nach Aquarellen von Carl Graeb, sowie der Verlag von J. Rentel in Firma E. Rolle's Buchhandlung mit »Sagen und Märchen aus Potsdam's Vorzeit«, gesammelt von Karl v. Reinhard

(1837). Diese Verlagsrichtung setzt sich fort bis in unsere Tage. Als Zeitungsverlag, der auch die bekannten Potsdam-Miniaturen von Ludwig Sternaux veröffentlichte, ist A. W. Hayn's Erben, 1794 gegründet, zu erwähnen.
Aber es wäre falsch, die Potsdamer Verlagsgeschichte auf dieses Thema zu beschränken. Schon Carl Christian Horvaths königliches Privileg von 1778 ermöglichte die Veröffentlichung von fach- und populärwissenschaftlicher Literatur. Ein Drittel der Produktion umfaßte pädagogische Schriften, meist mit Potsdamer Lehrern als Autoren. Horvath war ein vielseitiger Mann: Potsdams erster Stadtverordneten-Vorsteher und Mitbegründer des Börsenvereins der Deutschen Buchhändler.

Seit dem Ende des 19. Jahrhunderts lag der Schwerpunkt verlegerischer Tätigkeit in Potsdam bei Bildung und Wissenschaft. Aus der größeren Zahl der in der ersten Hälfte unseres Jahrhunderts ansässigen Verlage können hier nur Beispiele genannt werden. Was heute der zweite Bildungsweg ermöglicht, leistete sinngemäß das Rustinsche Lehrinstitut der Verleger August Bonneß und Robert Hachfeld seit 1896 mit Hunderten von Lehrbriefen zur Berufs- und Allgemeinbildung in weitem Sinne. Der Konzern Bonneß & Hachfeld, zu dem zeitweise auch der Verlag R. Hachfeld, die Karnack-Lehrmaterialien, der Lumen-Verlag und Versand, I. Emil Andrae, Artibus et literis, Rütten & Loening, Akademische Verlagsgesellschaft Athenaion und Vereinsdruckerei gehörten, endete in Potsdam auf tragische Weise. Dr. Albert Hachfeld hatte sich mit den Nationalsozialisten eingelassen, August Bonneß wurde wegen »Wehrkraftzersetzung« vom »Volksgerichtshof« unter Freisler zum Tode verurteilt und am 4. Dezember 1944 hingerichtet. Der Bombenangriff am 14. April 1945 beschädigte die Verlagsgebäude in der Nähe des Neustädter Tores.

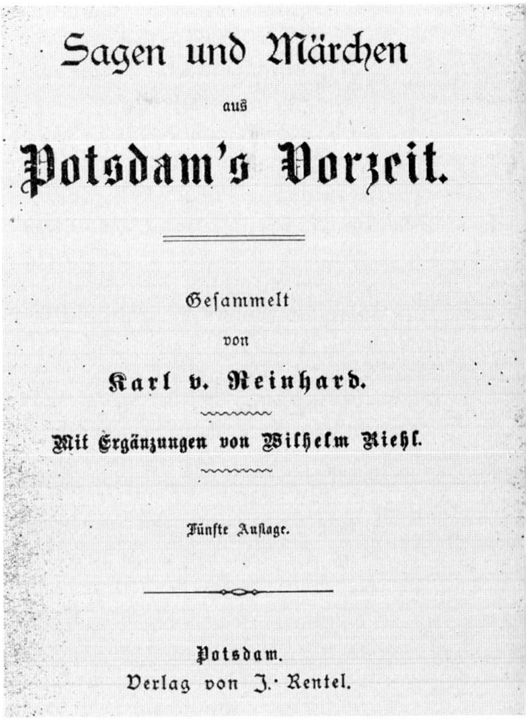
Sagen und Märchen
aus
Potsdam's Vorzeit.

Gesammelt
von
Karl v. Reinhard.
Mit Ergänzungen von Wilhelm Riehl.

Fünfte Auflage.

Potsdam.
Verlag von J. Rentel.

Geschwister-Scholl-Straße 54;
Zeitweiliger Sitz der Verlage Gustav Kiepenheuer, Rütten & Loening, Athenaion; heute Waldorfschule

Dr. Robert Hachfeld gründete 1912 die Akademische Verlagsgesellschaft Athenaion, die sich internationalen Ruf durch die weltweite Verbreitung voluminöser Handbücher aus der Feder bekannter Wissenschaftler erwarb, darunter das Handbuch der Literaturwissenschaft, herausgegeben von Oskar Walzel, Bonn, oder das Handbuch der Biologie, herausgegeben von Ludwig von Bertalanffy, Toronto.
Alfred Protte, dem späteren Bundespräsidenten Theodor Heuß verbunden, kam aus der Wandervogel-Bewegung. In einem Jahrzehnt Verlagstätigkeit machte er sich verdient um eine Literatur, die später unter dem Begriff des dritten Weges bekannt wurde. Protte brachte so bedeutende Werke wie Franz Oppenheimers »Weder so – noch so. Der dritte Weg«, Jacob Burkhardts »Kultur und Macht«, Paul Tillichs »Die sozialistische Entscheidung«, Harald Poelchaus Schriften u. a. heraus.

Als Druckerei mehrerer Potsdamer Verlage seit den zwanziger Jahren bekannt geworden, trat die Firma Stichnote (Am Neuen Markt) später auch als Verlag hervor. Bedeutende Autoren nach 1945 waren Akademie-Präsident Prof. Dr. Stroux und die Kunstwissenschaftler Prof. Dr. Hamann und Prof. Dr. Kurth.

Christliche Literatur und Gemeindeschrifttum erscheinen seit 1902 ohne Unterbrechung im evangelischen Stiftungsverlag, Gutenbergstraße. Aber auch die schöne Literatur fand zwischen den beiden Weltkriegen repräsentative Heimstätten. Wichtigste war sicher der Gustav Kiepenheuer Verlag, der 1919 von Weimar nach Potsdam übersiedelte und dort bis 1928 blieb. Zu seinen weltbekannten Autoren gehörten u. a. Bertolt Brecht, Lion Feuchtwanger, André Gide, Hermann Hesse, Franz Kafka, Heinrich Mann, Josef Roth, Carl Sternheim, Ernst Toller, Arnold Zweig. Als Lektoren standen Kiepenheuer Ludwig Rubiner, Fritz H. Landshoff und der Schriftsteller Hermann Kasack zur Seite. In den dreißiger Jahren holte Hachfeld Rütten & Loening nach Potsdam, damals Verlag deutscher Klassiker und Erzähler des

19. Jahrhunderts. Von 1946 bis 1951 als Produktionsgruppe der Potsdamer Verlagsgesellschaft weitergeführt, publizierte der Verlag das umfangreiche Werk Romain Rollands.
Das Erscheinen von Erwin Strittmatters erstem Buch »Ochsenkutscher« ermöglichte die Märkische Druck- und Verlagsgesellschaft.
1952 endete, mit Ausnahme des Stiftungsverlages, die Potsdamer Verlagstätigkeit infolge der Zentralisierung des Verlagswesens in der ehemaligen DDR. Erst nach der Wende wurden neue Bemühungen sichtbar. Als Beispiel seien genannt die edition babelturm, die schon seit Jahren verdeckt tätig war, die Potsdamer Verlagsbuchhandlung und der UNZE-Verlag.
Wolfgang Tripmacker

Rufer in der »Unzeit«

»So lebte ich denn in meiner Unzeit!« Schon am 15. Februar 1933 schrieb dies Hermann Kasack in Potsdam in sein Tagebuch. Einige Monate später notierte er: »Den Emigranten nach außen entsprechen die Emigranten im Innern.« Unter dem Eindruck der »Kristallnacht« bekannte Kasack am 13. November 1938: »Ich erspare Einzelheiten. Das Ergebnis: erniedrigt und beleidigt, entehrt und ausgestoßen ... Jetzt erst begreif' ich, wie groß der Neid der Lebenden auf die Toten sein mußte ...« Und am 25. Juni 1939 hält er fest: »Hier herrscht das sagenhafte ›Sparta‹, also die Leblosigkeit, die den Menschen zum Sklaven der Staatsmaschinerie macht.« Es sind dies in Potsdam niedergeschriebene Sätze eines Schriftstellers, der 1896 hier geboren wurde und nach Abschluß seiner Studien hierher zurückkehrte, als zeitweiliger Lektor bei Kiepenheuer und S. Fischer ebenso avantgardistisch in Erscheinung trat wie als expressionistischer Lyriker, als Hölderlin-Herausgeber und als Literaturvermittler im neuen Medium des Rundfunks. Hermann Kasack war seit dem 30. Januar 1933 zum fast völligen Schweigen verurteilt.

Hermann Kasack (1896–1966)

Als er nach dem Tod Oskar Loerkes Anfang der vierziger Jahre das Lektorat bei Suhrkamp übernommen hatte, wurde es endlich möglich, eine Sammlung seiner Gedichte vorzulegen. In solcher »Unzeit« begann der Dichter 1942 ein Romanwerk, das er 1946 beendete und das zu einer »Chronik« der Katakomben-Existenz im »Sparta« des 20. Jahrhunderts wurde. Im Sommer 1948 las Kasack in Potsdam aus seinem Buch. Einige Monate später mußte er aus politischen Gründen seine Heimatstadt verlassen. »Die Stadt hinter dem Strom«, eben Kasacks großer Roman, versank jenseits des Horizonts der DDR-Literaturgesellschaft; sein Erscheinen bei Reclam im Herbst 1989 war schon ein Signal der Wende.

Wenn Horst Bienek noch am 7. Januar 1949 in der »Tagespost« mitgeteilt hatte, daß sich der Goethe-Ausschuß unter Hermann Kasack konstituiert habe und dieser die Gedenkfeiern im Lande Brandenburg koordinieren werde, so fiel diese Meldung neuerlich in eine »Unzeit«: Kasack war schon im Weggehen begriffen, und zwei Jahre später wurde der junge Schriftsteller und Brecht-Meisterschüler Horst Bienek verhaftet. Es dauerte Jahre, bis er aus Workuta zurückkehren konnte. Die Anfänge dieses Schriftstellers liegen also auch in Potsdam, in der »Tagespost« des früheren Königsberger Publizisten und Verlegers Franz Steiner.

Der Schriftsteller Reinhold Schneider, der von 1932 bis 1937 in Potsdam lebte, hielt am 24. August 1934 in seinem Tagebuch fest: »Das Recht muß über dem Staat stehen, nicht der Staat über dem Recht.« Diese Worte sind jetzt auf der Gedenktafel zu lesen, die an einem der Häuser, in denen der Dichter in Potsdam gewohnt hatte (Birkenstraße 1), angebracht worden ist. Letztlich lag dieses Leitmotiv den in Potsdam niedergeschriebenen Arbeiten Reinhold Schneiders zugrunde: »Die Hohenzollern«, 1933; »Auf den Wegen deutscher Geschichte«, 1934; »Das Inselreich«, 1936; »Kaiser Lothars Krone«, 1937. Besonders deutlich wird die Haltung des in Potsdam zur katholischen Kirche zurückkehrenden Dichters in der Erzählung über Friedrich von Spe(e), die dann schon die Brücke zum »Las-Casas«-Meisterwerk schlägt.

Der Staudenzüchter Karl Foerster schrieb im August 1943 in einem Brief von der Mitschuld an den Verbrechen der Zeit: »Wir ›Stillen im Lande‹ hätten glühend wach immer in die Radspeichen eingreifen müssen …«. Dieses Bekenntnis hatte Foerster schon auf andere Weise in seinen Büchern der dreißiger und vierziger Jahre als humanistisches Gegenbild zur »Unzeit« formuliert: »Von Landschaft, Garten und Mensch« (1941), »Blumen auf Europas Zinnen« (1936). Nach 1945 nahm der »Bornimer Merlin« (Karla Höcker) solche Motive auf, und in Betrachtungen, die wiederum zuerst in der »Tagespost« erschienen, waren es die Längen- und Breitengrade des Natürlichen, aus denen heraus er zur »Warnung« vor neuerlichen Irrwegen und zur »Ermutigung«, eigene Wege zu gehen, aufrief. Bekenntnisse dreier Schriftsteller im Tagebuch und im Brief, die über die »Unzeit« hinauswiesen und Maßstäbe für ihr eigenes Werk und für das anderer setzten.

Reinhold Schneider (1903–1958)

In Potsdam lebte in den dreißiger Jahren August Winnig. Der frühere SPD-Politiker schrieb hier einige Bücher, die vor allem im protestantischen Bürgertum Aufsehen erregten. Zu den Potsdamer Literaten zwischen 1930 und 1950 gehörten weiter der 1935 in der Havelstadt verstorbene, damals viel gelesene Schriftsteller Rudolf Presber ebenso wie der bei vielen noch heute unvergessene Bernhard Kellermann (1951 verstorben). Der Arbeiterastronom Bruno H. Bürgel beobachtete von seinem Babelsberger »Observatorium« (bis zu seinem Tod 1948) nicht nur den Himmel, sondern ebenso die Menschen, wovon seine Bücher »Sinn des Lebens« (1932) und »Die kleinen Freuden« (1934) zeugen. Auf die aus der Emigration hierhergekommenen Eduard Claudius und Hans Marchwitza sei hingewiesen wie auf seinerzeit erfolgreiche Verfasser von historischen Erzählungen, nämlich Rudolf H. Daumann und Claus Back, auf Literaturvermittler wie den charismatischen Studienrat Dr. Deutsch, den Rundfunkjournalisten Joachim Barber und den christlich-demokratischen Publizisten Hans-Werner Gyßling. Vor allem Hugo Hartung soll nicht vergessen werden: Der Verfasser von »Piroschka« und »Wir Wunderkinder« hat Ende der vierziger Jahre in Potsdam gewohnt und in der »Tagespost« viele Erzählungen veröffentlicht.

Günter Wirth

»Tag von Potsdam«

Am 21. März 1933 stürmte es, Schneeflocken wirbelten, und nur ab und zu brach die Sonne durch. In der Nacht zuvor hatte es geregnet. Es war einer jener wechselhaften Frühlingsanfänge, wie sie die Menschen schon oft erlebt hatten. Dennoch geschahen in diesem Frühling außergewöhnliche Ereignisse, die sich als folgenschwer für das weitere Schicksal des deutschen Volkes erweisen sollten. Am Morgen des 21. März 1933 lasen die Deutschen im »Völkischen Beobachter« von der Errichtung des Konzentrationslagers Dachau und waren über den Rundfunk live bei jenen Ereignissen dabei, die in die Geschichte als »Tag von Potsdam« eingehen sollten. Er war zum Datum für die Eröffnung des am 5. März »gewählten« Reichstages in Potsdam bestimmt. Das Reichstagsgebäude in Berlin – durch die Brandstiftung am 27. Februar schwer zerstört –, stand nicht zur Verfügung. Den Gedanken, das Ereignis in der Potsdamer Garnisonkirche stattfinden zu lassen, hatte Dr. Friedrich Bestehorn, Magistratsrat in Potsdam, in die Reichskanzlei getragen. Die Wahl fiel nicht zufällig auf dieses Datum. An jenem Märztag im Jahre 1871 hatte Wilhelm I. den ersten deutschen Reichstag eröffnet. Im Zuge der demagogischen Beschwörung deutsch-preußischer Traditionen sollte deutlich die Abkehr von »Weimar« und die Kontinuität mit dem deutschen Kaiserreich beschworen werden.

Der »Tag von Potsdam« war die durch den Reichspropagandaminister kulthaft in Szene gesetzte »Vermählung zwischen den Symbolen der alten Größe und der jungen Kraft«, zwischen Preußentum und Nationalsozialismus, wie Adolf Hitler den Staatsakt nannte. Der Tag begann in früher Morgenstunde um 6.30 Uhr mit einem Militärkonzert der beiden Kapellen des Infanterie-Regiments Nr. 9 im Lustgarten. Zu dieser Zeit strömten bereits Massen von Menschen in die Stadt. Die Straßenbahnen waren überfüllt. Die Beamten und Offiziere hatten dienstfrei, und für die Kinder fiel die Schule aus. Um 10.30 Uhr begannen die bei solchen Anlässen üblichen Festgottesdienste. In der evangelischen Nikolaikirche hörte Hindenburg die Predigt des Generalsuperintendenten Dr. Otto Dibelius. Beim katholischen Hochamt in der St. Peter und Paul-Kirche, das Domkapitular Prälat Dr. Bannasch zelebrierte, war Himmler zugegen. Hitler und Goebbels besuchten in dieser Zeit die Gräber der ermordeten Märtyrer der braunen Bewegung auf dem Luisenstädtischen Friedhof in Berlin.

Unter dem Glockengeläut aller Potsdamer Kirchen begaben sich im Anschluß an die Gottesdienste die Abgeordneten mit Hitler und der Reichsregierung an der Spitze zur Garnisonkirche, wo auch Hindenburg nach einer Autofahrt von der Historischen Mühle durch den Park und die Stadt eintraf. Hindenburg schritt dann die an der Garnisonkirche aufmarschierten Ehrenkompanien des Infanterie-Regiments Nr. 9 sowie der SA, des Stahlhelms und der deutschnationalen Kampfstaffeln ab und begrüßte die Kriegsveteranen von 1866 und 1870/71. Alles, was Rang und Namen hatte, war zu diesem Fest geladen. Nur die SPD-Fraktion und die KPD-Abgeordneten, gegen die bereits Haftbefehle liefen, waren ausgeschlossen. In der Kirche wurde der Staatsakt mit dem Choral von Leuthen: »Nun danket alle Gott« eröffnet. Danach sprach Hindenburg, »der Mentor des deutschen Volkes zu seinem Volk, ja, zur Welt«, »klar, kräftig, kurz, dennoch durchzittert von dem Wissen dreier Generationen um Deutschlands Schicksal, um Deutschlands Ruhm und Aufgang, seinen Niedergang und um die endliche Wiedererhebung«, wie es in der Angermünder Zeitung vom 21. März 1933 hieß. Hitler verkündete seinen »unerschütterlichen Willen, das große Reformwerk der Reorganisation des deutschen Volkes und des Reiches in Angriff zu nehmen und entschlossen durchzuführen«. Nachdem das letzte Wort gesprochen war, begab sich Hindenburg an die Särge von

Marsch zur Garnisonkirche,
Alter Markt, 21. März 1933

Friedrich Wilhelm I. und Friedrich II. und legte einen Lorbeerkranz nieder. Eine Reichswehrbatterie salutierte dazu im Lustgarten.

»Unvergeßlich der nun folgende Augenblick«, schrieb die Angermünder Zeitung und Kreisblatt am 21. März: »Ein inniger Händedruck zwischen dem greisen Feldmarschall und dem jungen Kanzler der nationalen Erhebung besiegelte den Bund …«

Die »Potsdamer Rührkomödie«, wie dieses erste Meisterstück von Goebbels auch genannt wurde, hatte ihre Wirkung nicht verfehlt. Das Land war begeistert, und Goeb-

bels resümierte mit sich zufrieden in seinem Tagebuch: »Am Schluß sind alle auf das tiefste erschüttert«. »Wie eine Sturmwelle ist gestern die nationale Begeisterung über Deutschland hinweggefegt«, berichtete die Berliner Börsen-Zeitung. Selbst Menschen, die später im deutschen Widerstand für eine Beseitigung Hitlers und die Beendigung des Krieges kämpften, konnten sich der Wirkung des Ereignisses nicht entziehen. Henning von Tresckow zum Beispiel, ein Mann des 20. Juli 1944, »traute den Bildern dieses Tages. Noch hielt er sich an den ... Augenschein. Angerührt von der ›Symbiose zweier Deutschland‹ ...«, wie sein Biograph Bodo Scheurig feststellte. Nur wenige wie General Kurt Freiherr von Hammerstein-Equord, der Chef der Heeresleitung, sahen die Wirklichkeit.
Ines Reich

»Graf Neun« und der 20. Juli 1944

Als die Potsdamer am 21. Juli 1944 in der Potsdamer Tageszeitung lasen, daß am Tag zuvor ein »Mordanschlag einer wahnsinnigen Generalsclique auf den Führer« verübt wurde und sie am Abend zu einer Großkundgebung der NSDAP auf dem Bassinplatz erschienen, um sich zu Adolf Hitler zu bekennen, ahnten sie nicht, daß der gescheiterte Umsturzversuch und seine Vorbereitung einen deutlichen Potsdamer Akzent trugen. Eine große Zahl der damals Handelnden lebte und arbeitete in der Stadt, plante hier den Umsturz. Mancher Fluchtweg führte über Potsdam. Die Stadt bot außerdem ein sicheres Versteck. Als Garnisonstadt war Potsdam besonders mit dem militärischen Flügel der Bewegung des 20. Juli verbunden. Er besaß hier gewisse eigenständige Zentren in den militärischen Einheiten und Dienststellen der Stadt wie im Reichsarchiv auf dem Brauhausberg oder im Infanterie-Regiment Nr. 9 (I. R. 9), das wegen seines hohen Anteils an adligen Offizieren scherzhaft als »Graf Neun« bezeichnet wurde. Aus dem I. R. 9 ging eine Reihe von Offizieren hervor, die aktiv an der Aktion beteiligt waren, Hitler zu töten, die Macht zu übernehmen und den Krieg zu beenden. Man weiß von 20 »Neunern« – Angehörige und Ehemalige – unter den Verschwörern des 20. Juli: Kein anderes Wehrmachtsregiment hat damit mehr Hitlergegner hervorgebracht als das I. R. 9.

Schlüsselfiguren des Widerstandes aus dem I. R. 9 waren Generalmajor Henning von Tresckow, Chef des Generalstabes der 2. Armee, von 1923 bis 1934 als Leutnant bzw. Hauptmann im I. R. 9, und Oberleutnant d. R. Fritz-Dietloff Graf von der Schulenburg. Tresckow gehörte zu den tatkräf-

Henning von Tresckow (1901–1944)

tigsten Offizieren. Er organisierte bereits 1943 – Stauffenberg gehörte noch nicht der Verschwörung an – die ersten Attentatsversuche. Im Sommer 1943 bearbeitete Tresckow zusammen mit General Olbricht den militärischen Aufmarschplan, der unter dem Decknamen »Walküre« bekannt ist. Schulenburg, Verwaltungsjurist, seit 1937 stellvertretender Polizeipräsident von Berlin, ab 1939 stellvertretender Oberpräsident in Schlesien, erhielt in seinen Positionen einen tiefen Einblick in die Rücksichtslosigkeit der nationalsozialistischen Politik. Er wurde zum entschiedenen Gegner des NS-Staates und forderte ab 1938/39 den völligen Umsturz. Ab Anfang 1944 bildete er den Mittelpunkt eines kleinen verschworenen Kreises von Offizieren im Ersatzbataillon 9, in der Stammkaserne des I. R. 9 in der Potsdamer Priesterstraße (heute Henning-von-Tresckow-Straße). Weiterhin gehörten zu den verschworenen Offizieren des I. R. 9: Oberstleutnant Hasso von Boehmer, Major Axel Freiherr von dem Bussche-Streithorst, Hauptmann Dr. Hans Fritzsche, Oberleutnant Helmuth von Gottberg, Oberleutnant Ludwig Freiherr von Hammerstein, Oberstleutnant d. R. Carl-Hans Graf von Hardenberg-Neuhardenberg, Generalleutnant Paul von Hase, Leutnant Ewald Heinrich von Kleist, Oberst Hans Otfried von Linstow, Hauptmann Friedrich Karl Klausing, Major d. R. Ferdinand Freiherr von Lünick, Major d. R. Herbert Meyer, Leutnant Georg-Sigismund von Oppen, Feldwebel d. R. und OA Prof. Hermann Priebe, Oberst Alexis Freiherr von Roenne, Oberstleutnant Gerd von Tresckow, Oberstleutnant i. G. Hans-Alexander von Voß und Hauptmann d. R. Achim Freiherr von Willisen. Diese 20 Offiziere – darunter viele Reservisten und nur kurzzeitig Dienende – belegen angesichts von 1 000 das I. R. 9 durchlaufenden Offizieren einschließlich der Reservisten und Tochterregimenter bei aller Unterschiedlichkeit ihres Widerstandes vor allem die Besonderheit ihres Handelns. Der Weg der 20 »Neuner« in den Widerstand, von denen viele 1933 durchaus noch keine Gegner des Nationalsozialismus waren, verlief so verschieden, wie es die Motive und die Erfahrungen dieser Männer waren. Dennoch muß es auch prägende Gemeinsamkeiten gegeben haben, die aus den Traditionen des I. R. 9 erwuchsen. Dazu gehörte u. a. das aristokratische, positive Elitedenken im Sinne einer höheren Verantwortung. Für den damals 21jährigen Potsdamer Georg-Sigismund von Oppen »stand bei der Mitwirkung an dem Umsturzversuch die Beseitigung der NS-Führungsspitze im Vordergrund, notwendig für eine politische Lösung des Krieges, für die Erhaltung des Reiches und einen staatlichen Neuaufbau.« Er handelte aus einem hohen Verantwortungsbewußtsein, aus rechtsstaatlichen und politischen Motiven heraus, als er sich zusammen mit seinen jungen Regimentskameraden Hammerstein, Kleist und Fritzsche am 20. Juli 1944 Stauffenberg als Ordonanzoffizier im Bendlerblock zur Verfügung stellte. Es muß zwar offen bleiben, inwieweit preußische Einflüsse und Traditionen den schwerwiegenden Schritt in den Widerstand motivationsbildend erleichterten – daß sie es getan haben, bekräftigte Ekkehard Klausa: »Am 20. Juli 1944 hat der soldatische ›Geist von Potsdam‹ noch kurz vor Toresschluß Hitlers ›Tag von Potsdam‹ widerlegt.«

Ines Reich

Kaserne in der Priesterstraße, heute Henning-von-Tresckow-Straße, um 1932

Ein Gottesgeschenk

Mein Mann war nach dem 20. Juli 1944 von der Gestapo verhaftet und, nach Stationen in Greifswald und Stettin, nach Potsdam transportiert worden. Das Gestapogefängnis dort lag nahe der Garnisonkirche, und das Glockenspiel war für viele Gefangene ein täglicher Trost, besonders auch die Sonntage, wo das Programm etwas länger war.

Glockenist Prof. Otto Becker (1870–1954) am Manuale des Glockenspiels der Garnisonkirche

Am 1. Oktober, dem Geburtstag meines Mannes, durfte ich zwar ein kleines Päckchen für ihn bei der Pforte abgeben, hatte aber keine Sprecherlaubnis erhalten. Bei meiner sorgenvollen und traurigen Rückwanderung über den riesigen Exerzierplatz vor dem Schloß hörte ich das sonntägliche Glockenspiel, und da ich wußte, daß es an Feiertagen von Hand gespielt wurde, kam mir der Gedanke, den Kantor – Prof. Becker, wie ich später erfuhr – um die Lieblingschoräle meines Mannes zu bitten. Die Kirche war verschlossen, der mühsam ausgemachte Küster öffnete mir schließlich und erlaubte mir, die vielen Stufen bis zur Glockenstube hinaufzusteigen, wo ich Prof. Becker am Manual sitzend antraf. Als ich ihm mein Anliegen vortrug, ging er sofort bereitwillig und freudig darauf ein, und nun erklangen die alten, geliebten Lieder »Harre meine Seele«, »Herz und Herz vereint zusammen«, »Jesus, geh voran« und noch manche andere. Es war eine unvergeßliche Stunde und für meinen Mann wie ein Wunder, ein Gottesgeschenk zu seinem Geburtstag und eine tiefe Stärkung – er hatte ja nichts von meinem Plan gewußt.

Von jetzt an spielte Prof. Becker noch oft für die Gefangenen. Ich glaube, man kann kaum ermessen, was dies für Menschen bedeutete, die in steter Angst und Lebensgefahr schwebten.

Ich denke immer wieder an Prof. Becker, sehe seine kleine Gestalt mit dem gütigen Gesicht vor mir und bin ihm dankbar bis an mein Lebensende.
Sigrid von Rohr

»Flammen, nichts als Flammen«

»Potsdam, die historische Residenz Friedrich des Großen, war das Ziel eines nächtlichen britischen Terrorangriffs. Erhebliche Teile der Altstadt mit ihren zahlreichen historischen Bauten, darunter die Garnisonkirche, wurden vernichtet. Die Personenverluste sind erheblich.«

Dieses Zitat aus dem »OKW-Bericht« (Oberkommando der Wehrmacht) vom 15. April 1945 war die einzige offizielle deutsche Verlautbarung für ein Ereignis unter vielen, das die stadtgeschichtliche Entwicklung entscheidend geprägt hat und eine Zäsur setzt. Der Angriff auf Potsdam in der Endphase des 2. Weltkrieges hat trotz größter Not überall Betroffenheit hervorgerufen. So schrieb der dänische Journalist Jacob Kronika am 16. April 1945: »Die Berliner, die doch unzweifelhaft eine gewisse Übung im Ertragen von Luftangriffen haben, sind wegen des letzten Großangriffs auf Potsdam tief erschüttert.«

»Schmerzlich der Untergang der Heimatstadt, erschütternd das menschliche Elend, am bittersten das Bewußtsein, diesen Massenmord in einer Kulturwelt des 20. Jahrhunderts erlebt haben zu müssen«, schrieb ein Potsdamer Bürger unmittelbar nach dem Angriff. Es ist besonders tragisch, daß Potsdam zerstört wurde, als der Krieg längst entschieden war. Als Trecks und Flüchtlinge vor der anrollenden Roten Armee flohen, als Fanatiker Kinder an die Front schickten, Greise und Invaliden mit Waffen ausrüsteten, da erst brach das Unheil über Potsdam herein. Genau am Sonnabend, dem 14. April 1945. Der geschichtliche Zufall will es: auf den Tag 200 Jahre nach der Grundsteinlegung des Schlosses Sanssouci und 100 Jahre nach der Grundsteinlegung der Friedenskirche. Die zahlreichen Fliegeralarme ohne nachfolgende Bombardierung hatten viele Potsdamer nicht sofort und schnell die Luftschutzräume aufsuchen lassen. Das wurde ihnen am 14. April zum Verhängnis. Als gegen 22.15 Uhr die Sirenen aufheulten, fielen kurz danach die ersten Bomben auf das Stadtgebiet. »Kaum war Fliegeralarm gegeben, tauchten auch schon die ersten Maschinen auf, setzten die ›Christbäume‹ ab mit zahllosen Leuchtbomben, die ganz Potsdam in Sonnenhelligkeit tauchten und jeden Stadtteil klar erkennen ließen. Kurz darauf traf bereits die erste Welle der Stabbrandbombenwerfer ein, und wenige Minuten später loderten aus zahllosen Dachstühlen die ersten Brandfackeln wie flammende Pilze auf, die sich mit ungeheurer Schnelligkeit zu nächtlichen Feuerzentren entwickelten. Noch hatten wir Telefonverbindung und konnten nur durchgeben: Außer den nordwestlichen Wohngebieten stehen Zentrum und Altstadt in Flammen, Einschläge nicht mehr zu zählen«,schilderte ein Luftbeobachter der seinen Standort auf dem Turm der Garnisonkirche hatte.

Eine Potsdamerin, die den Angriff in einem Eckhaus des Alten Marktes erlebte, berichtete: »Mit ungeahnter Schnelligkeit fielen die Bomben, Schlag auf Schlag. Trotz sehr dicker Wände im Keller begann das Haus zu schwanken. Wir waren etwa siebzehn Personen, die Hälfte Kinder. In einer Art Erstarrung warteten wir, was die nächsten Sekunden bringen würden. Bald sahen wir ringsum nur noch ein riesengroßes Flammenmeer. Gegenüber brannten das Stadtschloß, die rechte Marktseite mit den Geschäften, drüben die Schwertfegerstraße und die linke Seite der Kaiserstraße, alles Flammen, nichts als Flammen, dazwischen die furchtbaren Bombeneinschläge. Da, ein besonders nervenzerrüttender Einschlag, unsere Fenster zerbersten, die Türen fliegen heraus, wir sind im Keller und doch im Freien, das Haus schwankt, aber wir leben, und doch muß in nächster Nähe Entscheidendes geschehen sein. Später erfuhren wir, daß auf dem Bahnhof ein Munitionszug in die Luft gegangen war.« Diese mit Munition beladenen Waggons verursachten noch stundenlang Explosionen.

Brennender Turm der Heiligengeistkirche

Jetzt bekannte Berichte der Flugzeugbesatzungen der 8. Group (Geschwader) registrierten eine große Explosion gegen 22.57 Uhr. Einen Eindruck von der Wucht des Luftangriffs vermitteln uns die Tagebuchaufzeichnungen von August Burda: »Am Sonnabend, ungefähr 22 Uhr, wurde durch die Sirenen öffentlicher Fliegeralarm gegeben. Der Drahtfunk meldete: Starke Verbände im Anflug. Entgegen den sonstigen Gewohnheiten, wo die Bewohner des Pfarrhauses kaum die Luftschutzräume aufsuchten, fanden sie sich alle bald ein. Die Schwestern aus dem Hause Charlottenstraße 54 konnten

Blick von der Nikolaikirche zur
Berliner Vorstadt, 1946

Stadtschloß, 1960

nur in den dortigen Keller gelangen, denn bald darauf fielen die ersten Bomben und dann in ununterbrochener Folge. In dem hinter uns liegenden Posthof wurde durch die dort lagernden Benzinvorräte ein gewaltiges Feuer entfacht. Da der Lichtschein des Feuers ins Haus fiel, nahmen wir an, daß wir den Brand im Hause hatten. Wir wollten uns zum Löschen bereitmachen, da zwang uns nun Bombeneinschlag um Einschlag in den Keller zu flüchten. Im Keller, wo alles in eine Ecke zusammengerückt war, ging plötzlich das Licht aus. Die Erde bebte. Der Luftdruck der explodierenden Bomben drang bis in den Kellerraum und drückte fürchterlich auf die Ohren. Die Luft im Schutzraum sättigte sich mit Mauerstaub. In dieser Todesangst wurde gebetet, wurde beinahe schreiend der Herrgott angerufen, um Abwendung dieser großen Gefahr. So wie wir in dieser Nacht gebetet hatten, haben wir noch nicht gebetet, wir fühlten uns wie auf einem sinkenden Schiff. Während Bombe auf Bombe einschlug, mein Hut flog mir plötzlich vom Kopfe, ich tastete nach meinem Stahlhelm, da spürte ich doch einen frischen Luftzug, der mir die Gewißheit gab und die Hoffnung, daß wir nicht verschüttet waren. Zwanzig Minuten soll dieses Bombardement gedauert haben, uns kam es wie Stunden vor, was wir in dieser Nacht erlebt und gefühlt, ist kaum zu beschreiben ...«

Hartmut Knitter

An der Grenze zweier Welten

Ein Schicksal kann man sich nicht aussuchen, es wird einem zuteil. Dennoch kommt es nicht aus heiterem Himmel, sondern erwächst aus Zusammenhängen. An der Nachkriegsgeschichte Potsdams wird dies wie selten sonst deutlich. Die Mischung aus Schuld und Ohnmacht, Versagen und Verhängnis, die den Weg Deutschlands in diesem Jahrhundert charakterisiert, hat ihre getreue Spiegelung auch im Schicksal der Stadt.

Ohne direktes Zutun ist Potsdam zur Symbolgestalt für preußisch-deutschen Militarismus und reaktionären Konservatismus geworden, weit über die deutschen Grenzen hinaus. Dieses Odium wird der Stadt sicher noch lange erhalten bleiben.

Die geographische Nähe zu Berlin ließ die Stadt über Jahrzehnte der südwestliche Nachbar der »besonderen politischen Einheit West-Berlin« sein, um den Sprachgebrauch der ehemaligen Warschauer-Vertrag-Staaten noch einmal zu verwenden.
Schließlich war und blieb Potsdam ein Ort, an dem trotz hoher Kriegsverluste und teilweise bewußter Zerstörung in den Folgejahren eine hohe Präsenz des geschichtlichen kulturellen Erbes Brandenburg-Preußens, ja Deutschlands gegeben war.

Die Siegermächte wählten Potsdam zum Ort ihrer ersten Nachkriegskonferenz und das letzte von den Hohenzollern gebaute, 1917 fertiggestellte Schloß Cecilienhof als Tagungsstätte. Die »Potsdamer Konferenz« wurde so das erste große Nachkriegsdatum für die Stadt, mit dem sie schon wieder »in die Geschichte eingehen« sollte. Und gleich war Potsdam hineinverwoben in die Auseinandersetzung um Auslegung und Durchführung der Ergebnisse dieser Konferenz. Der Zerfall der Anti-Hitler-Koalition und der Beginn der Ost-West-Konfrontation, der sogenannte Kalte Krieg, entschied auch über das weitere Geschick der Stadt.

Eine Merkwürdigkeit bleibt es schon, stellt man die historischen Ereignisse nebeneinander, bei denen der Name Potsdams sich unauflöslich mit dem geschichtlichen Vorgang verband: das »Potsdamer Edikt« des Großen Kurfürsten von 1685, der schreckliche »Tag von Potsdam« in der Garnisonkirche 1933 und eben die »Potsdamer Konferenz« der Siegermächte über Deutschland in Cecilienhof 1945.

Dabei ist die Stadt nie selbst aktiv an diesen Ereignissen beteiligt gewesen; immer wurde sie nur zum Rahmen gewählt, in den andere

Abriß des Stadtschlosses, 1960, rechts der Marstall, heute Filmmuseum

das Bild setzten. Aber die Folgen hat die Stadt meist mitzutragen gehabt. Wegen des »symbolischen Potsdam« wurden Stadtschloß und Garnisonkirche gesprengt, wurden Urteile und Vorurteile mit dem Namen der Stadt verbunden, wurde wohl auch im April 1945 der Luftangriff durchgeführt, der die Innenstadt in Schutt und Asche legte.

Die jüngeren Einwohner der Stadt werden sich kaum vorstellen können, daß man bis 1961 mit der S-Bahn für wenig Geld von Potsdam nach Berlin in die Innenstadt fahren konnte und umgekehrt. Es ging dabei in der Regel nicht ohne mehr oder weniger lästige Kontrollen ab. Aber es gab doch einen ständigen Strom von Fahrgästen in beiden Richtungen. Viele freilich, die in Potsdam die S-Bahn bestiegen, kehrten nicht mehr zurück.

Zur ersten Welle von Potsdamern, die auf Nimmerwiedersehen die Stadt verließen, gehörten viele der ansässigen Familien, die nach Tradition und Herkommen aus den Kreisen des Adels und des konservativen Bürgertums stammten und nach 1945 als Militaristen und Junker, als Vertreter einer reaktionären Bourgeoisie galten. Mit dem Fortgang dieses Bevölkerungsteiles wie mit der weitgehenden Zerstörung der Innenstadt verlor Potsdam seinen ganz spezifischen Charakter, wohl für immer.

Es folgten dann die Handwerker und die kleinen Geschäftsleute, Wissenschaftler und Künstler und immer wieder jüngere Menschen, die nur im Westen eine Chance für sich und ihr Leben sahen. Es hat die Potsdamer hart getroffen, als am 13. August 1961 »Schluß« war. Die »Brücke der Einheit« wurde unpassierbar. An die Stelle der bequemen und schnellen S-Bahn-Verbindung trat eine unter großen Anstrengungen gebaute Umgehungsbahnlinie, auf der dann der sogenannte Sputnik fuhr. Dennoch blieb West-Berlin den Potsdamern immer nahe. Wer nach Schönefeld fuhr, sah die Silhouette der nun so fernen und doch so nahen Nachbarstadt während eines bestimmten Streckenabschnittes der Straße seitlich am Horizont liegen, erblickte des Nachts ihre Lichter. Ständige Erinnerung an eine Wunde, die als »Folge des Zweiten Weltkrieges« ausgegeben wurde. An sie konnte und wollte sich niemand gewöhnen.

War Potsdam bis zur Einführung der Bezirke Sitz der Provinzialregierung Brandenburgs, so wurde sie 1952 Bezirksstadt des gleichnamigen Bezirkes. In späterer Zeit wird einmal untersucht werden müssen, wie die Nachbarschaft zu Westberlin in Potsdam und im ganzen Bezirk eine Reihe erkennbarer, oft aber auch nur atmosphärischer Unterschiede zu anderen Bezirken der ehemaligen DDR bewirkt hat. Die Umquartierung von Bürgern, die Isolierung der Grenzbereiche und die Vielzahl von Kontrollen, der hohe Anteil von erkennbaren und nicht sofort erkennbaren Leuten, die mit der »Sicherung der Grenze« zu tun hatten, gehörten dazu, ganz abgesehen von den einzelnen schrecklichen Vorkommnissen bei Versuchen, die Mauer zu überwinden. Und natürlich beherbergte Potsdam eine große sowjetische Garnison.

Andererseits gab es auch positive Folgen. Das erzwang die Mediennachbarschaft, deren »Ausstrahlung« durch nichts zu verhindern war. Dafür sorgte auch die zwar unauffällige, aber doch erkennbare Präsenz der alliierten Militärmissionen. Die Stadt bot sich förmlich an für private, halboffizielle und offizielle Besuche und damit für Kontakte und Begegnungen, die nicht ohne Auswirkungen auf die kulturellen, wirtschaftlichen und politischen Entwicklungen und Beziehungen bleiben konnten. Viele bedeutende Persönlichkeiten aus Politik, Wirtschaft und Kultur kamen nach Potsdam, öffentlich oft mit Stillschweigen übergangen, aber faktisch im intensiven Gespräch mit den Menschen der Stadt und des Umlandes, auch solchen, die zu den damaligen politischen Verantwortungsträgern gehörten. In diesem Zusammenhang sind auch eine Reihe öffentlicher und viel beachteter Veranstaltungen in Potsdamer Kirchen zu nennen. Nicht von ungefähr besuchte gleich nach der Wende der amerikanische Außenminister Baker Potsdam und führte in der Nikolaikirche ein Gespräch mit den Christen dieser Stadt.

Im Spannungsfeld des Ost-West-Konfliktes stand auch die Auseinandersetzung um die Frage nach der deutschen Vergangenheit. Beide damaligen deutschen Staaten erhoben den Anspruch, der erste wirklich demokratische und friedliche deutsche Staat zu sein. Als erster »sozialistischer Arbeiter- und Bauern-Staat« meinte die DDR alles, was an die Geschichte, selbst an das kulturelle Erbe lebendig erinnern konnte, in Potsdam eliminieren, es neu interpretieren, ja fälschen zu sollen. Nur auf die Fundamente sozialistischer Tradition von Thomas Müntzer über Marx und Karl Liebknecht, Rosa Luxemburg bis zur KPD der Weimarer Republik sollte das neue »Vaterland« gegründet sein. Potsdam war für ein solches Experiment besonders ungeeignet. Darum geriet die Stadt als Symbolgestalt auch immer wieder ins Visier einer permanenten Anfeindung und Verleumdung. Darum wurde Potsdam über lange Jahre hin auch durch eine rigide Kulturpolitik mißhandelt und geschunden. Die Folgen dieser Politik liegen noch heute auf der Hand.

Um so mehr hatte verwundert, als die »Erberezeption« zum politischen Programm wurde. Es begann mit dem Lutherjahr 1983, setzte sich fort mit einer Neubewertung Friedrichs II. und in Ansätzen Preußens und sollte in Richtung auf Bismarck fortgeführt werden. Es ist hier nicht der Ort, über diese Erberezeption und ihre Hintergründe zu schreiben. Sie ist aber als Faktum zu erwähnen, weil sich dies für die Stadt Potsdam deutlich auswirkte. Die präsente Geschichte und Kultur Brandenburg-Preußens durfte wieder wahrgenommen und diskutiert werden. Mehr und mehr Besucher kamen, um diese Vergangenheit kennenzulernen. Die große Ausstellung im Neuen Palais zum 200. Todestag von Friedrich II. unter dem Thema »Friedrich II. und die Kunst« im Jahre 1986 war durchaus eine kleine Sensation für die damalige Zeit. Auch die Veranstaltungen zum Gedenken an das Potsdamer Edikt 1985 machten den Umgang mit dem Erbe deutlich. Nicht unerwähnt bleiben sollte das Potsdamer Kabarett am Obelisk und die denkwürdige Aufführung am damaligen Hans-Otto-Theater »Die Preußen kommen«. Hier regte und bewegte sich, bei aller Eingrenzung durch einen vorgegebenen Handlungsspielraum, doch ein Wille zum freien Gedanken und zum freien Wort. Aber die wirklich verändernden und die Stadt Potsdam vor eine neue Situation stellenden Ereignisse waren eben wieder sich außerhalb der Stadt vollziehende Entwicklungen, das Ende des Ost-West-Konfliktes durch die Auswir-

Abriß des Stadtschlosses, 1960, in der Mitte der Turm der Garnisonkirche (1968 abgerissen)

kungen der neuen Politik Gorbatschows.
Potsdam steht im Guten wie im Bösen für die Geschichte Brandenburg-Preußens, für einen gut Teil deutscher Geschichte überhaupt. Ein Erbe kann man verleugnen, aber man wird es nicht los. Im Erbe Potsdams ist vieles enthalten, was Bewahrung verdient, und sei es nur um eines kritischen Gedankens willen.
Günter Bransch

Potsdam hinter der Mauer

Am 17. Juli 1991 fuhr ich vom Bahnhof Zoo mit der S-Bahn nach Potsdam. In Wannsee mußte ich umsteigen, in Potsdam-Stadt, einst Hauptbahnhof, stieg ich aus. Es war eine Reise in die Vergangenheit.
Zuletzt war ich am 20. April 1945 vom Bahnhof Babelsberg zum Lehrter Bahnhof gefahren. Die Babelsberger Straße zeigte sich so trostlos wie eh und je, auf der linken Seite Lauben und am Ufer der Nuthe zwei armselige Bootshäuser, rechts ein noch immer brennendes Eisenbahngelände. Waggons schwelten, und aus dem Reichsbahnausbesserungswerk stieg blasser Qualm in den blauen Frühlingshimmel. Hinter mir eine zerstörte Stadt, doch am Schwielowsee sammelte sich, wie man hörte, eine Armee, die den Feind über die Oder zurückwerfen werde.

Neuer Garten, 14. August 1961

Im Juni 1947 kam ich wieder in die Stadt. Inzwischen arbeitete ich als Redakteur im Nordwestdeutschen Rundfunk in Hamburg, doch die Ausstellung eines »Interzonenpasses« verzögerte sich. Im Harz ging ich illegal über die Grenze. Ein Bekannter meines Vaters saß in der Stadtverwaltung, er war jetzt Kommunist und besorgte mir einen Ausweis in deutscher und in russischer Sprache. Abends wurde politisch diskutiert und viel getrunken, denn er konnte nicht nur Ausweise, sondern auch Wodka beschaffen. Ich sollte bleiben, doch ich blieb nicht. Zum Abschied schenkte mir der Kommunist das Buch »Stalingrad« und sagte: »Damit du die Wahrheit erfährst, denn drüben in Hamburg drucken die Faschisten sowas nicht.«

1959 starb mein Vater. Seine Briefe an mich sind eine Dokumentation des Niedergangs, des Verfalls einer Stadt, ihrer Kultur. Als die Ruine des Stadtschlosses gesprengt wurde und später die der Garnisonkirche, schrieb ich darüber Artikel, auch über die neue S-Bahn um Berlin herum und den Hauptbahnhof am Templiner See. Potsdam entfernte sich, es war, als blicke man durch ein umgedrehtes Fernglas.

Es flammte noch einmal Hoffnung auf während der Berliner Konferenz im bitterkalten Winter 1952. Zu viert berichteten wir damals für den NWDR aus Berlin. Nach jeder Sitzung gab es separate Pressekonferenzen der vier Mächte. Selten waren sie ergiebig, und mit dem Ende der Konferenz war auch die Hoffnung dahin; der Kalte

Sprengung der Garnisonkirche, 1968

Krieg verschärfte sich. Nach Potsdam bin ich in jenen Tagen nicht gefahren.

Über Jahre hin begegnete mir Potsdam nun auf andere Weise. Und von Zeit zu Zeit fast täglich. Die Deutsche Frage beschäftigte die Politik und damit auch mich als Redakteur fürs Politische. Keine Rede, kein Memorandum, keine Note zur Frage, in denen nicht das Potsdamer Abkommen zitiert wurde. So wurde Potsdam zu einem abstrakten Begriff und schließlich zur Worthülse der Politik. Briefe aus Potsdam kamen nicht mehr, ich wußte niemanden, an den ich hätte schreiben sollen. Erst 1969 hatte ich einen Briefwechsel mit einer Institution der DDR, dem Staatsarchiv in Potsdam. Ich bereitete eine dreistündige Dokumentation über die Geschichte der Reichswehr und Wehrmacht für das Deutsche Fernsehen, die ARD, vor. Ich hatte den Leiter des Archivs gebeten, Fotos, Dokumente und Filmpassagen, falls für mein Vorhaben brauchbar, kopieren zu dürfen. Nach einigem Hin und Her wurde ein Besuch vereinbart. Einen Tag vor der Abreise telegraphierte mir der Leiter, daß ich aus Sicherheitsgründen nicht kommen könne. Die Dokumentation kam auch ohne das Potsdamer Archiv zustande.

Von 1952 bis 1990 bin ich von Hamburg und Köln, Frankfurt und München sicherlich mehr als zweihundertmal nach Berlin geflogen. Man flog niedrig oder tief, denn in den Luftkorridoren war die Flughöhe begrenzt. Wann immer es ging, setzte ich mich so, daß ich sowohl auf dem Hinflug als auch auf dem Rückflug aus dem Fenster auf Potsdam herunter sehen konnte: die Nikolaikirche, die Schlösser, die Havelseen, Caputh und Werder, und besonders markant, der Fahrländer See. Natürlich auch die Mauer um Berlin. Dort unten hatte man im Ruderboot gesessen, mit dem Segelboot vor dem Wind gelegen, in den Wäldern gezeltet. Blau und grün leuchtete es herauf, Edelsteine in einer unzerstörten Landschaft, von oben betrachtet. Melancholie war es manchmal, aber nicht Heimweh. Und nicht selten – wieder zu Hause – schlug man bei Fontane nach. Zu Beginn der siebziger Jahre begannen zwischen der ARD und dem Ostberliner Außenministerium Verhandlungen über die Eröffnung eines Fernsehstudios in Ostberlin. Ich gehörte zur Delegation. Mit dem Beginn der Fernsehberichterstattung aus der DDR erhielt man leichter eine Einreisegenehmigung. Doch erst 1978 war ich wieder in Potsdam. Die Stadt hatte sich sehr verändert, doch dort, wo von Bomben nicht zerstört, erkannte man sie wieder, wenngleich fast alle Straßen andere Namen trugen als einst. Der Park von Sanssouci war verwildert und das Dach der Friedenskirche schadhaft. Mein Elternhaus am Jägertor betrat ich nicht, doch von außen schien es intakt.

Fünf Jahre später wieder in Potsdam. Ich hatte den Eindruck, je üppiger die Meldungen über die Erfolge des real-sozialistischen Aufbaus klangen, um so rasanter zerfiel das, was man historische Bausubstanz nennt und wozu ja auch Bürgerhäuser gehören. War es noch meine Stadt? – Ich bin immer stolz darauf gewesen, Potsdamer zu sein, und bin es noch. Als Potsdamer wurde ich von 1945 an bis heute in viele Diskussionen verwickelt, in denen es um Preußen ging. Potsdam und Preußen, das bedingt einander, meinen viele, was ja nicht falsch ist. Doch bei dem Thema Potsdam und Preußen stößt man fast immer auf Vorurteile und Klischees, in Hamburg weniger als in Bayern. So war man denn oft, ohne es zu wollen, als Potsdamer so etwas wie ein Botschafter des Preußischen. Für viele der Inbegriff des Preußischen. In eine solche Rolle gedrängt, darf man die Schattenseiten Preußens, und das sind viele, nicht verschweigen, wenn man sich zu Preußen bekennt.

Potsdam von außen? – Ist Nostalgie eine Droge oder hat Erinnerung den Wert gleichsam eines Netzes, mit dem vom Boden der Vergangenheit nicht nur das Sterbliche, sondern auch das Unvergängliche ans Licht des Tages gehoben wird? Was ist in Potsdam unvergänglich? habe ich mich oft gefragt. Die Schlösser, die Kirchen, die Häuser? Seine Geschichte oder die Stadt als Lebensform?

Große Städte, Paris, Berlin, New York, haben Menschen geprägt, einen Menschenschlag, wie man sagt, geschaffen. Das gilt auch für manche kleinere Stadt und für Landschaften. Gilt das auch für Potsdam? – Oder muß man heute sagen: Galt dies auch für Potsdam? Lauter Fragezeichen und keine Antwort, nur so viel ist gewiß, daß Potsdam, seit es Residenzstadt wurde, aus der Geschichte nicht wegzudenken ist, und das auch in Zukunft nicht.

Heinz Werner Hübner

Wo Churchill, Stalin und Truman sich trafen

Über den Trümmern kein Rauch. Er hat sich verzogen mit dem letzten Donner des Krieges. Auch die Schornsteine schweigen. Nicht nur, weil Sommer ist oder viele von ihnen geborsten sind; wer hätte schon Brennmaterial in den Julitagen 1945. Die Menschen, die in den Kellern überlebt haben oder auf Dörfern in der Mark, von denen sie jetzt zurückkehren, laufen durch die Ruinen ihrer Straßen, Schlösser, ihrer Ideen und ihres Wahns. Es ist alles zurückgeschrumpft auf ein ganz urtümliches Maß: der Gedanke an die nächste Mahlzeit, vielleicht an den nächsten Tag. Man beginnt, die Wege freizuräumen, die vom Schutt getrennten Steine träumen vom Aufbau. Von dem ist noch nichts zu sehen in Potsdam. Aber die Havel fließt, wenn auch träge, als hätte sie Mühe, die Großworte und den Haß, die Angst und die Schreie der braunen Zeit fortzuschwemmen. Und die Kinder haben wieder einen Himmel.

Die Ordnung ist eingestürzt, gleich wird eine neue gezimmert. Da treffen sich die Herren der Welt, da wird Geschichte gemacht. Daß sie nach Potsdam kamen; den Stiefel in Preußens Genick? Aufs Pflaster paradierender Geschlechter? Dem blutigen Tier, das zweimal aus Deutschland gekrochen war, ins eiserne Herz zu treten. Aber kam es aus Potsdam? In Preußen wird die Ordnung wiederhergestellt: Das gilt zu allen Zeiten. Die Fremden besetzen das Schloß. Cecilienhof ein Ausländertreffpunkt. Aber die Potsdamer Deutschen bleiben zu Haus. Die Sieger unter sich schreiben auf, was mit ihnen kommt: Befehle. Wer Potsdam sagt, spricht in Symbolen. Doch die Sieger brauchen keine Symbole, sie haben eigene Kulte. Sie suchen nur einen Ort, der den Krieg überstanden hat – dicht bei Berlin, das in Trümmern liegt. Aber was hatten die Herren noch zu sagen, da der gemeinsame Weg beendet ist? Sie sind müde, mißtrauisch, gereizt, die Herren in den Anzügen, der Generalissimus in der weiß strahlenden Uniform. Sie setzen ihr historisches Gesicht auf und präsen-

Truman in Stalins Residenz in Potsdam-Babelsberg, Karl-Marx-Straße 21

tieren sich den Fotografen. Sie debattieren mehr als zwei Wochen am runden Tisch, hinterher hat es doch jeder anders verstanden. Sie murmeln von Abrüstung, »Entnazifizierung«, Reparationen, Demontagen. Fast ehe sie sich trennen, ist schon manches vergessen. Sie wandeln durch den Neuen Garten, Staats- und Oberhäupter, die in solcher Zahl und Größe noch niemand nach Preußen locken konnte, bei aller Toleranz. Von den Wichtigkeiten, die hier geflüstert, geschrieben und verhandelt werden, kommen später einige ins Gerede. Da gehen Finger über die Landkarte, über die deutschen Grenzen im Osten wird nicht verhandelt, sie werden gezogen. Wer will darüber richten, nach diesem Krieg, den Opfern? Blitzkrieg und Niederlage sind nicht folgenlos. Jetzt kommen die Leute aus den östlichen Territorien, aus den jetzt fremden Ländern, heim ins Reich, das kein Reich mehr ist. Der Beschluß wird in Potsdam gefaßt, auch wenn schon mancher Treck unterwegs war. Deutschland soll eins bleiben und friedlich und demokratisch, schreiben sie auf im längst geteilten Land, wissend, daß die Würfel gefallen sind und daß sie an ganz verschiedene Dinge denken, wenn ihnen diese Worte von der Zunge gehen. Der Status quo der geteilten Zonen ist in Cecilienhof, dem letzten Schloß der Hohenzollern, nicht erdacht, aber zementiert worden. Im großen Saal mit Blick auf den Jungfernsee nimmt, unsichtbar noch, ein Monstrum aus Beton Gestalt an, das sechzehn

Jahre später den Blick auf den See versperren wird, den Zugang ohnehin. Ja, hätte man nicht vorher...? Herr Churchill wird in England abgewählt, und es reist Herr Attlee an in großer Hast als neuer britischer Premier. Herr Attlee, so sagt man, hatte nicht mehr genug Zeit, sich im Amtieren und Verhandeln zu üben, so daß er Herrn Truman im Wortkampf mit dem Generalissimus nicht helfen kann. Das sagt man, aber die Truppen stehen auf beiden Seiten und bestimmen den Spielraum.

Der Wachsoldat, der vom Schloß zum See blickt, träumt von der heimatlichen russischen Erde. Die Russen, die Russen, sagt die Frau, die vom anderen Ufer in den Neuen Garten sieht, voller Haß oder Furcht, kaum mit leiser Hoffnung. Da im Schloß tagen immer die Großen, denkt sie. Von dem Dichter Reinhold Schneider weiß sie nichts, der hier im März 1933 seinen Traum von der Monarchie begrub und Deutschland Unheil prophezeite.

Ein alter Mann, jenseits von Hoffen und Fürchten, schleppt Steine im Zentrum der Stadt. Der denkt nicht an die neuen Herren ganz in der Nähe, das kleine Schloß ist ihm wie aus einer anderen Stadt, einem anderen Land, einer heilen Welt. Etwas ist zu Ende gegangen, es kann etwas Neues beginnen. Und was immer noch auf den wenigen Dächern, den Köpfen lastet: Es ist ein Morgen. Ein unänderbarer, sagt jemand und zeigt nach Cecilienhof. Ja, sie sind da und ungerufen, aber doch nicht ohne Grund.

Marco Schütz

Ein Sarg geht nicht unter

In der Nacht des 14. April fällt der Tod aus dem Himmel. Getroffen auch die Kirche der Garnison und das Stadtschloß, Flammen züngeln aus dem Glockenturm: Wir fressen den Tag von Potsdam, wir fressen den militärischen Geist. Und da im Inferno das Wunder oder die preußische Disziplin der Glocken – sie spielen »Üb immer Treu und Redlichkeit«. Die Überlebenden blicken von nun an ehrfürchtig oder voll Mißtrauen auf die Reste der ruinierten Kirche. Nur ein paar Tage, und der Spuk ist vorbei, die Kriegstagebücher werden zugeklappt, die Leute wanken aus den Kellern: Luft. Sie zählen ihre zerstörten Häuser und sind bekümmert, aber der kommende Sommer wird ihnen Decke sein in der Nacht, und die nun nicht mehr bleierne Luft singt ein Lied. Das Lied wird Gesang, wird ein Chor, ein Massenchor, und der Dirigent ist ein Russe. Vielleicht war es anders, aber in jedem Fall ansteckend. Die Augen fangen Feuer, schnell, und sie tanzen nicht nur vor Gewehren. Die

1. August 1951

einen hoffen auf den Geist, die andern fürchten ihn. Für die einen oder die anderen beschließt der Geist, sich zu zeigen. Natürlich, sagt die FDJ, es ist unsere Aufgabe, den Geist am Kragen zu packen, rein in die Kiste und weg. Der hat seine Geschichte gehabt, der Geist von Potsdam, sagen sie und denken an vom Spießrutenlauf zerschlagene Rücken, Knobelbecher, Pickelhauben und Stahlhelme, an marschierende Stahlhelme. Der Sarg ist bestellt und zugenagelt, und wie einst statt der sieben Geißlein in den Wolf, hat man in den Sarg schwere Steine getan. Der Sarg wird beschriftet mit Zaubersprüchen, die Träger sind da, und viel Volk ist angetreten und schaut zu, wie sie den Sarg die Freitreppe zur Havel hinuntertragen, gleich neben der hölzernen Brücke am Stadtschloß. Wie beim Stapellauf wird der Sarg zu Wasser gelassen, versenkt, ausgewiesen aus Potsdam, ertränkt in den Tiefen des Geschichtsbuchs. Da geschieht das nächste Wunder oder die preußische Disziplin des Geistes, der bis zum Schluß Zeichen geben will: Der Sarg taucht ein, stellt sich sofort steil auf, der Deckel klappt hoch, und heraus flieht nicht der Geist, heraus fallen die Steine. Erst beim zweiten Versuch, kräftig beladen, verschlossen, sinkt er. Die Zuschauer, die noch recht ernst gekommen waren, vielleicht dachten, der Geist nähme ein Stück Vergangenheit mit, lachen oder legen die Stirn in Falten, mißtrauisch noch einmal aufs Wasser blickend; dann gehen sie an ihre Arbeit. Wer will denen, die in Ruinen hausen, jetzt sagen: Baut das Schloß wieder auf und die Kirche, die Garnisonkirche? Nur der von fern ruft, aus anderer Zeit: Wart ihr kulturlos oder zu schwach?

Die DDR war kaum zwei Jahre, als der Geist ins Wasser fiel. Die Ruine des Stadtschlosses verschwand im Jahr der Mauer 1961, nachdem die Potsdamer (nacheifernd den Bürgern des oft umgebauten Rom) die Restmauern schon kräftig geplündert hatten: die Ziegel für den Bau von kleineren Häusern.

Im Jahr der Panzer 1968 hält ein Film den Sturz des Glockenturms der Garnisonkirche fest, der nicht mehr läutet, aber ausgehalten hat bis dort. Er wird gesprengt, verschwindet, mit ihm die kleine Notkapelle in seinem Sockel. Sie haben ihren Dienst getan, die alten Mauern: Sie sind gesehen worden. Doch es ist zu spät. Der Geist liegt auf der Stadt. Man rettet nur ein paar Steine, auch Figuren, jetzt Reliquien. Und während alle Steine dieser Kirche lautlos fallen (Der Film ist ohne Ton!) erscheint die Vision: vom Wiedererwachsen alter Häuser, vom ewigen Einsturz in der Stadt und von Abriß und kommendem Wohnplatz des nicht ertrunkenen Geistes.

Marco Schütz

»Die Mörder sind unter uns«

Während die Alliierten auf Berlin vorrücken, trägt ein junger Mann ein Filmmanuskript in seiner Tasche, das er nur vertrautesten Freunden zeigt. Seine Geschichte spielt in der Nachkriegszeit und beschäftigt sich mit Schuld und Mitschuld an einem Kriegsverbrechen, beschreibt Verzweiflung, Gleichgültigkeit und Hoffnung der Überlebenden.

Am 16. März 1946 begannen die Dreharbeiten. Am 17. Mai wurde mit Lizenz der Sowjetischen Militäradministration und mit sowjetischer Beteiligung die Filmgesellschaft gegründet, unter deren Firmenzeichen »Die Mörder sind unter uns« von Wolfgang Staudte um die Welt ging: die DEFA.

Bis September 1947 kamen nur die Babelsberger Althoff-Ateliers und die Berliner Studios für Filmarbeiten in Frage, weil das ehemalige Ufa-Gelände in Babelsberg den Besatzungsmächten als Truppenunterkunft diente. 1950 gingen die sowjetischen DEFA-Anteile an die DDR über, 1952 wurde aus der DEFA ein volkseigener Betrieb. In Babelsberg etablierte sich das Spielfilmstudio, in den Althoff-Ateliers und in Berlin hatte das Dokumentarfilmstudio Niederlassungen, Dresden war Sitz des Trickfilmstudios. In den achtziger Jahren arbeiteten ca. 4 000 Mitarbeiter für die DEFA.

Zwischen 1946 und 1990 entstanden in Babelsberg etwa 700 Spielfilme, 160 davon für Kinder. Kinderfilme waren der Exportschlager des DEFA-Außenhandels. DEFA-Märchenfilme wie »Das kalte Herz« (1950) und »Der kleine Muck« (1953) zählen zu den Klassikern dieses Genres.

Über die Kulturabteilung des ZK der SED, über das Kulturministerium und über die Besetzung der Chefetage in der DEFA nahm die Parteiführung direkten Einfluß auf Umfang und Art der DEFA-Produktion. Mit Illusionsfilm und Starkult Marke Ufa und Hollywood wollte man brechen, stattdessen die Menschen umerziehen, die den Faschismus mitgetragen hatten. Antifaschismus, der spontan mit Staudtes »Die Mörder sind unter uns« oder Maetzigs »Ehe im Schatten« entstanden war, wurde zum Programm. Die künstlerisch überzeugendsten Filme der DEFA sind Filme zu diesem Thema: »Sterne« (1959) und »Ich war neunzehn« (1968) von Konrad Wolf, »Nackt unter Wölfen« (1962) und »Jakob der Lügner« (1974) von Frank Beyer, »Die Verlobte« (1980) von Günter Reisch und Günther Rücker.

Die DEFA hatte nach Gründung der DDR den Auftrag, Zuschauer für den Aufbau des Sozialismus zu begeistern: einerseits mittels historischer Propagandafilme über Thälmann, Liebknecht oder Zetkin, andererseits durch geeignete Gegenwartsstoffe. Gestalt, Themen und Schicksal der Gegenwartsfilme spiegeln am deutlichsten das spannungsreiche Verhältnis von Kunst und Politik in der DDR. Obwohl Drehbücher im Vorfeld der Produktion oft quälend lange geprüft und umgearbeitet wurden, entstanden immer wieder Filme, in denen Zuschauer eigene Erfahrungen und Wünsche wiedererkannten. Während 1957 Gerhard Kleins Film über junge Leute in einer geteilten Stadt »Berlin – Ecke Schönhauser« trotz massiver Parteischelte noch ins Kino kam, wurde sein Film »Berlin um die Ecke« verboten. Wie neun andere Filme fiel er 1965/66 dem berüchtigten 11. Plenum zum Opfer. Aufsässigen Künstlern blieb häufig nur die Wahl zwischen der Flucht in die Vergangenheit oder der Flucht über die Grenze gen Westen. Extreme Formexperimente und deutliche Gegenpositionen zur offiziellen Weltsicht waren unter DEFA-Produktionsbedingungen unmöglich. Aber auch nach dem Verbot von »Spur der Steine« (1966) regte sich wieder Interesse an den Lebensvorgängen im eigenen Land. Roland Gräf und Lothar Warneke suchten um 1970 mit Mitteln aus dem Dokumentarfilm nach Wahrheit und Einfachheit. Frauenfiguren fochten für Aufrichtigkeit und Recht auf Individualität in Egon Günthers »Der Dritte« (1971), Heiner Carows »Die Legende von Paul und Paula«

E. W. Borchert (r.), A. Paulsen in »Die Mörder sind unter uns« (1947), Regie: W. Staudte

(1972) und in Konrad Wolfs »Solo Sunny« (1980). Den durch das sozialistische Erziehungsmodell hervorgerufenen Bruch mit dem Unterhaltungsfilm hat die DEFA nie überwunden. Als man endlich akzeptierte, daß Kino auch Vergnügen machen sollte, weil es sonst an Wirkung verliert, waren Genreerfahrungen und Kontinuität im Schauspiel verloren. DEFA-Indianer- und Science-Fiction-Filme, DEFA-Krimis, Lustspiele und Musikfilme sind, von wenigen Ausnahmen abgesehen, ein kurioses Fiasko.

Mit der DDR ging ein Kapitel der deutschen Filmgeschichte zu Ende. Die besten Arbeiten, aber auch das Mittelmaß und schwache Filme sind Zeitzeugen für Irrungen und Hoffnungen, die mit dem Sozialismus in der DDR verbunden waren.

Am 1. Juli 1990 wurde die DEFA in eine Kapitalgesellschaft umgewandelt. Die Mehrzahl der Mitarbeiter, von Handwerkern bis zu den Künstlern, wurde entlassen. Ob die traditonsreichen Studios in Babelsberg, über denen mehr als ein Mal in ihrer 80jährigen Geschichte der Pleitegeier kreiste, als Ort für Filmproduktion überleben können, wird man vielleicht wissen, wenn dieses Buch erscheint.

Bärbel Dalichow

Kino im Reitstall

Im Zentrum unserer Stadt steht der Marstall als letztes bauliches Zeugnis der Stadtresidenz. Er bildete einst den nördlichen Abschluß des Lustgartens am Havelufer. 1685 nach Entwürfen von Johann Arnold Nehring im Auftrage des Großen Kurfürsten als Orangerie errichtet, zogen bereits 1714 die königlichen Reitpferde in das Gebäude ein, aus dem Garten wurde ein Exerzierplatz.
1746 wurde der Marstall nach Entwürfen von Knobelsdorff erweitert, umgebaut und mit Plastiken von Christian Glume geschmückt. Bis zum Frühjahr 1919 blieb das Haus ein Reitstall. Nach dem Ende der Monarchie wurden die Pferde 1919 versteigert, der Marstall hatte keine Funktion mehr. Mitte der zwanziger Jahre beherbergte das Haus ein Garnisonmuseum. Ab 1927 zeigte der Potsdamer Kunstverein hier seine Ausstellungen.
Bei den Bombenangriffen am Ende des 2. Weltkrieges, die das Stadtschloß schwer trafen, blieb der Marstall erhalten. Schon 1946 zeigte das Städtische Museum dort seine erste Ausstellung zur Geschichte Potsdams. Auch in den kommenden Jahrzehnten diente der Marstall hin und wieder als Ausstellungsraum, aber konstante Nutzung und Fürsorge fehlten.
Als 1959/60 die Ruinen des Stadtschlosses und 1968 die der Garnisonkirche gesprengt wurden, stand auch der Marstall zur Disposition. Dem Widerstand vieler Bürger und der Leitung von Sanssouci ist es zu danken, daß wenigstens er von Zerstörung verschont blieb. Mitte der siebziger Jahre suchte man nach einer sinnvollen Nutzung für das Gebäude. Die räumliche Nähe zu den Filmstudios in Babelsberg führte zu der Idee, in Potsdam ein Filmmuseum zu errichten, das es bis dahin in der DDR noch nicht gab.

Der Marstall wurde 1977 bis 1980 von polnischen Fachleuten auf der Grundlage der Knobelsdorffschen Entwürfe restauriert. Im Innern des Hauses richtete man ein Kino und Ausstellungsräume ein. 1981 übergab man zunächst das Kino und eine Ausstellung zur Geschichte der Filmtechnik an die Öffentlichkeit, 1983 war dann auch die Ständige Ausstellung zur Geschichte des Films in Deutschland zugänglich. Für die Zeit nach dem Krieg beschränkte man sich auf die Geschichte der DEFA. Neben den Dauerausstellungen war eine Fläche wechselnden Präsentationen vorbehalten. In zehn Jahren stellte das Filmmuseum Potsdam ungefähr dreißig Sonderausstellungen vor. Filmliebhaber konnten hier auch Filme sehen, die anderen Kinos nicht zur Verfügung standen. Seit 1991 wird das Filmmuseum vom Land Brandenburg finanziert. Öffentliche Gelder ermöglichen dem Museum,

Stadtschloß, links der Marstall.
J. O. Schleuen (d. Ä.), um 1750

seiner Funktion als geistiger Oase in einer Fast-Food-Film-Landschaft gerecht zu werden. Das Kino, mit 118 Plätzen, sorgt dafür, daß es in Potsdam regelmäßige und preiswerte Kindervorstellungen gibt, daß viele Minderheiten, Menschen aller Altersgruppen und Cineasten Filmprogramme finden, die ihren besonderen Interessen entgegenkommen.

Im Filmmuseum wird eine neue Dauerausstellung zur Geschichte der Filmstadt Babelsberg erarbeitet. Bei den Sonderschauen finden zunehmend internationale Themen Beachtung, der Zusammenarbeit in Europa wird besondere Aufmerksamkeit geschenkt. Die in den letzten Jahren stark gewachsenen Sammlungen konzentrieren sich auf Filme, Künstler und Studiogeschichte von Bioskop, Ufa und DEFA.

Mit einer Vielzahl von Projekten und Veranstaltungen entwickelt sich das Filmmuseum im Marstall zu einem kulturellen Zentrum. Gemeinsam mit der DEFA, den Filmfirmen, den Künstlern, die sich in Babelsberg angesiedelt haben, und mit der Hochschule für Film und Fernsehen ist das Museum Teil des Film- und Medienzentrums der Landeshauptstadt Potsdam.

Bärbel Dalichow

Der »Alte Fritz« und »Die Leiden des jungen W.«

Theater in Potsdam zu DDR-Zeiten ist untrennbar mit dem Haus in der Zimmerstraße 10 verbunden. Im 19. Jahrhundert Ausflugslokal, nannte es der Gastwirt Gustav Schmidt 1898 Gesellschaftshaus »Zum Alten Fritz«. Der Große Saal (später Theatersaal des Hans-Otto-Theaters) mit Galerie faßte 960 und der Kleine Saal (später »Probebühne«) 336 Personen. Die Säle wurden überwiegend für Vereinstreffen und Tanzvergnügungen genutzt. Gustav Schmidt teilte dem Amt hin und wieder Theateraufführungen im Großen Saal mit. Im Februar 1899 führte das »Novitäten-Ensemble für Gerhart-Hauptmannsche-Stücke« darin den »Fuhrmann Henschel« auf.

In dem großen, intakten Saal des »Alten Fritzen« hatte der Direktor Paul-Herbert Winter bereits 1945 sein »Volkstheater«« etabliert. Das Ensemble rekrutierte sich zum Teil aus den heimatlosen Künstlern des 1945 zerstörten Schauspielhauses Am Kanal. Das Programm zeigte in bunter Reihe bis 1947 ca. dreißig Inszenierungen. Parallel hierzu hatte die traditionsreiche deutsche Volksbühnenorganisation in der Mark Brandenburg eine größere Zahl von Theatern gegründet, so auch das »Landestheater Mark Brandenburg«. Es wurde am 28. August 1946 mit Goethes »Iphigenie« im Schloßtheater des Neuen Palais eröffnet. Aus vielerlei Gründen war eine ständige Theaterbespielung dort nicht möglich. 1946 entstand der Plan, die Zimmerstraße 10 als »Brandenburgisches Landestheater« auszubauen. Nachdem hierfür 1948 zwei Millionen Reichsmark bewilligt worden waren, fand die feierliche Eröffnung am 16. Oktober 1949 mit Goethes »Faust«, Erster Teil, statt. Die bisher bewährte deutsche Stadttheater-Struktur mit breitem Repertoire von der Antike bis zur Gegenwart wurde jetzt, den politischen Prämissen folgend, ergänzt durch sowjetische Dramatik, Werke emigrierter Antifaschisten und anderer in der Nazizeit verfemter Autoren. 1952 erhielt das Theater den Namen des jugendlichen Helden-Darstellers der ehemaligen Preußischen Staatstheater Berlin, Hans Otto, den die Nazis wegen seiner Überzeugungen 1933 als ersten deutschen Künstler ermordet hatten.

Hier können nur wenige Beispiele für herausragende Inszenierungen des Hans-Otto-Theaters genannt werden: Beethovens »Leonore« und der 1972 begonnene Mozart-Zyklus, jeweils in der Regie von Peter Brähmig, mit solchen Protagonisten wie Gisela

Schauspielhaus Am Kanal, erbaut 1793–1795; 1945 beschädigt; 1966 abgerissen, Aufnahme von 1955

Pohl, Eva-Maria Bundschuh, Gabriele Näther, Renate Loeper, Eva-Marlies Opitz, Andreas Scheibner, Klaus-Peter Hermann, Heinz Schmidt und Johannes Barthel.

Mit 21 Musikern und drei sinfonischen Abenden begann 1950 das Konzertleben am Theater. 1991 hatte das Orchester 80 Musiker und bestritt pro Saison 50 Konzerte. Unter den Dirigenten seien besonders genannt Gert Bahner, Günther Herbig, Peter Gülke, Hans-Dieter Baum, Gotthard Lienicke und Stefan Sanderling. Erinnert sei an Schauspiel-Inszenierungen: Peter Kupkes »Hamlet« mit den längst in Berlin in erster Reihe wirkenden Arno Wyzniewski, Günter Junghans, Thomas Langhoff oder sein »Kaukasischer Kreidekreis« mit Carmen-Maja Antoni, Jutta Wachowiak, Siegfried Höchst und Günter Schubert; Rolf Winkelgrunds »Weißer Anzug« (Alegria), hartnäckig erkämpfte Entdeckungen z B. solcher Dramatiker wie Rozewicz (»Der Hungerkünstler geht«), Fugard (»Aloen«) mit den Hauptdarstellern Anne-Else Paetzold, Eva Weißenborn, Eckhard Becker und Hansjürgen Hürrig; Regiearbeiten des langjährig engagierten Günter Rüger wie »Die Leiden des jun-

Gesellschaftshaus »Zum Alten Fritz«, um 1910

gen W.«; die aufsehenerregenden Aufführungen »Wolokolamsker Chaussee« und »Zeit der Wölfe«. Es darf aber auch nicht verschwiegen werden, daß mancher Stück-Import und manche opportunistische Spielplan-Entscheidungen in Form lobhudelnder Politik-Illustrationen und in schlechter ästhetischer Qualität vom Publikum durch »Abstimmung mit den Füßen« quittiert wurde.

Seit den 70er Jahren machte sich das Potsdamer Theater wegen seines couragierten Zugriffs auf »heiße Eisen« einen Namen. Symptomatisch dafür war 1969 der Auftakt mit Leonhards »Abiturmann« in der erfolgreichen »Reihe Montagabend«, oder 1988 Wassiljews Perestroika-Stück »Morgen war Krieg«.

Das alles konnte geleistet werden in einem Haus, das von Anbeginn nur als Interimsspielstätte galt, dem aber immerhin im Lauf der Jahre einige technische Verbesserungen zugestanden wurden: ein eiserner Vorhang, Drehscheibe, Anschrägung des Saales, Bau von Werkstätten, Garderobenhaus und elektronische Lichtstellwarte. Von den seit 1945 geplanten oder entworfenen 42 (!) Varianten für einen Potsdamer Theaterneubau ist bis heute keine realisiert.

Geleitet haben das Haus die Intendanten Alfred Dreifuß (1949/50), Ilse Weintraud (1950–57), Gerhard Meyer (1957–66), Günter Klingner (1966–68), Peter Kupke (1968–71) und Gero Hammer (1971–91). In eine derzeit ungewisse Zukunft führt das Ensemble jetzt Guido Huonder.

Das alte Gasthaus hat nun ausgedient. Es war weder schön noch vollkommen, besaß aber doch seinen eigenen Charme. Zum »richtigen Theater« wurde es dank seiner hingebungsvoll wirkenden Truppe und seines wahrhaft treuen Publikums.

Irmgard Mickisch

...desto heller der Ton

An einem der kleinen Häuser im Holländerviertel, einst auf Pfählen in den Sumpf gebaut, in der Gutenbergstraße 76, ein Emailleschild mit der Aufschrift ALEXANDER SCHUKE. ORGELBAU GmbH. Potsdam. Im Hof des Hauses noch der Nußbaum, den der Soldatenkönig einst den Erbauern zum Schutz gegen das Ungeziefer zu pflanzen befahl.

Aus diesem kleinen Haus gehen Orgeln in alle Welt: nach Archangelsk und nach Alma-Ata, ins Ökumenische Zentrum nach Genf, nach Vilnius und nächstens, scheinbar unberührt von den Wechselfällen der Geschichte, in die Annenstraße nach Berlin, nach Erfurt und nach Babelsberg in die Katholische Kirche. Auch nach Italien, nach Porto Allegre, ist 1986 eine kleine Orgel gegangen, ein Geschenk des Lutherischen Weltbundes.

Vergeblich sucht, wer ihn hier erwartet, magischen Orgelklang. Werkstattgeräusche aus der viel zu kleinen, nur ein paar Häuser entfernten Holzwerkstatt und aus den Räumen im Hof. Hier wird eben eine Metallegierung gegossen, die Grundlage für den Ton der Metallpfeifen, eine Mischung aus Zinn und Blei; je mehr Zinn, desto heller der Ton, aber nie sollte der Anteil von 75 % überschritten werden, sagt das Rezept. In einer Ecke lehnen Orgelpfeifen in verschiedener Größe, noch stumm und steif. Von ihrer Länge, so haben wir gelesen, hinge die Tonhöhe ab. Nicht allein davon. Die Orgelbauer allein wissen um das Geheimnis, nach dem ein Register seinen Klangcharakter, der Zymbel oder Flöte, dem Vogelsang oder der menschlichen Stimme nachempfunden, bekommt und wie ihr Zusammenwirken Klangstärke, -farbe und -volumen bestimmt, gewaltig und nuancenreich wie ein Orchester und dennoch mit diesem besonderen Klang der Orgel. Es ist ihr Handwerk. Es ist ihre Kunst.

Seit mehr als zweitausend Jahren gibt die Orgel den Festen und Feiern der Menschen ein besonderes Gepräge, im alten Rom stand sie im Zirkus und begleitete das Heer bis in sein längst versunkenes Lager in Aquincum bei Budapest. Sie war umstritten als nur-geistliches und nur-weltliches Instrument, wurde verkannt und erlebte Blütezeiten und findet wieder ihren Platz in Kirchen und Konzertsälen, Unikat eine jede von ihnen. Mozart hat sie die »Königin unter den Instrumenten« genannt.

In Potsdam werden seit 1820 Orgeln gebaut. Gottlieb Heise gründete die erste Werkstatt in der Charlottenstraße. Sein Nachfahr Gesell suchte die im Brandenburgi-

Orgel für Archangelsk (Rußland), 2 Manuale und Pedal, 28 Register, Baujahr 1991

schen wirkende Tradition Joachim Wagners aufzunehmen. Schon damals waren Potsdamer Orgeln wegen der Güte des Materials und der Feinsinnigkeit ihrer Intonation beliebt. Sie folgte dem landschaftlich bedingten norddeutschen Idiom. Gesell-Orgeln gingen nach Buenos Aires, nach Konstantinopel und an die Ruhr.

Doch wir suchen Antwort auf die Frage, was den Potsdamer Orgeln ihren ureigenen Klang gibt.
1894 übernahm Alexander Schuke, Pfarrerssohn aus der Prignitz und Schüler Gesells, den Betrieb. Er hatte auch bei Sauer in Frankfurt gearbeitet und brachte dessen Erfahrung beim Bau der Windlade mit, die Vorliebe für die Kegellade, der bald die Röhrenpneumatik folgte. Während sich große moderne Orgeln mit elektronischer Traktur verbreiteten, an denen auch Potsdam nicht vollends vorbeikam, setzte Schuke sich mit der historischen Reformbewegung um Hans Henny Jahn und Albert Schweitzer auseinander und verteidigte frühzeitig den Klang alter Instrumente, ohne zu vergessen, daß jede Zeit ihr eigenes Klangideal sucht. Alexander Schuke festigte seinen Ruf mit zahlreichen kleinen Schleifladenorgeln, von denen eine in der Potsdamer Erlöserkirche, eine andere in der Gethsemanekirche in Berlin die dramatischen Ereignisse von 1989 begleitet haben.

Schuke restaurierte wertvolle historische Orgeln, u. a. die Wagner-

Orgel im Brandenburger Dom und vertiefte so seine Auffassungen. Außerdem hatte er wesentlichen Anteil an der Eigengesetzlichkeit der Positive.

Vor allem aber fühlte sich Alexander Schuke, wie später seine Söhne, als Künstler seiner Arbeit verpflichtet. Er liebte die Musik Johann Sebastian Bachs. Dessen Fugen mochten ihm in ihrer kontrapunktischen Mehrstimmigkeit den inneren Ordnungssinn ausdrücken, dem auch die Architektur der zweiten Potsdamer Stadterweiterung folgte, dazu die heitere Gelassenheit, Anflug des Ewigen im flüchtigen Augenblick…
Mutig verteidigte Alexander Schuke die kleine Schreistimme gegen die Herausnahme. Sie hatte in seinem Betrieb einen glänzenden Klang bekommen. Ebenso wehrte er sich gegen den Einbau der modern gewordenen Streicherstimmen, um der Musik Bachs weitestgehend verpflichtet zu bleiben.

Nach dem Tode Alexander Schukes übernahmen 1933 die Söhne das Erbe. Orgelpfeifen von verschiedenen Orten, gezeichnet von Spuren der Zerstörung, erinnern an der Wand des Betriebsleiters an die Unterbrechung durch Krieg und Gefangenschaft. Während Karl-Ludwig, womöglich die Zwangsenteignung voraussehend, in Berlin eine eigene GmbH gründete, blieb Hans-Joachim Sachwalt des Vaters Alexander, dessen Namen der Betrieb noch heute trägt. Neben vielen anderen wurden vor allem zwei Bach-Orgeln gebaut: 1958 die in der Divi-Blasi-Kirche in Mühlhausen und die neue Orgel auf der Nordempore der St. Thomaskirche Leipzig 1966/67, an der wir beobachten können, wie Schuke die architektonischen Gegebenheiten eines Raumes nutzte, um den schönsten Klang zu schaffen. Mag sein, jene Orgel hat Kurt Masur auf den Einfall gebracht, die große Orgel mit 91 Registern für das Neue Gewandhaus zu Leipzig in Potsdam zu bestellen. Das allerdings hat Hans-Joachim Schuke nicht mehr erlebt. Kurze Zeit nach der Enteignung wurde er krank und starb 1979. Stand der Betrieb nun auch unter der Leitung eines früheren Mitarbeiters, Max Thiel, so wirkte das Team der Orgelbauer doch auf seine Weise weiter. Unter ihnen lernte Matthias Schuke, der Sohn, und wurde zum Orgelbaumeister. Er führt nun den Betrieb in der fünften Generation Potsdamer Orgelbauer, begleitet und unterstützt vom erfahrenen Orgelrestaurator Gernot Schmidt.
Lonny Neumann

Land- und Wassersportplatz Luftschiffhafen

Der Name des Geländes erinnert an die Zeit der Potsdamer Luftschiffahrt. Am 8. Juli 1908 hatte Graf Zeppelin seinen erfolgreichen Rundflug über den Bodensee demonstriert und war damit in eine neue mögliche Dimension des Verkehrswesens gestartet. Bis 1914 wurden in Deutschland 84 Luftschiffstützpunkte gebaut – einer davon in Potsdam. Die Stadt hatte hierfür von der Regierung ein Areal von 16,51 ha für 517 858,50 RM (= 3 RM/m²) erstanden und der Luftschiffreederei vertraglich zur Nutzung überlassen. Der »Hafen« diente nicht nur als Lande- und Umschlagplatz für Waren und Personen. In den dazugehörenden Hallen und Anlagen wurden auch Kriegsluftschiffe gebaut. Wegen der militärischen Nutzung im 1. Weltkrieg verfügten die Alliierten im Versailler Vertrag die Vernichtung der Anlagen. Die große Halle und andere Anlagen wurden »geschliffen«. Am 5. November 1924 kaufte die Stadt das gesamte Gelände von der »Luftschiff-Zeppelin AG« zurück. Schon am 15. Mai 1925 wurde mit großem Festaufzug der »Land- und Wassersportplatz« eröffnet und nur einen Tag später die jährlich wiederkehrende »Allgemeine Wassersportausstellung« AWA. Glanzstück der Anlage war das Stadion, für jene Zeit so großzügig angelegt, daß es auch heute noch für große Sportveranstaltungen genutzt werden kann. Zum Areal gehörten weitere 5 Übungsplätze, eine Festwiese, ein Strandbad, eine Schwimmhalle mit 100 m-Wettkampfbahnen und 10 m-Sprungturm, ein Reit- und Fahrplatz und ein Spielplatz für Kinder, eine KK-Schießanlage (25 Bahnen) und insgesamt 5 000 m² überdachte Hallen der AWA. Vor dem Ufer war die Potsdamer Seemeile abgesteckt als Ruder-, Kanu- und Motorbootrennstrecke und Segelkurs, die für 1936 sogar olympische Angebote in Berlin unterbreitete. Bootshäuser, Regattahaus und Ausflugsgaststätte vervollständigten die Anlage. Von hier aus führten Uferwanderwege bis zum Strandbad Caputh. Um 1927 waren von den rund 65 000 Einwohnern Potsdams mehr als 10 000 in 60 Sport-

Land- und Wassersportplatz Luftschiffhafen, um 1926

vereinen organisiert. Sie alle, ihre Familienmitglieder, Spaziergänger, Badende und sonstige Ausflügler fanden hier ein »Freizeitzentrum«, in dem sie sich zu Hause fühlten. Die Zeit des Nationalsozialismus brachte auch in Potsdam die Gleichschaltung des Sports. Im Luftschiffhafen fanden große Propagandaveranstaltungen statt. Nach 1945 gab es Bemühungen, den ehemaligen Vereinssport neu zu beleben. Sie scheiterten an der zentral organisierten Sportentwicklung.

Am 1. April 1950 wurde im Luftschiffhafen die Sportschule der Hauptverwaltung für die Ausbildung der Volkspolizei der DDR angesiedelt und damit der Grundstein für den später so erfolgreichen ASK Potsdam gelegt. Neben dem Armeesportklub entwickelten sich in Potsdam zahlreiche Betriebssportgemeinschaften und zwei weitere Sportklubs, der »SC Dynamo« im neuerbauten Thälmannstadion (auf dem Territorium des ehemaligen Stadtschlosses) und der »SC Potsdam« mit Sitz in der Mangerstraße. Die drei Sportklubs und zahlreiche Betriebssportgemeinschaften organisierten einen vielfältigen Übungs-, Wettkampf- und Spitzensport.

Die Anerkennung der souveränen Rechte der Olympia-Mannschaft der DDR 1968 bei gleichzeitig fehlender staatlicher Anerkennung der DDR durch westliche Staaten führte zum einschneidenden streng vertraulichen »Beschluß des Präsidiums des DTSB vom 22. 4. 1969: Die weitere Entwicklung des Leistungssports bis zu den Olympischen Spielen 1972« in München. Um alle materiellen und personellen Ressourcen des Leistungssports medaillenträchtig einzusetzen, wurden in der DDR Sportarten von der Förderliste gestrichen, Klubs zusammengelegt und umprofiliert. Der SC Potsdam ging im ASK auf.

Im Innern des Luftschiffhafens gab es Veränderungen in der Zielstrategie, Personalstruktur und in der materiellen Ausstattung, die jedoch nach außen nicht sichtbar waren. Sichtbar aber wurden weitere internationale Erfolge und berühmte Potsdamer Sportler wie Jürgen Eschert, 1964 Olympiasieger Potsdams, die Landvogt-Zwillinge; Birgit Fischer, die erfolgreichste Rennkanutin der Welt; Udo Beyer, der langjährige sympathische Mannschaftskapitän der DDR-Leichtathletik-Nationalmannschaft; Uwe Hohn, der als erster Mann den Speer über die 100 Meter warf und viele mehr.

Obwohl viele Potsdamer Bürger in den Jahren bis 1989 die Sportstätten als Individualsportler oder als Mitglied eines Vereins nutzten, blieb das Sportgelände im Luftschiffhafen doch hauptsächlich dem Spitzensport vorbehalten. Der gesellschaftliche Umbruch in der ehemaligen DDR eröffnete Möglichkeiten, die Nutzung des Luftschiffhafens zu verändern. Was lag näher, als den historischen Charakter der zwanziger-dreißiger Jahre als »Land- und Wassersportplatz« mit seinen in den Jahren 1950 bis 1989 gewachsenen Trainingsmöglichkeiten für den Spitzensport zu verbinden und ein Sport- und Freizeitgelände Luftschiffhafen neu zu konzipieren. Ein scheinbares Problem bei der Umsetzung eines solchen Nutzungskonzeptes für den Luftschiffhafen war die Übernahme des Geländes durch die Bundeswehr. Es stellte sich jedoch heraus, daß die am 1. 4. 1991 errichtete Sportschule der Bundeswehr im Luftschiffhafen ein integraler Bestandteil eines Sport- und Freizeitgeländes sein kann. Vor allem die Finanzierung der Sportstätten und die Bildung einer Sportfördergruppe beschleunigten den Prozeß der Errichtung des Olympiastützpunktes Potsdam. Die ehemalige Kinder- und Jugendsportschule ist als Gesamtschule mit erweitertem Sportunterricht auch heute eine Stätte, in der sportlich talentierte Schüler systematisch gefördert werden. Komplizierter verlief die Wandlung des ASK »Vorwärts« Potsdam zum gemeinnützigen Verein »Olympischer Sportklub Potsdam«. Viele Leistungssportler konnten nicht in Potsdam gehalten werden. Doch mit zunehmender Mittelzuwendung für die Trainingsstätten des Olympiastützpunktes Potsdam und die Konsolidierung des OSC Potsdam wird der Luftschiffhafen wegen seiner einmaligen Lage im Wald und am Wasser über kurz oder lang wieder ein Mekka für Spitzensportler, Freizeitsportler und Spaziergänger sein.

Wolfgang Gerhold/
Siegfried Melchert

»Es wird durchgeblüht«

Am 9. März 1874 wurde Karl Foerster als drittes Kind des Astronomen und Leiters der Berliner Sternwarte, Wilhelm Foerster, in Berlin geboren. Schon früh entwickelte sich in dem Knaben der Drang zum Schönen, zur Harmonie von Pflanze und ihrer Umwelt. Besonders die Wildstauden hatten es ihm angetan. Ihnen wandte er sich während der Gärtnerlehre bevorzugt zu. Er wollte mit diesen schlichten Gewächsen die Gärten zu einem Spiegelbild der Natur gestalten. Seiner kleinen Gärtnerei in Berlin-Westend folgte 1918 die Gründung einer Staudengärtnerei in Bornim bei Potsdam. Im Laufe der Jahre wuchs aus märkischem Sand ein Millionenheer lebenstüchtiger Stauden, die sich rasch weit über Deutschlands Grenzen hinaus die Gärten eroberten. »Foersterstauden« wurden zum Inbegriff für Qualität, Vitalität und Schönheit. Foersters Gespür für noch in den Pflanzen schlummernde Entwicklungsmöglichkeiten, seine Fähigkeit, mit einem Blick aus einem Meer von Sämlingen die dafür geeigneten herauszufinden, waren genial. Konsequent verfolgte er ein einmal erkanntes Zuchtziel. Über 300 neue Staudensorten waren schließlich das Ergebnis.

Karl Foerster (1874–1970)

Dieser außerordentlichen Begabung gesellte sich eine zweite hinzu: die Schriftstellerei. Die von den Eltern erworbene Gabe intensiver Naturbeobachtung kleidete er in Worte, die seinem Einfühlungsvermögen, seiner Zusammenschau von Irdischem und Kosmischem in einer Weise Ausdruck verliehen, wie es nur innerlich sehr wachen Menschen gelingt. So streute er seine Gedanken und Gefühle in vielen Büchern als Samenkörner unter eine immer größer werdende Lesergemeinde: Gartenliebhaber und all jene, die seine »Warnung und Ermutigung«, sein von Optimismus getragenes »Es wird durchgeblüht« in guten wie in schwierigen Gartenzeiten und Lebenslagen schätzen lernten. Eines der ersten Bücher: »Vom Blütengarten der Zukunft«, das er unentgeltlich in Lazarette und Gefangenenlager des 1. Weltkrieges schickte, zeugt von seiner Einsicht, daß im aufgebrochenen Boden überstandenen Leids die Saat neuer Hoffnungen und wiedererwachender Schönheit besonders rasch aufgeht. Auch den Menschen zu begärtnern, lag Foerster am Herzen. Güte und Menschlichkeit, Anteilnahme und Hilfestellung in allen Lebenslagen gewannen ihm Freunde in allen Volksschichten; rasch wechselte das »Sie« ins »Du«, wenn er eine Pflanze verschenkte, wenn der Besucher selber einen Strauß zusammenstellen sollte, den Foerster dann schmunzelnd, aber kritisch musterte. In seiner optimistischen Grundeinstellung spannte Foerster den Bogen vom bescheidenen Blumenwinzling hinauf zu den Sternen am Firmament. Von sich sagte er einmal: »Ich bleibe unter allen Umständen rasender, unheilbarer Optimist; doch ist meine Zuversicht auch nicht nur so angeflogen.«

1927 holte sich Foerster seine Frau Eva ins Haus. Es begann ein Aufeinanderzuwachsen und Anteilnehmen an Musik und Blumen. Der Kreis der Freunde des Hauses wuchs und verband sich mit anderen Künstlerkreisen in Potsdam und weit darüber hinaus. Wer in diesem Gärtnerhaus aus- und einging, fühlte sich reich beschenkt. 1931 wurde Tochter Marianne geboren; war dann Gärtnerlehrling in Vaters Betrieb, und schließlich selbständige Gartenarchitektin.

Auf Drängen Karl Foersters entstand 1939 auf der Freundschaftsinsel ein erster öffentlicher Schaugarten für winterharte Blütenstauden. Der 2. Weltkrieg zerstörte ihn. Auch die Staudenzucht in Bornim mußte Gemüseanzuchten weichen. Unbeirrt plante und schrieb Foerster weiter. Sein erster Nachkriegskatalog brachte 1949 Hoffnung und Farbe für die Kartoffel- und Kohlgärten. Sein Buch »Neuer Glanz des Gartenjahres«, erschienen 1952, machte vielen Menschen Mut. Für die Freundschaftsinsel setzte sich Foerster erneut ein. »Ich betrachte mich als den Initiator der Schau- und Sichtungsgärten. Also habe ich alle Schritte zu tun, um ihrer Entwicklung und Vielfalt auf alle Weise zu dienen.« 1954 begannen die ersten Pflanzungen. Die Insel wurde als-

bald zum gesuchten Schau- und Vergleichsobjekt für die Fachwelt; Gartenfreunde und Erholungssuchende strömten herbei. Ich betreute die Anlage und führte bis 1965 die Sichtungen durch. Danach wurde die Anlage in Schau- und Lehrgarten umbenannt. Unermüdlich kümmerte sich Foerster um den Fortbestand und die Verbesserung dieses, seines zweiten Gartens neben dem »Senkgarten« am Wohnhaus in Bornim. Foerster ließ sich den Glauben an eine bessere Zeit nicht nehmen. »Die Welt ist nicht so, sondern noch ganz anders. Sie ist viel dunkler und tausendmal hoffnungsreicher, auch denkbar viel zugänglicher für jede Art von Begärtnerung. Man begegne ihr mit vorsichtigem Draufgängertum und monumentaler, also für andere rätselhafter Ausdauer.«
Im 97. Lebensjahr nahm Foerster von dieser Erde Abschied in der Gewißheit, daß alles Werden und Vergehen in ein neues Werden überleitet. »Wenn ich noch einmal auf diese Welt komme, dann werde ich wieder Gärtner und das nächstemal auch noch, denn für ein einziges Leben war dieser Beruf zu groß.« Foerster mußte nicht mehr erleben, daß seine Gärtnerei zum »Volkseigenen Gut«, die Insel nach und nach zum Veranstaltungsplatz für politische Zwecke wurde. All unsere Bemühungen, auch die meines Nachfolgers 1980, den Foerstercharakter der Insel zu erhalten, blieben erfolglos. Doch wie weiland Herr von Ribbek auf Ribbek im Havelland mit der Birne, die er sich mit ins Grab legen ließ, so hinterließ Karl Foerster als Vermächtnis seine Worte: »Wer Träume verwirklichen will, muß wacher sein und tiefer träumen als andere.«
Peter Altmann

Sehnsucht nach der Pfaueninsel

Die Ausstrahlung der Potsdamer Gärten in die Landschaft war in den Nachkriegsjahren in vielen Partien begrenzt, nicht nur durch die Mauer, sondern auch durch im Grenzgebiet wuchernden Wildwuchs. Im Neuen Garten verdeckte solch ungebändigter Baum- und Strauchwuchs die einst zauberhafte Sicht von der Marmorbank zum weißen Pfaueninselschloß. Die verzehrende Sehnsucht nach der Pfaueninsel ließ die Gärtner zu einer List greifen. Die Verbindung zu den benachbarten Grenztruppen ausnutzend, sprachen sie von Wildnis-Unordnung in der noch deutlich sich abhebenden ehemaligen Blickbreite. Es gelang zu überzeugen, Wildwuchs und Sträucher zu entfernen. Der Blick zur Pfaueninsel war trotz der Mauer im November 1981 wieder frei, ohne daß die Grenztruppen den Sinn der Rodungen ahnten.

Erst als benachbarte Anwohner das Gerücht aufbrachten, auf dieser Fläche würden Kasernen gebaut, wurde die Oberbürgermeisterin aufmerksam, entsprechend ärgerlich und wälzte ihren Verdruß auf die Staatlichen Schlösser und Gärten ab. Dieser Ärger wurde sehr bald gravierend: R. v. Weizsäcker hatte als Regierender Bürgermeister von Berlin Angebote unterbreitet, Mittel zur Verschönerung der Umgebung Berlins, zum Beispiel der Sacrower Kirche, zur Verfügung zu stellen. Dieses Angebot fiel zufällig mit der Öffnung des Ausblickes zur Pfaueninsel zusammen. Gewisse Stellen glaubten an Zusammenhänge, so daß ein gärtnerischer Eingriff zum Politikum geworden war. Die Folgen mußte ein ohnedies mit denkmalpflegerischen Problemen geplagter Generaldirektor austragen.

Spätestens im 18. Jahrhundert hatten sich unter Friedrich II. Gärtner und Architekten sehr eng der Landschaft verbunden. Glitt doch der Blick von der obersten Sanssouci-Terrasse, leicht gelenkt durch die Allee zwischen den beiden Stichgräben, bis zur Havel und versank erst in den 3 Kilometer entfernten bewaldeten Ravensbergen bzw. dem Saugarten hinter dem Templiner See. Das Belvedere auf dem Klausberg ließ nicht nur den Blick über die noch jungen Pflanzungen der Sanssouci-Gärten zu, sondern machte die ungeahnt schöne, heute noch erlebbare Rundsicht über die Insel Potsdam möglich. Der Ruinenberg, damals fast ohne Baumwuchs, bot die Vorstufe zu jener Sicht.

Unter Friedrich Wilhelm II. verband sich der Neue Garten eng mit den großen Seen. Das lockende Ziel über die Wasser wurde bald die Pfaueninsel mit dem weißen Schlößchen, den Intentionen der höchst kultivierten Gräfin Lichtenau folgend. Aber auch südlich der Stadt am Brauhausberg ermöglichte das neugotische Belvedere den Blick auf Sanssouci und den Neuen Garten: die Schloßkuppeln der beiden Parkanlagen waren, da hoher Baumbewuchs noch nicht vorhanden, von jedem Garten aus wahrnehmbar. Friedrich Wilhelm III. hatte, dem Rat des Forstmeisters Hartig folgend, den jungen Lenné aus Bonn berufen, der in einem halben Jahrhundert aus der Insel Potsdam und deren Umgebung eine Kunstlandschaft von unbeschreiblicher Schönheit gestaltete. Friedrich Wilhelm IV. wurde die Verschönerung der Landschaft nach südlichen Vorbildern zu einer wahren Leidenschaft. Von diesem Erbe, einem unschätzbaren Vermögen, lebt die Gegenwart.

Lenné änderte und erweiterte die Sanssouci-Gärten. In Lindstedt mit seinem klassizistischen Garten setzte sich diese Linie fort. Der

Blick zur Pfaueninsel vom Neuen Garten aus

Kahle Berg sowie der Kleine und Große Herzberg verbanden sich optisch mit dem Wildpark, dessen Persius-Bauten auch in die Waldpartien einen Klang Italiensehnsucht brachten. Nordöstlich von Lindstedt und dem von großen Wegen durchzogenen Katharinenholz schloß sich Bornstedt mit Kirche und Campanile an, auch eine optische Antwort auf den Ruinenberg, dazu die neuen Anlagen an der gewaltigen Orangerie, die bis zum Ruinenberg und dessen Environs reichten.

Vom Sanssouci-Schloß aus bepflanzte Lenné die Wege bis zum Neuen Garten so dicht, daß man meinte, in einem durchgehenden Park zu sein. Dazu trug auch der Kapellenberg mit der Alexander-Newski-Kapelle bei, deren Rosa und Gold weit ins Land leuchtete. In enger Nachbarschaft, durch einen Einschnitt getrennt, blicken die beiden Türme des Belvederes auf dem Pfingstberg weit über Seen und Wälder: Spandau ist ebenso zu sehen wie die Türme in Berlin, bei klarem Wetter sogar die Marienburg in Brandenburg. Mit schier titanenhaften Anstrengungen, deren Arbeitsausmaß nur die Kenner ahnen, gelang Lenné mit seinen Bauherren eine seiner märchenhaftesten Schöpfungen um den Jungfernsee und den Tiefen See. Ein Kranz von Gärten, Villa Jacob, Sacrow, Kleinglienicke, legt sich um diese Wasserflächen, an denen auch die Ränder des Kiefernwaldes, von Lenné mit Laubhölzern begrünt, parkartig gehalten sind. Alle Gärten sind durch Sichtachsen untereinander verbunden und in Lennés Plänen durch feingestrichelte Linien markiert. »Bleiben Sie Herr der Aussichten!« riet er dem Glienicker Gartenherrn, wohl wissend, was zu empfehlen war. So folgt dem Königswald der Sacrower Park mit der Heilands-Kirche, dem weit wirksamen architektonischen Kleinod. Die Pfaueninsel und der Glienicker Park, dem Babelsberg folgt, bilden den nördlichen und östlichen Horizont. Der Turm von Peter und Paul in Nikolskoe lugt an manchen Stellen über das grüne Laubwerk. Die Glienicker Brücke mit der Villa Schöning ist der Eckpunkt dieser Gestaltung, dem der Neue Garten mit vielfältigen Sichtbeziehungen benachbart bleibt, aber vom Pfingstberg-Schloß überhöht wird. Noch im 20. Jahrhundert wurde sehr überlegt der Cecilienhof eingefügt. Die alte Meierei des Neuen Gartens und die 1980/81 zerstörte Villa Alexander sind Festpunkte dieses Landschaftsgemäldes, das erwandert, aber auch mit den Augen erfaßt werden will: am Morgen das Marmorpalais und der Neue Garten, am Mittag Sanssouci, am späten Nachmittag Glienicke und von dort aus der Sonnenuntergang über Potsdam.

Wiese, Wasser und Wald fügte menschlicher Geist zu einem Kunstwerk, das im Dezember 1991 in die Weltkulturerbeliste der UNESCO aufgenommen wurde. Dieses Gartenwunder, das trotz der alten Laubbäume eine tiefe Italiensehnsucht atmet, ist über 150 Jahre alt. Aber geht es leuchtend nieder, leuchtet's lange noch danach...
Harri Günther

Stadtwundfahrten

Mein Potsdam ist 'ne Wucht!
Zwischen Pfingstberg und
Havelbucht
liegt verträumt jenes Städtchen,
das, wie ihr alle wißt,
uns're stolze Bezirkshauptstadt
ist.

So stolz und optimistisch tönte es allabendlich aus dem ehemaligen Kino »Obelisk«, wo sich im September 1978 Potsdams erstes Kabarett etabliert hatte. Es sollte allerdings nicht das herrschende System angreifen oder gar in Frage stellen, sondern in erster Linie den bösen Klassenfeind attackie-

ren und daneben unsere kleinen Hemmnisse und Unzulänglichkeiten aufs Korn nehmen.
In diesem Sinne wurden wir ermuntert, lokalspezifische Mißstände unserer Heimatstadt anzuprangern. Also veranstalteten wir auf der Brettlbühne imaginäre Stadtrundfahrten, bei denen naiven Sachsen oder dümmlichen Westverwandten die Schönheiten Potsdams vorgeführt wurden. Diese Nummern erwiesen sich als äußerst publikumswirksam. Neben der Auseinandersetzung mit Schlaglöchern, Verkehrsumleitungen und Sputnikverspätungen gelang es uns, auch Themen anzutippen, die öffentlich tabu waren.
Um die Folgen sozialistischer Altstadtplanung anzudeuten, reichte folgender Kurzdialog: »Nanu, da steht ja noch 'ne Kirche.« »Die bleibt auch stehen, denn seit dem letzten Sommer herrscht in Potsdam Sprengverbot.«
Und um den ruinösen Zustand des Holländerviertels anzusprechen, durfte sich sogar der Westonkel wundern: »Ich bin schon mehrmals in Holland gewesen, aber solche Behausungen habe ich da noch nie gesehen.«
Dem zusammenbrechenden Zentrum Babelsbergs widmeten wir die wehmütige Weise: »Alt Nowawes, Alt Nowawes,
dein Äußeres wirkt reichlich misteriös.«
In der Monotonie unserer Neubaugebiete ließen wir den sächsischen Besucher fragen: »Warum fahren wir denn schon zum fünften Mal durch diesen Wohnkomplex?« Worauf er zur Antwort bekam: »Das waren fünf verschiedene, die ähneln sich bloß alle ein bißchen.« Nachdem wir die Stadt mehrmals im Trabi und im Lada durchkurvt hatten, ließen wir die Kabarettfamilie auf die Motorjacht Klothilde umsteigen. Aber auch dabei mußte der Kurs sehr sorgfältig ausgewählt werden: »Opa, du steuerst ja in die falsche Richtung! Wenn du jetzt nicht die Kurve kriegst, rammeln wir gegen die Brücke der Einheit!«
Das war die äußerste Möglichkeit, das Tabuthema der deutschen Teilung zu erwähnen. Wobei die folgende Passage für damalige Verhältnisse ähnlich gewagt war: »Warum habt ihr denn den herrlichen Templiner See dahinten dicht gemacht?« »Da wurde ein Bahndamm reingeschüttet, um die

Stadtrundfahrt im 83er Programm, die zur Stadtwundfahrt wurde

Fahrt von Potsdam nach Berlin etwas abwechslungsreicher zu gestalten.«
Im Sommer 86 sollte die Truppe im Rahmen des Programms »Volldampf voraus?« wieder einmal auf lokalspezifische Erkundungstour geschickt werden. Aber womit? Die Möglichkeiten zu Lande und zu Wasser waren erschöpft, mit dem Hubschrauber oder Ballon in die Luft zu gehen, verbot sich wegen der allgegenwärtigen Staatsgrenze von selbst.
Deshalb faßten wir den folgenschweren Entschluß, auf einer Fußwanderung in Potsdams Umgebung nach einstmals berühmten Ausflugslokalen zu fahnden. Lokale wie der »Alte Tornow«, die »Bismarckhöhe« oder »Baumgartenbrück« existierten entweder nicht mehr oder zweckentfremdet als Schulungs- und Betriebsferienheime. Im verwilderten Wildpark hatte ein Wanderfreund die Idee: »Gehen wir doch zum Bayrischen Haus! Das soll umgebaut worden sein in ein Gasthaus mit Gebirgsleitung.« »Da hast du dich leider verhört«, kam die ernüchternde Antwort. »Das wird ein Gästehaus der Bezirksleitung.«

Diese unvorsichtige Bemerkung brachte das berühmte Faß zum Überlaufen. Der oberste SED-Bezirksleiter verließ stürmisch, aber ohne stürmische Beifallsbekundung, die Premiere und sorgte dafür, daß sich nach ihm kein anderer Genosse über dieses Programm zu ärgern brauchte.
Hinsichtlich des »Bayrischen Hauses« wurde dem Kabarett böswillige Verleumdung unterstellt. Daß dieses heute wieder als Ausflugslokal für Normalbürger dient, ist allerdings kein Erfolg der Satire, sondern der 89er Wende.
Seitdem hat sich in Potsdam viel, wenn auch nicht alles zum Besseren gewendet. Man könnte mal wieder zu einer kabarettistischen Stadtrundfahrt antreten.
In der Gegend, wo einst Potsdams Stadtschloß und beinahe Potsdams neues Theater stand, fällt uns bestimmt folgende Passage aus dem 78er Eröffnungsprogramm ein:

Wir projektieren
und diskutieren
seit zwanzig Jahren schon am
Stadtzentrum herum.
Wir variieren
und propagieren,
bloß nach dem Zentrum schaut
man sich vergeblich um.

Im Moment hat man den Eindruck, daß diese Strophe noch eine ganze Weile aktuell bleibt.
Dieter Lietz

Wo böhmischer Geist lebendig blieb

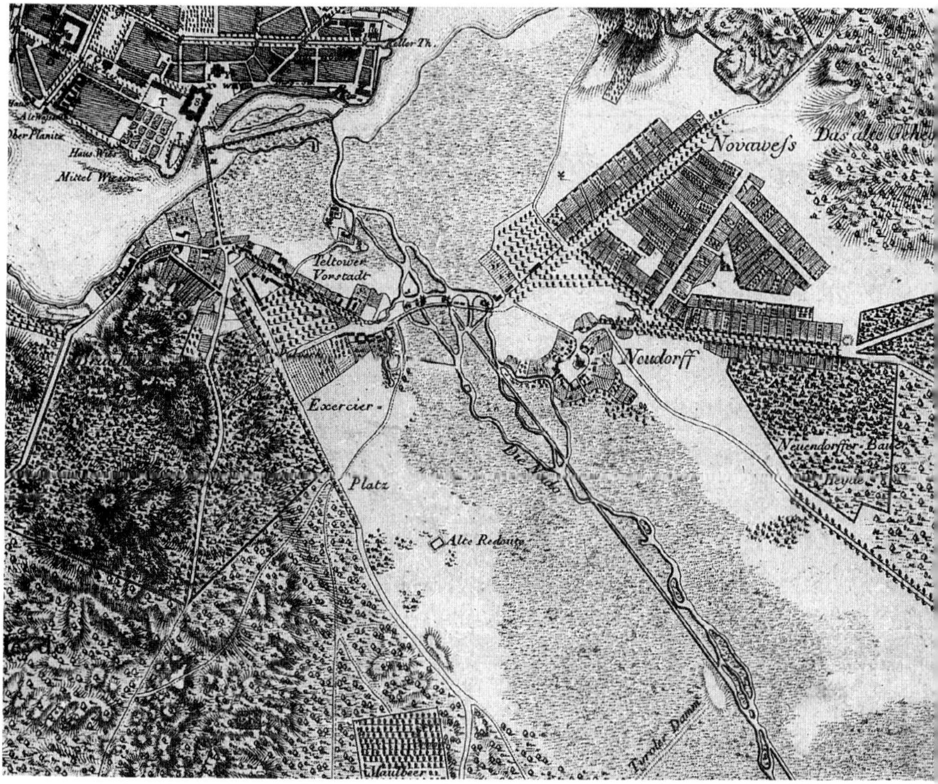

Nowawes und Neuendorf, um 1770

Das Wohnquartier der Böhmen in Potsdam ist gut erhalten und das größte seiner Art in Deutschland und Europa. 1750 befahl Friedrich II. den Bau von Nowawes, das heißt Böhmisch/Tschechisch »Neues Dorf«. 1938 wurde es mit der Villensiedlung Neu-Babelsberg vereinigt und war ab 1939 als Babelsberg nur noch ein Stadtteil Potsdams. Doch Babelsberger und Potsdamer trennen nicht nur Nuthe und Havel, sondern auch der Unterschied zwischen Arbeiter- und Handwerkervorstadt hier und der Residenz, Garnison- und Verwaltungsstadt dort. Das Bombardement vom 14. April 1945 beschädigte Potsdams Zentrum schwer, während es Babelsberg nahezu verschont ließ. So blieb die Bevölkerungs- und Sozialstruktur erhalten.

Weberhaus in Nowawes, um 1905

Die Friedrichskirche auf dem Weberplatz ist von den niedrigen Häusern der böhmischen Einwanderer umgeben. Die Krüppelwalmdächer bergen einen geräumigen Bodenraum. In manchen Häusern findet sich noch die »schwarze Küche«, wo man hervorragend böhmisch kochen konnte. Die Friedrichskirche feiert am 6. Mai 1993 ihre 240jährige Kirchweihe. Von dem holländischen Baumeister Jan Bouman entworfen, galt sie immer als kleine Schwester der Heiligengeistkirche. In den Zeiten der 48er Revolution wirkte hier der sozial engagierte Pfarrer Adolf Stobwasser. In dem daneben liegenden Pfarrhaus Lutherstr. 1 traf sich in der Hitlerzeit die Leitung der Bekennenden Kirche, auch Dietrich Bonhoeffer und Martin Niemöller waren hier. Die Pfarrer der Friedrichskirche Hasse und Mehlhase wagten viel im Kampf gegen den Nationalsozialismus.

Auch in den achtziger Jahren war die Kirche ein Zentrum der Veränderung und des Widerstands. Hier fanden z. B. seit Mai 1989 die »offiziellen« Proteste gegen die gefälschten Kommunalwahlen statt, und hier befand sich das Zentrum der Bürgerbewegung »Neues Forum« für das brandenburgische Land. Der die böhmischen Einwanderer beseelende Freiheits- und Widerspruchsgeist ist an diesem Ort nie erloschen.

Gegenüber dem Kriegerdenkmal von 1870/71 soll ab 1993 ein Denkmal für Jan Amos Komensky (Comenius), den böhmischen Friedens-Vordenker, Theologen und Pädagogen, auf dem Weberplatz stehen und an die böhmischen Flüchtlinge erinnern, die hier einst eine neue Heimat fanden.

Wo die Wichgrafstraße in den Weberplatz einmündet, befindet sich die alte Webschule. August Wichgraf ließ sie in seiner Zeit als Königlicher Regierungsrat (1850–1860) erbauen. Ein flämischer Webermeister unterwies die Anlernlinge. Das Haus Weberplatz 25 beherbergte die alte (Weber) Genossenschaft, die manche soziale Not auszugleichen hatte. Auf der Rückseite des Hauses das gut erhaltene Innungswappen.

Den Ausgang der Lutherstraße zur Karl-Liebknecht-Straße (früher Priesterstraße) beherrschen zwei schöne Gebäude. Das rechtsgelegene ist das alte Pfarrhaus. Noch wohnt in ihm nur der Schwamm. Das andere Gebäude diente als Köster- und Schulhaus für die böhmischen Kinder. Während sich sonst zwei Familien ein Haus und eine Kochstelle teilen mußten, hatte der Köster (Lehrer) einen Raum zusätzlich für den Unterricht. Neben den beiden Kammern im Obergeschoß befinden sich kleine Spinde. Man erzählt, daß sie zum Aufbewahren von Seidenraupen-Kokons dienen sollten. Hatte doch König Friedrich II. die originelle, aber undurchführbare Idee, die böhmischen Weber Seide herstellen zu lassen. Der letzte Maulbeerbaum auf dem Weberplatz zeugt noch davon.

Von der Einmündung Lutherstraße zum Weberplatz zurück bietet sich ein Bild des Ortskerns von Nowawes. Die Bretterzäune, die möglicherweise das ästhetische Empfinden stören, gehören dorthin. Sie widerspiegeln böhmisches Traditionsbewußtsein. In Böhmisch-Rixdorf (Neukölln), einer Schwester-Kolonie, war man nach der Wende erstaunt über soviel laufende Meter Bretterzaun in Nowawes.

Der auffälligste Bau in der langen Karl-Liebknecht-Straße ist das alte Nowaweser Rathaus. Über dem Eingang das Ortswappen – ein Wanderer mit Stab. Er weist auf die verschiedenen Einwanderungsgruppen hin. Lebten hier doch auch Schweizer, Württemberger und Nassauer Handwerker, die Erbauer des Neuen Palais. Ihre Wohnhäuser lagen in der Mühlenstraße und in Alt Nowawes (Wilhelmstraße) nahe dem Babelsberger Park. Malermeister Selle hat in der Mühlenstraße Teile der Ortsgeschichte nach historischen Vorbildern auf den Fassaden festgehalten.

Typisch für Nowawes sind die Gründerzeit-Bauten zwischen den Weberhäusern. Hier läßt sich der Übergang vom Dorf zur Vorstadt

Berlins gut ablesen. Wo findet man dergleichen noch in Rixdorf oder Tempelhof? Der Straßenzug der Karl-Gruhl-Straße (Wallstraße) zeigt ziemlich authentisch das dörfliche Milieu. Noch schöner muß es ohne Autos und Reklame gewesen sein.

Nach Nowawes zog es keine Prominenz, aber wichtige Leute gab es schon. Zum Beispiel wohnte hier (Karl-Liebknecht-Straße 15) der am Hofe Friedrichs II. hochgeschätzte Violinist František Benda. Im Laufe seiner fast zweihundertfünfzigjährigen Geschichte wuchsen Industrieanlagen wie Orenstein & Koppel, Villenviertel wie Neu-Babelsberg, Neubau-Stadtteile wie Stern und Zentrum-Ost Jahresringen gleich um Nowawes. Doch sein Kern, die böhmische Tradition, blieb bis in die Gegenwart lebendig.

Stefan Flade

Von der Kanzel auf die Straße

Erlöserkirche während der »Klagetrommel«, Juni 1989

Von der Kanzel auf die Straße, so würde ich meine Erfahrungen als Mann der Kirche, der evangelischen Kirche, beschreiben, wenn ich an das bewegende Jahr 1989 denke.

Zum Wurzelwerk der 89er Erfahrungen gehört das Phänomen der Zivilcourage. Ich habe es in der Lektüre der biblischen Propheten gelernt. Ihr Auftreten in der Öffentlichkeit war keineswegs gesellschaftlich oder »kirchlich« legitimiert. Ihr Auftrag war konkret umschrieben: Geht zum Volk! Geht zum König! Geht zu den Tempelpriestern! Sagt ihnen, was nicht in Ordnung ist und was passiert, wenn sich die Menschen oder ihre Verhältnisse nicht ändern.

»Wir bleiben hier – verändern wollen wir!«, das war einer der Demo-Rufe am 7. Oktober 1989 in der Brandenburger Straße. Es bringt nichts, über Ungarn den Exodus eines ganzen Volkes zu wollen. Diese »Revolution mit Füßen« war aber nicht das Ziel der eigentlichen Kritik, sondern das Schweigen der Verantwortlichen, die Unfähigkeit, über Veränderungen laut nachzudenken. Darum gingen wir auf die Straße.

Jetzt hört man manchmal, die Kirche habe gar nicht so engagiert für die gesellschaftliche Veränderung gearbeitet. Mag ja sein, »die« Kirche hätte noch mehr tun können. Tatsache ist aber, sie hat etwas getan und bewirkt. Mehr jedenfalls als andere gesellschaftliche und politische Kräfte in unserer Stadt.

Man sollte nicht unterschätzen, daß es neben den Westmedien gerade der kirchlichen Informations- und Kommunikationstruktur zu verdanken war, daß ein gewisser Grad an »revolutionärer Organisiertheit« entwickelt wurde, jedenfalls hier in Potsdam. Mit der Kirche war eine »zweite Öffentlichkeit« hergestellt, die glaubhaft war und zu der man Vertrauen hatte. Wenn in den 17 evangelischen Kirchengemeinden Potsdams Kanzelabkündigungen und andere Lokal-Informationen, Plakationen und Handzettel möglich waren, Initiativ-Gruppen »geschützt« tagen konnten, dann sollte sich das Jetzt-Selbstverständliche nicht undankbar gebärden. Ich erinnere mich noch genau an eine subversive Abendrunde in der Immenseestraße, beteiligt waren Pfarrer und Leute aus Initiativ-Gruppen. Es ging um die Vorbereitung einer »konzertierten Protestaktion«. Die einen waren für eine Protestversammlung in der Kirche; andere sahen die Zeit für gekommen, auf die Straße zu gehen, auch mit dem Risiko, daß Blut fließt. Das klingt hart und radikal, aber über die Verhältnismäßigkeit der polizeilichen Mittel haben wir uns auch keine Gedanken machen wollen. Es blieben damals nur wenige übrig, die einen »Anfang auf der Straße« wollten.

Demonstration auf der Brandenburger Straße am 7. Oktober 1989

Ein »Amtsbruder« ist mir damals zum Freund geworden! Hans war so etwas wie der »ruhige Pol«, und seine Schlaatzer Wohnung als Anlaufstelle der Bewegten bot die nötige Nestwärme, um die kalt-heiße Zeit zu überstehen.

Vom Mut und Versagen und von Enttäuschungen müßte man reden, um zu lernen. Die Wahrheit kann man nicht pachten, sie hat zwei Seiten.

Andererseits wird ohne eine Lokalisierung der Ereignisse eine noch zu schreibende Stadtgeschichte farblos.

In den Revolutionswochen waren es vor allem die Friedrichskirche in Babelsberg und die Erlöserkirche in der Brandenburger Vorstadt, die ihre Türen öffneten. In der Erlöserkirche rührten im Juni 1989 junge Leute drei Tage und Nächte die »Klagetrommel« für die erschossenen und mißhandelten Studenten in Peking, und viele Potsdamer kamen in die weit offene Kirche.

Nach der ersten Demonstration am 7. Oktober 1989 versammelte man sich hier täglich zu Informations- und Fürbittandachten für die etwa hundert Verhafteten, zumeist junge Menschen, die man mit »Menschenschiebern« zusammengetrieben hatte. Eigentlich müßte so ein Lastkraftwagen mit vorn angebrachten Schiebegittern ins städtische Museum.

In der Friedrichskirche gab es Informationsabende zum Thema »Wahlbetrug« und »Neues Forum«. Sogar ein Kontaktbüro wurde dort eingerichtet.

Die größte Demonstration fand am 4. November statt. Für mich eines der wichtigsten Ereignisse meines Lebens. Da spürte ich zum ersten Mal als Pfarrer, daß es nicht nur die Kanzel gibt. Ein Balkon, am Platz der Nationen 6, war es, wo meine Freunde und ich die Demonstration eröffneten. Nie werde ich das Gesicht und die Tränen einer alten Dame vergessen, die sich schon in der Bekennenden Kirche gegen die Nazis engagiert hatte. Der unvorbereitete Medientrubel in ihrer Wohnung war für sie noch verkraftbar, aber: »...wenn doch das mein Mann miterleben könnte...!«

Als sich der Demonstrationszug in Bewegung setzte und wir in der Külzstraße, heute Breite Straße, am Kreispolizeiamt vorbeikamen, stürzte eine Frau nach vorn und rief mir zu: »Jetzt müssen wir aber ›Ein feste Burg ist unser Gott‹ singen!« Das Kirchenlied kennt doch keiner, dachte ich. Und mir wurde klar, wie wichtig es ist, auch auf ein Stück »Kirchlichkeit« verzichten zu können, um der gemeinsamen Sache willen. Was verlieren wir schon...

Nun haben wir uns auf eine andere Zukunft eingerichtet. Und ich stehe wieder auf der Kanzel.

Politik wird nicht mehr auf der Straße gemacht, politische Entscheidungen werden in Parlamenten verhandelt.

Und doch wird es für das kirchliche Leben in dieser Stadt, in diesem Land, auch in Zukunft wichtig sein, offene Türen zu haben, Kirche für andere zu sein und wach zu bleiben für diese Welt.

Martin Kwaschik

Im Volksmund »Lindenhotel« genannt

Kommandantenhaus, um 1912

Zum Erbe des real existierenden Sozialismus in den Farben der DDR gehört die unheilvolle Tätigkeit eines gigantischen Sicherheitsapparates, in Potsdam auf besondere Weise mit dem Haus Lindenstraße 54/55 (ehemals Otto-Nuschke-Straße 54/55) verknüpft. Meine intensive Beschäftigung mit den Opfern der politischen Gewalt begann an einem der hektischen Tage im Dezember 1989. Zusammen mit einer Abordnung aus Vertretern der alten Macht und der Bürgerbewegungen betrat ich erstmals jenes Stasi-Haus. Wir wollten die Frage klären, was aus der ehemaligen Untersuchungsabteilung und Haftanstalt der Potsdamer Bezirksverwaltung für Staatssicherheit (BVfS) werden soll. Als Vertreter des Neuen Forum versuchte ich, auf die historische Bedeutung dieser Hausanlage aufmerksam zu machen. Wir standen im Hof des Gefängnisses, betroffen von dem gerade Gesehenen.

Die vorläufige Entscheidung des Rates der Stadt, das Haus ab 12. 1. 1990 allen neuen Bürgerbewegungen und Parteien Potsdams zur Verfügung zu stellen, führte zu einem ersten »Tag der offenen Tür« am 20. Januar 1990. An diesem Samstag öffneten sich die schweren Tore des Gefängnisses für die Potsdamer. Am Sonntag darauf hatte es sich herumgesprochen, daß das Stasi-Gefängnis zu besichtigen ist, an dessen Straßenseite früher ein Schild aufforderte: »Fußgänger, andere Gehbahn benutzen!« Tausende kamen, unter ihnen viele ehemalige Gefangene.

Was ist das für ein Haus, dessen Geschichte mich nicht mehr losläßt? Erbaut wurde es zwischen 1734 und 1737 als holländischer Rohziegelbau. Durch eine Kabinettsorder vom 5. November 1738 schenkte Friedrich Wilhelm I. das Haus der Potsdamer Stadtkämmerei, damit diese ihre Einnahmen aufbessern konnte. Die Kämmerei versuchte es, indem sie das Haus an den jeweiligen Kommandeur des Leibregimentes vermietete. Der letzte Kommandeur Oberst Le Cocq wurde 1806 von Napoleon gezwungen, Potsdam zu verlassen. Das Haus wurde französisches Kleidermagazin und Pferdelazarett.

Die preußische Städteordnung vom 13. 11. 1808 brachte für das ehemalige Kommandantenhaus eine ganz neue Funktion, für wenige Jahre war es Sitz des ersten Potsdamer Stadtparlaments. Bis 1817 blieb das »Holländische Haus« in der Lindenstraße nun Tagungsort, dann vereinbarte man einen Tausch mit dem Stadtgericht und zog in das Rathaus am Alten Markt.

Ein berühmter Mann am Potsdamer Stadtgericht war der Dichter und Gerichtsassessor Theodor Storm. Nachdem schon Theodor Storm einen Umbau des Gerichts miterlebt hatte, kam das Stadtgericht zwischen 1907 und 1909 ein drittes Mal unter die Gerüste. Für rund eine Viertel Million Mark wurde das noch heute stehende Gefängnis mit Beamtenwohnhaus errichtet, das Vorderhaus ein weiteres Mal umgebaut, die Fassade restauriert und mit einem Balkon versehen.

Seit Januar 1936 arbeitete ein »Erbgesundheitsgericht« auch am hiesigen Amtsgericht in der Lindenstraße 54/55. Mit dem Jahr 1943 diente das Gerichtsgefängnis zunehmend als politisches Gefängnis für Angeklagte am Potsdamer Volksgerichtshof. Hier warteten unter anderem Mitglieder der Widerstandsgruppe Römer/Sachse/Uhrig auf ihren Prozeß. Ende 1944, Anfang 1945 waren Mitglieder der Widerstandsgruppe Winkler in der Lindenstraße inhaftiert. Sie entgingen durch das nahe Ende des Krieges ihrer Verurteilung und überlebten.

Ab 17. Mai 1945 arbeitete auf Befehl der sowjetischen Besatzungsmacht an gleicher Stelle wieder ein Stadt- und Stadtobergericht. Im Zuge der Vorbereitung der »Potsdamer Konferenz« wurden Ende Juni 1945 die Potsdamer Gerichte von der Besatzungsmacht beschlagnahmt. In das Gerichtsgebäude und das Gefängnis in der Lindenstraße zogen der sowjetische Geheimdienst NKWD und das Sowjetische Militärtribunal ein (SMT).

1952 muß das Haus, nun schon in der Otto-Nuschke-Straße, an die Staatssicherheit gefallen sein. Hier etablierte sich die Untersuchungsabteilung und die eigene Haftanstalt, die vorher mit im Gelände der Potsdamer Volkspolizei lag.

Faßt man die Aussagen ehemaliger Häftlinge aus den letzten Jahrzehnten zusammen, so wird deutlich, daß der klassische Spionagefall, den es zu untersuchen galt, die Ausnahme war. Kontakte zum RIAS Berlin, Lesen eines Nachrichtenmagazins aus Hamburg und seine Weitergabe, Ankleben von Zetteln und Anschlägen, die auf Mißstände aufmerksam machten, Mitschnitte politischer Rundfunksendungen westlicher Stationen etc., alles war irgendwann ein Fall für die Staatssicherheit. Ausreiseantrag und Fluchtversuch waren die »Verbrechen« der achtziger Jahre. 1989 saßen von Januar bis Oktober 384 Menschen in Untersuchungshaft der Potsdamer Staatssicherheit. Als die Staatssicherheit auf Druck des Runden Tisches ihr Ende fand, wurden aus der Potsdamer Untersuchungsabteilung 52 Vernehmer entlassen. Aus der U-Haftanstalt gingen 49 Mitarbeiter nach Hause. Die Häftlinge waren zum großen Teil schon am 27. 10. 1989 amnestiert worden und hatten die Anstalt im Laufe des November verlassen können.

»Tigerkäfig« im Innenhof des Stasi-Gefängnisses

1990 nutzten die politischen Parteien und Bürgerbewegungen des Herbstes 1989 die Gebäudeanlage, heute sind hier eine Freizeitstätte für Behinderte und das Denkmalamt der Stadt Potsdam untergebracht.
Im Gefängnistrakt richtet das Potsdam-Museum eine Gedenkstätte gegen politische Gewalt ein.
Thomas Wernicke

Glienicker Brücke

Brücken nach allen Himmelsrichtungen verbinden die Insel Potsdam mit dem Umland. Aber keine hat solche Symbolkraft erlangt wie die Glienicker Brücke zwischen der Berliner Vorstadt und Zehlendorf.
1662 ließ der Große Kurfürst an dieser Stelle eine 140 m lange Holzbrücke über die Havel schlagen, um von Potsdam aus seine Besitzungen in Glienicke schneller zu erreichen.
Mehr als zweihundert Jahre diente diese Verbindung vor allem als »Königsweg«, denn die Handelsstraße nach Berlin verlief weiter östlich über Teltow. Gemäß preußischer Sparsamkeit blieb die Ausstattung einfach. Die Brücke wurde immer wieder ausgebessert, erneuert, mit einer Klappvorrichtung für die Schiffahrt versehen. In den dreißiger Jahren des neun-

Glienicker Brücke, der Schinkel-Bau, um 1890

zehnten Jahrhunderts nahm sich Karl Friedrich Schinkel des Bauwerks an. Das von ihm 1826 erbaute Glienicker Schloß am Jungfernsee, das in die Abendsonne über Potsdam schaut, verlangte nach einem ebenbürtigen Zugang zur Stadt.

Am 30. September 1834 eröffnete die Preußenprinzessin Charlotte und nunmehr Zarin Alexandra Fedorowna die neue Brücke, die von Zeitgenossen als Wunderwerk in der Landschaft gepriesen wurde. Mit zehn gewölbten Bögen aus roten Ziegeln schwang sich der Bau in einer Länge von 173 m über die Havel.

Der anwachsende Verkehr zwischen Berlin und Potsdam erzwang schon 1907 eine neue Brücke, die vierte, diesmal eine Stahlkonstruktion. Im April 1945 von deutschen Soldaten teilweise gesprengt, wurde sie nach aufwendigen Reparaturarbeiten im Dezember 1949 wieder in Betrieb genommen – als Brücke der Einheit. Als was denn sonst, mochten die Leute denken, die die Kolon-

Glienicker Brücke vor 1961

naden auf der Potsdamer Seite und die Skulpturen auf der Berliner Seite passierten und zwischendurch den Blick über den Jungfernsee oder über die glitzernden Wellen des Tiefen Sees schweifen ließen.

Von einer Stunde zur anderen trennte am 13. August 1961 die Brücke der Einheit, was seit jeher zusammengehört hatte: Menschen, Himmel, Landschaft... Eine graue Betonmauer wuchs entlang der Seeufer und ließ nur, weit im Vorfeld der Brücke, einen durch Sichtblenden verdeckten Durchgang – für die Alliierten. Die Berliner Straße, breit und verödet, endete im Nichts. Versperrt der Blick auf die Seen, Schlösser und Wälder auf der anderen Seite. Selbst der U2-Pilot Garry Powers und der Sowjetspion Rudolf Abel, die an einem nebligen Februarmorgen des Jahres 1962 auf der Brücke gegeneinander ausgetauscht wurden, mögen kaum etwas gesehen und noch weniger verstanden haben von der wehmütigen Schönheit dieser Landschaft und der Trauer ihrer Bewohner. Wannsee und Zehlendorf lagen von Potsdam aus weiter entfernt als Sofia und der Ural. Politische Geographie dieses Jahrhunderts! Die Brücke der Einheit, wie sie unverdrossen weiter hieß, wurde zum Symbol einer verrückt gewordenen Welt: in der Brücken trennten; in der die Krone der Schöpfung, der Mensch, die Vögel um ihre Freiheit beneidete und sich an von ihm selbst errichteten Mauern den Kopf blutig stieß.

Am Morgen des 10. November 1989 schien in Potsdam die Sonne, auf den Straßen lachten die Menschen, und jeder ihrer Sätze begann und endete mit dem Wort Wahnsinn. »Wahnsinn! Hast du schon gehört, heute noch wird die Glienicker Brücke geöffnet. Wahnsinn!« Als hätte es die Bezeichnung Brücke der Einheit nie gegeben und das Normalste der Welt sei Wahnsinn.

Im frühen Dunkel des Novemberabends schoben sich an hilflos lächelnden Grenzern und an den Wachhäuschen Abertausende von Menschen aus Potsdam und Umgebung über die Brücke. Auf der anderen Seite lachende, weinende, winkende Westberliner. Die Brücke schien zu schwingen vor Freude, zu beben vor Erregung, zu stöhnen vor Anspannung, am 10. November und all die Tage darauf. In der Berliner Straße formulierte ein Zehnjähriger angesichts des Menschengewimmels und der parkenden Autos seine neue Weltsicht: »Mönsch, eben waren wir noch am Arsch der Welt, und jetzt sind wir im Zentrum.« Vom Berliner Ufer aus sahen die Potsdamer wie zum erstenmal ihre geschundene Stadt. Am Weihnachtsabend 1989 konnten endlich auch die Westberliner die Brücke in Richtung Potsdam überschreiten.

Schon bald wurden die Grenzanlagen auf der Babelsberger Seite, in der Schwanenallee und im Neuen Garten abgebaut, der Blick auf die Kulturlandschaft, von Lenné als Einheit gestaltet, öffnete sich vollends. Die Freude jener Novembertage wich langsam bei vielen der schmerzhaften Erkenntnis, daß sie 28 Jahre lang Mauer und Stacheldraht verinnerlicht hatten, um überleben zu können, und daß **diese** Mauern nicht so leicht abzubauen sind. Im Frühjahr 1990 erzählte mir ein Bekannter, er fahre häufig zur Glienicker Brücke, nicht, um sie zu passieren, sondern sich zu überzeugen, ob sie noch geöffnet sei. Sein Verstand zweifle nicht daran, aber sein Gefühl verlange Gewißheit durch alle Sinne.

Glienicker Brücke von der Potsdamer Seite, 1987

Die Glienicker Brücke – einem Kurfürsten gebaut, dann ein Wunderwerk in der Landschaft, Verkehrsader zwischen Potsdam und Großberlin, schließlich eine Anti-Brücke – steht seit dem 10. November 1989 für die Höhen und Tiefen Potsdamer und deutscher Geschichte in unzähligen Einzelschicksalen.
Sigrid Grabner

Zwischen Wende und Jahrtausendwende

»Bescheiden, einfach und fröhlich – bloß kein Spektakel wie in Berlin« – diese Ansprüche formulierten Potsdamer, als sie Ende 1990 von Fernsehredakteuren nach ihren Vorstellungen über die Durchführung der 1000-Jahr-Feier befragt wurden. Sicher, die Zeiten ändern sich, und zwei Jahre später sieht die Situation schon anders aus. Aber die Aussage »bloß kein Feuerwerk wie in Berlin!« blieb. Die Alltagssorgen, eine steigende Arbeitslosigkeit, Mietzuwachs und die Probleme durch von Altbundesbürgern angemeldete Eigentumsrechte auf einen Großteil der Potsdamer Wohnhäuser sind eminent.

Aber Gründe zum Feiern gibt es mittlerweile genug, kann dieses Jahr 1993 doch eine Bilanz des Erreichten seit der Wende ziehen und gleichzeitig Ausblick auf die Jahrtausendwende geben.

Die am 6. Mai 1990 gewählte Stadtverordnetenversammlung (Ergebnisse der Kommunalwahlen: SPD: 32,24 %, PDS: 26,13 %, CDU: 16,78 %, Neues Forum/Argus: 16,24 %, Liberale: 3,04 %, Übrige: 2,57 %) steht unter dem Wählerauftrag, das Vorwärtskommen der Stadt Potsdam im Ganzen und jedes seiner Einwohner zu befördern. Als Hauptprobleme nannte der designierte Oberbürgermeister Dr. Horst Gramlich am 9. Mai 1990 in einem »Tagesspiegel«-Interview unter anderem die Stadtsanierung und den Übergang zur sozialen Marktwirtschaft sowie die Wirtschaftsförderung und die Sanierung der Finanzen. Er wolle kleine und mittlere Gewerbebetriebe und den Tourismus fördern und Potsdam zur Konferenzstadt machen. »Gramlich setzt außerdem auf Investoren. Sobald er auf dem Stuhl des Oberbürgermeisters sitzt, will er die Angebote der Investoren gründlich sichten und für schnelle Entscheidungen zum Wohl der Stadt sorgen. Investitionen, betont er, seien für das Aufblühen von Potsdam von größtem Gewicht und müßten angekurbelt werden. Potsdam könne sich über das Interesse der Investoren glücklich schätzen. Damit seien gute Grundlagen gegeben, gesunde wirtschaftliche Verhältnisse herzustellen.« Im Frühjahr 1992 lagen rund 3 000 Anträge von Investoren vor. Die Bereitschaft, in Potsdam zu investieren, wird entscheidend durch Tausende ebenfalls vorliegender Restitutionsansprüche und vom Bundesvermögensamt verwalteter sowjetischer Liegenschaften gehemmt.

Doch die Konjunkturlokomotive ist zumindest im Baubereich in Gang gekommen, an vielen Häusern stehen Gerüste, und im In-

Der 1991 abgerissene Theaterrohbau auf dem Alten Markt

nern verschwinden lästige Kohleheizungen und entstehen modernisierte Wohnungen.
In DDR-Zeiten wurde Potsdam bewußt »proletarisiert«, nunmehr beginnt sich das soziale Gefüge zu ändern.

Potsdam wird die Dienstleistungsmetropole im Land Brandenburg. Es hat die Chance, eine wichtige »Kulturstadt Europas« zu werden, wozu auch beiträgt, daß es seit Juli 1991 eine Universität beherbergt. Banken, Versicherungen siedeln sich an, der Tourismus wächst, Potsdam ist Sitz der Regierung des Landes Brandenburg. Die Verwaltung der Landeshauptstadt gewinnt an Konturen.

Mit jedem gelösten Problem entstehen hundert neue

Neben dem Blick auf das Jahr 1993 sind es vor allem die täglichen Aufgaben, die die Stadtväter seit der Wende beschäftigen.
Stadtpräsident Dr. Helmut Przybilski formulierte es so: »Wenn jeder von uns seinen Beitrag zur Lösung der anstehenden Aufgaben leistet, werden wir es schaffen, daß unsere Stadt noch schöner wird, als sie es jetzt ist, daß die Narben verschwinden, die ihr Gesicht jetzt noch verunstalten, daß wir uns in unserer Stadt alle wohl und heimisch fühlen!«
Vieles ist inzwischen selbstverständlich geworden. Fast unmerklich wurden von fleißigen Gärtnern im Neuen Garten und im Babelsberger Park die Grenzanlagen

der »Berliner Mauer« beseitigt und die Kulturlandschaft wiederhergestellt. Bis aber alle Narben, die an den einstigen »Schutzwall« erinnern, verheilt sind, wird eine neue Generation heranwachsen.
Die Anbindung an die Verkehrswege von Berlin erlebte am 1. April 1992 mit der Inbetriebnahme der S-Bahn-Strecke von Potsdam nach Berlin ihren Höhepunkt. Dem ging die Rekonstruktion der Berliner Straße voraus.

Viel Kraft und immense Mittel sind erforderlich, um vor allem die Innenstadt instandzusetzen. Sponsoren sind aufgerufen zu helfen. Die Stadt gab einen Geschenkideenkatalog heraus. So deckt sich die Intention des Bescheidenen mit dem Anspruch, Bleibendes zum Jubiläum schaffen zu wollen. Das Belvedere auf dem Klausberg und das Chinesische Teehaus, der Schinkelsche Pomonatempel auf dem Pfingstberg und die Gerichtslaube im Babelsberger Park werden rekonstruiert.

Potsdams Zukunft liegt in der Vergangenheit

Der nicht mit Geld aufzuwiegende Schatz Potsdams liegt in seiner Geschichte.
Jährlich lassen sich Millionen Besucher aus aller Welt vom einstigen »preußischen Versailles« verzaubern. Nachdem die Schlösser und Gärten von Potsdam-Sanssouci von der UNESCO im Jahr 1991 dem Weltkulturerbe zugesprochen wurden, nahm auch das internationale Interesse an der Stadt zu.
1993 werden mehrere wissenschaftliche Veranstaltungen, darunter Fachkongresse für Denkmalpflege und Geschichte, stattfinden.

Das Ereignis »Tausend Jahre Potsdam« ist auch Anlaß, um ausgehend von der erhaltenen Architektur der Stadt neue Aspekte der Stadtgestaltung zu entwickeln.
Die heftigen Diskussionen um die architektonische Zukunft von Potsdams Kernbereich, dem Alten Markt, führten zum von den Stadtverordneten beschlossenen Abriß des Theaterrohbaues. Im Frühjahr 1991 legten elf Architekten aus Venedig, Amsterdam, Rotterdam, Bonn, Berlin und Potsdam Projektstudien für die Um- und Neugestaltung des Potsdamer Zentrums vor. Der Bebauung dieses wichtigen Platzes werden in den nächsten Jahren weitere Planungen vorausgehen. Von einem hinter der Fassade des Stadtschlosses versteckten Hotel will kaum einer mehr etwas wissen. Auch die Vorstellung von einem Parlaments- und Regierungsbau in der Tradition des Ortes als »landesherrlicher Sitz« bedarf gründlicher Überlegungen. Die Architekten suchen nach eigenen Maßstäben, wobei das Erhaltene das Maß, aber nicht das Ziel vorgibt. Dafür dient Schinkel selbst als Zeuge: »Historisch ist nicht, das

Alte festzuhalten oder zu wiederholen, dadurch würde die Historie zugrunde gehen, historisch handeln ist das, welches das Neue herbeiführt und wodurch Geschichte fortgesetzt wird.«

Die Stadtentwicklung wurde spätestens mit der Diskussion zum Abriß des Theaterrohbaues zu einem öffentlichen Anliegen der Potsdamer. Das betrifft auch solche Vorhaben wie die Freilegung des Stadtkanals und den Bau der Kongreß- und Konzerthalle hinter der Fassade des Kutschstalles auf der Plantage.

Für einen neuen Theaterstandort waren zu Redaktionschluß dieses Buches die Konturen klarer. Favorisiert werden nunmehr der Komplex des ehemaligen Gaswerkes in der Berliner Straße sowie die angrenzenden Reithallen in der Schiffbauergasse, ein von den Theaterleuten für die Entwicklung eines multikulturellen Zentrums als geradezu ideal bezeichneter am Wasser gelegener Festivalstandort.

Geldsorgen und Vermögensansprüche stehen den Wünschen der Kulturenthusiasten entgegen. Die Zeit des Umbruchs bietet aber die einmalige Chance, die Weichen auf den Weg zu einer europäischen Kulturstadt zu stellen. Mit der Schiffbauergasse, dem auszubauenden Kunstspeicher im ehemaligen Heeresproviantamt und dem Nikolaisaal wird das Wort »Potsdam ist mehr als Sanssouci« nicht nur ein Slogan sein.

Glockenspiel aus Iserlohn für Potsdams Garnisonkirche

Am 14. April 1991 wurde das auf Initiative von Oberstleutnant Max Klaar von der Traditionsgemeinschaft »Potsdamer Glockenspiel e.V.« nachgebaute Glockenspiel der einstigen Potsdamer Garnisonkirche auf der Plantage inmitten Potsdams eingeweiht. An diesem Tag, da sich die Zerstörung Potsdams im Jahr 1945 ebenso jährte wie die Grundsteinlegung Sanssoucis 1745 und der Friedenskirche 1845, berief Oberbürgermeister Dr. Horst Gramlich das Ehrenkuratorium »1000 Jahre Potsdam« ein.
Neben der Rückführung der Königsärge Friedrichs II. und Friedrich Wilhelms I. nach Potsdam am 17. August 1991 machte dieses Ereignis einmal mehr die historische Ausstrahlungskraft Potsdams deutlich. Kritiker dieser Veranstaltungen hatten im Vorfeld gewarnt, daß »alte Kräfte« am Grabe Friedrich des Großen den »Geist von Potsdam« beschwören könnten. Nichts davon geschah. Der »Geist von Potsdam«, oft parteipolitisch mißbraucht, als Schreckgespenst bemüht, ist keine über der Geschichte schwebende Chimäre. »Er ist im Guten wie im Bösen der Geist seiner Bürger.« (Sigrid Grabner).

Die in der Stadt gewachsenen guten preußischen Traditionen, wie Toleranz und Weltoffenheit, werden sich auch in der inhaltlichen Gestaltung des Stadtjubiläums widerspiegeln.

Jedes Jubiläum stellt Fragen, auch kritische. Eine breite Diskussion soll dazu beitragen, daß die Potsdamer mehr voneinander erfahren und offen miteinander reden.
»Potsdam 1993« steht unter den Leitgedanken:
– Potsdam bestimmt seinen Standort in der Vergangenheit, für Gegenwart und Zukunft.
– Potsdam schafft bleibende Werte – auch im übertragenen Sinne.
– Die Kulturstadt Potsdam feiert als Stadt der Toleranz und Weltoffenheit.
– Potsdam feiert im und mit dem Land Brandenburg als eine europäische Stadt.

»Potsdam, Potsdam, das brauchen wir, um glücklich zu sein. Wenn Sie diese Stadt sehen, wird Sie Ihnen sicher gefallen.« Das soll Friedrich der Große 1758 gesagt haben.
Die Stadt ist auf gutem Weg, ihren einstigen Ruf wiederzuerlangen.
Dieter Weirauch

Die Autoren

Peter Altmann, Obergartenmeister der Freundschaftsinsel 1953–1980, Caputh
Dr. Klaus Arlt, Biologe, Vorsitzender der »Studiengemeinschaft Sanssouci e. V.« Verein für Kultur und Geschichte Potsdams
Prof. Dr. Helmut Assing, Historiker, Universität Potsdam
Peter Bahl, Berlin
Dr. Paul Biela, Apotheker, Potsdam
Günter Bransch, Generalsuperintendent des Kirchenkreises Potsdam
Dr. Bärbel Dalichow, Filmwissenschaftlerin, Direktorin des Filmmuseums Potsdam
Hermann Fellien, Vermessungsingenieur, Stadthistoriker, Potsdam
Stephan Flade, Pfarrer an der Friedrichskirche Potsdam
Werner Garitz, Vizepräsident des Landesluftsportverbandes Brandenburg des DAC, Potsdam
Dr. Wolfgang Gerhold, Mitarbeiter in der Landesregierung Brandenburg, Referat Sportentwicklung/Sportförderung, Potsdam
Dr. Hans-Joachim Giersberg, Generaldirektor der Stiftung Schlösser und Gärten Potsdam-Sanssouci
Dr. Frank Göse, Historiker, Universität Potsdam
Prof. Dr. Dorothea Goetz, Wissenschaftshistorikerin, Potsdam
Dr. Sigrid Grabner, Schriftstellerin, Mitarbeiterin im Magistrat Potsdam
Ugla Gräf, Filmwissenschaftlerin, Museumspädagogin am Filmmuseum Potsdam
Dr. Vera Grützner, Musikwissenschaftlerin, Universität Potsdam
Dr. Harri Günther, Gartendirektor der Stiftung Schlösser und Gärten Potsdam-Sanssouci
Heinrich Hamann, Diplomgärtner, wissenschaftlicher Mitarbeiter der Stiftung Schlösser und Gärten Potsdam-Sanssouci
Heinz Werner Hübner, Journalist, Köln
Andreas Hüneke, Kunstwissenschaftler, Potsdam
Prof. Dr. Knut Kiesant, Literaturwissenschaftler, Universität Potsdam
Andreas Kitschke, Bauingenieur, Sachbuchautor, Potsdam
Hartmut Knitter, Historiker, Potsdam-Museum
Martin Kwaschik, Pfarrer an der Erlöserkirche Potsdam
Dr. Hannelore Lehmann, Historikerin, Potsdam
Prof. Dr. Dierck-E. Liebscher, Physiker, Astrophysikalisches Observatorium Potsdam
Dieter Lietz, Autor des Kabaretts am Obelisk, Potsdam
Claudia Meckel, Kunstwissenschaftlerin, Stiftung Schlösser und Gärten Potsdam-Sanssouci
Prof. Dr. Siegfried Melchert, Sportwissenschaftler, Potsdam
Irmgard Mickisch, Chefdramaturgin am Hans-Otto-Theater 1971–1991, Potsdam

Dr. Harald Müller, Historiker, Potsdam
Lonny Neumann, Schriftstellerin, Potsdam
Johanna Neuperdt, Konservatorin, Amt für Denkmalpflege Potsdam
Petra Pravemann, wissenschaftliche Mitarbeiterin, Universität Potsdam
Ines Reich, Doktorandin Geschichte, Universität Potsdam
Prof. Dr. Wolfgang Rocksch, Erziehungshistoriker, Potsdam
Sigrid von Rohr, Bonn
Dr. Heinz Schönemann, Stellvertretender Generaldirektor der Stiftung Schlösser und Gärten Potsdam-Sanssouci
Dr. Hans-Joachim Schreckenbach, Archivar am Brandenburger Landeshauptarchiv 1958–1991, Potsdam
Marco Schütz, Doktorand Germanistik, Universität Potsdam
Dr. Dieter Spänkuch, Meteorologe, Meteorologisches Observatorium Potsdam
Gert Streidt, Kunstwissenschaftler, Pressesprecher der Stiftung Schlösser und Gärten Potsdam-Sanssouci
Wolfgang Tripmacker, Verlagsbuchhändler, Berlin
Dieter Weirauch, Journalist, Mitarbeiter im Magistrat Potsdam
Christian Wendland, Architekt, Potsdam
Thomas Wernicke, Historiker, Potsdam-Museum
Prof. Dr. Dr. h. c. Günter Wirth, Publizist, Berlin
Peter Zander, Eisenbahnhistoriker, Potsdam

Bildnachweis der Schwarzweißfotos

Amt für Denkmalpflege, Potsdam, 91
Archiv der Erlösergemeinde, Potsdam, 236
Archiv der katholischen Pfarrgemeinde St. Peter und Paul, Potsdam, 123
Archiv des Oberlinhauses, Potsdam, 124
Archiv der Storm-Gesellschaft, Husum, 109
Brandenburgisches Landesmuseum für Ur- und Frühgeschichte, Potsdam, 16, 17, 18, 21
Filmmuseum, Potsdam, 178, 213
Galerie Moritzburg, Halle/Saale, 88
Nicola Herzog, Potsdam, 237
Lutz Hannemann, Potsdam, 165, 167
Kabarett am Obelisk, Potsdam, 231
J. Koppatz, 13
Lothar Lindenhan, Potsdam, 83, 247
Musée du Louvre, Paris, 28
Gunnar Porikys, Potsdam, 225
Schuke-Orgelbau (Peter Nehm), Potsdam, 220
Staatliche Graphische Sammlung, München, 31
Stiftung Schlösser und Gärten Potsdam-Sanssouci, 32, 37, 38, 76, 78, 79, 82, 101
Werner Taag, Potsdam, 198, 200, 203, 217

Wolfgang Tripmacker, Berlin, 184
Christian Wendland, 66, 67
Dieter Wendland, 229
Potsdam-Museum, alle übrigen

Bildnachweis der Farbaufnahmen

Stiftung Schlösser und Gärten Potsdam-Sanssouci: vordere Umschlagseite
Berliner Ansichtskartenverlag, Vertrieb Thomas (1)
Lothar Lindenhan (6)
Dieter Wendland (2)
Ullstein (1)

Dank der Herausgeber

Für die freundliche Unterstützung und gute Zusammenarbeit danken wir den Autoren, den Fotografen, den Mitarbeitern von Bildarchiven, der Stiftung Schlösser und Gärten Potsdam-Sanssouci, der Universität Potsdam, dem Potsdam-Museum und hier insbesondere Herrn Hartmut Knitter für die fachliche Beratung.

Veranstaltungen

Änderungen vorbehalten

Bitte fordern Sie das vollständige Programm an.

Auskünfte erteilt Ihnen gern:

Potsdam-Information:
Zimmervermittlung, Veranstaltungsservice,
Kartenvorverkauf
Friedrich-Ebert-Str. 5
O-1561 Potsdam

Tel. 0331 / 2 11 00
Fax 0331 / 2 30 12

Veranstaltungshinweise

14. Januar
17 Uhr
Brandenburger Straße

»Potsdamer Geisterstunde«

Stelldichein historischer Persönlichkeiten

---

22. Januar bis 14. März
Potsdam-Museum,
Hillerbrandt'sche Häuser,
Breite Straße 8–12

Loriot-Ausstellung

Der in Brandenburg gebürtige Vicco von Bülow (Loriot) präsentiert einen repräsentativen Querschnitt seines Schaffens als Karikaturist, Bühnenbildner und Schauspieler/Regisseur

---

23. Januar
Theaterhaus Am Alten Markt

Joseph Haydn »Die Schöpfung«

Festkonzert anläßlich des vierzigjährigen Bestehens der Singakademie Potsdam

---

12. bis 24. März
Altes Rathaus

138. Schinkelfest

Wettbewerb junger Architekten und Ingenieure

---

13. März
Schwimmhalle Brauhausberg

»1. Brauhausberg-Swim & Run«

---

14. März bis 25. April
Neue Kammern, Sanssouci

»Die Prunktabatieren Friedrichs des Großen«

Ausstellung

---

19. März
Sperl-Galerie, Mittelstraße

»250 Jahre Holländisches Viertel«

Ausstellung zeitgenössischer bildender Kunst niederländischer Maler

---

21. März bis Oktober
Breite Straße/Am Portal

»Tage von Potsdam«

Der Name Potsdam steht weit über Europa hinaus nicht nur für königliche Gartenarchitektur, friderizianisches Rokoko und Verschmelzung von Kunst und Architektur, sondern auch für militärischen und nationalistischen Ungeist. Mit Hilfe dokumentarischer Fotos, anhand von Texten, Montagen und Faksimiles soll die Auseinandersetzung mit einem dunklen Kapitel Potsdamer Geschichte gefördert werden.

---

21. März
Kabarett am Obelisk

»Alles gefritzt«

Eine Preußenshowse

25.–27. März
Altes Rathaus

Symposium zu Ehren von Hermann Kasack

Hermann Kasack (1896–1966), gebürtiger Potsdamer, Autor des bedeutenden Romans »Die Stadt hinterm Strom«, Verlagslektor, Literaturvermittler, langjähriger Präsident der Akademie für Sprache und Dichtkunst in Darmstadt, soll mit dieser wissenschaftlichen Veranstaltung allen kulturell Interessierten Potsdamern in Erinnerung gerufen werden.

---

25. März bis 21. April
Altes Rathaus

Hermann-Kasack-Ausstellung

---

28. März bis 9. Mai
Schloß Glienicke

Siegward-Sprotte-Ausstellung

anläßlich seines 80. Geburtstages

2./3. April Aula im Helmholtz-Gymnasium	**Wilhelm-Kempff-Preis** Ein Wettbewerb zur Förderung des schulischen Ensemble-Musizierens
14. April **20 Uhr** Friedenskirche, Sanssouci	**Konzert zum Gedenken an die Zerstörung Potsdams am 14. April 1945** mit der Uraufführung des »Requiem« für Soli, Frauenchor und Orchester von Gisbert Näther
22. April bis 9. Dezember Motorschiff Potsdam	**Literatur auf dem Schiff** Hans-Jochen Röhrig stellt bekannte Potsdamer Autoren vor. Mitglieder des Hans-Otto-Theaters umrahmen die Veranstaltungen musikalisch.
22. April	Christa Kožik
27. Mai	Johann Wilhelm Gleim
24. Juni	Ulrich Preuß
26. August	Friedrich der Große
23. September	Maxie Wander
29. Oktober	Peter Weiß
25. November	Peter Huchel
9. Dezember	Sigrid Grabner

April bis Juli Universitätsgelände Golm und Babelsberg	**»Wirken und Eindrücke von Amerikanern in Berlin und Potsdam im 18. und 19. Jahrhundert«** Ausstellung des J. F. Kennedy-Instituts der Freien Universität Berlin
21.–23. April Klub der Künstler und Architekten, Schloßstraße 14	**»1000 Jahre Potsdam – märkische Kleinstadt – europäische Residenz – brandenburgische Landeshauptstadt«** Geschichtswissenschaftliche Konferenz des Fachbereichs Geschichte der Universität Potsdam
24. April Am Neuen Palais	**7. Sanssouci-Marathon**
29. April Theaterhaus Am Alten Markt	**Festakt anläßlich der Eröffnung der 1000-Jahr-Feier**
29. April **21 Uhr** Theaterhaus Am Alten Markt	**Tanz-Theater-Gala »Lied der Sonne« nach Franz Kafka** MUSIKTHEATER IM REVIER, Gelsenkirchen

30. April bis 8. Mai	**Frankreich in Potsdam**
30. April Reithalle, Schiffbauergasse	Große Modenschau junger Designer aus Paris
1. Mai Brandenburger Straße	THEATRE L'UNITE mit »Mariage« CACAHUETE mit »Mariage«
Theaterhaus Am Alten Markt	Gala-Konzert Juliette Greco
2. Mai Schlaatz, Jugendzentrum »Alpha«	Theater-Spektakel Theatre L'UNITE mit »L'avion«
3. Mai bis 6. Mai	Umwandlung des Stadtbahnhofs durch LE PHUN aus Toulouse mit »LA VENGEANCE DE SEMIS«
8. Mai Reithalle, Schiffbauergasse	Tanzgastspiel BLACK BLANC BEUR
30. April bis 31. Mai Turnhalle, Straße der Jugend/Fischhaus/fabrik e.V., Gutenbergstr. 105, /Schiffbauergasse/Park Sanssouci	**Potsdamer Tanztage**

1. Mai bis Oktober

Potsdamer Arkadien

Ein Freiluft-Sommerkulturprogramm belebt ausgewählte Straßen und Plätze der Potsdamer Innenstadt. Kulturprojekte lokaler und regionaler freier Gruppen, aber auch internationale Gastspiele richten sich vor allem an Zielgruppen, die von den »institutionellen Kulturangeboten« in der Regel nicht angesprochen werden. »Potsdamer Arkadien« leistet einen Beitrag zur Vielfalt des städtischen Kulturlebens.

---

2. Mai
Hafen – Lange Brücke
Ufergelände Jungfernsee

Flottenparade

Eingeleitet mit einer Regatta historischer Schiffe auf dem Jungfernsee. Die Parade der Weißen Flotte ist der Höhepunkt des Tages. Eine Riverboatshuffle mit einem Corso von Oldtimern und Motorbooten bildet den Abschluß.

---

2. Mai
Neustädter Havelbucht

Tag des deutschen Rudersports

---

5. Mai
19 Uhr
Universität, Komplex II, Kammermusiksaal

Komponistenporträt

Der Potsdamer Komponist Gerhard Rosenfeld spricht über sein Schaffen

---

5. bis 8. Mai

»100 Jahre Meteorologisches Observatorium«

Konferenz des Deutschen Wetterdienstes auf dem Telegraphenberg

---

6. Mai
Potsdam-Museum,
Breite Straße 8–12

Eröffnung der Ausstellung »1000 Jahre Geschichte der Stadt Potsdam«

---

7. Mai bis 18. Juni
Musikakademie Rheinsberg/
Potsdamer Schulen

Komponistenwerkstatt

Unter der Leitung von Nigel Osborne in Zusammenarbeit mit The British Council führen Potsdamer Lehrer und Schüler Projektwochen durch. Als Ergebnis wird ein öffentliches Konzert am 18. Juni 1993 in der Aula des Potsdamer Helmholtz-Gymnasiums präsentiert.

8./9. Mai
Sporthalle, Heinrich-Mann-Allee

Sieben-Nationen-Turnier im Herren-Florett des Deutschen Fechterbundes

Das Sieben-Nationen-Turnier ist eines der bedeutendsten Mannschaftsturniere der Welt. Es nehmen Mannschaften der sieben führenden Nationen der Olympischen Sommerspiele von 1992 teil.

---

8. Mai bis 11. September
Schiffbauergasse/Freundschaftsinsel

»Militärmusik – Kriegsmusik – Friedensmusik«

Erstmalig wird unter diesem provokanten Titel die Geschichte der Militärmusik wissenschaftlich aufbereitet, konzertant aufgeführt und mit Vorträgen sowie in Gesprächsreihen der Öffentlichkeit dargestellt.

Mai bis August
Universität, Komplex II, Golm

»Potsdamer Landschaften«

Studenten und Lehrkräfte der Universität Potsdam stellen künstlerische Arbeiten vor.

Mai bis September
Gewächshäuser des Botanischen Gartens, Sanssouci, Maulbeerallee

»Geschichte des Botanischen Gartens und die Entwicklung des Botanischen Instituts«

Ausstellung

---

12. bis 16. Mai
Luisenplatz

Deutsche Weinwoche

Weinfreunde und alle, die es werden wollen, haben die Gelegenheit, Weine und Sekte aus den 13 deutschen Anbaugebieten zu probieren.

---

12. Mai
17 Uhr
Katholische Propsteikirche
St. Peter und Paul, Bassinplatz

Konzert des Thomanerchors

---

14. bis 16. Mai
Freundschaftsinsel

Bordunfest '93

Folkloremusik-Festival mit historischen Instrumenten. Mittelalter-Markt.

---

15. bis 23. Mai
Stadtbahnhof und RAW

Große Eisenbahntechnische Ausstellung mit einer Sonderschau europäischer Salonwagen

Eisenbahnschau mit preußischen Lokomotiven und Wagen. Auch moderne Fahrzeuge werden gezeigt.
Ferner tagt der Bundesverband Deutscher Eisenbahnfreunde erstmals in einem der neuen Bundesländer. Diese Jahrestagung steht unter der Schirmherrschaft des Eisenbahnfreundes Prinz Louis Ferdinand von Preußen. Eine besondere Attraktion wird die Salonwagenschau am 22. Mai sein.

---

15. Mai
MEVAG, Festsaal

Empfang der Fahrradstaffel Bonn – Münster – Potsdam

Podiumsdiskussion/Fahrradfest

---

19. bis 23. Mai

Evangelischer Kirchentag des Landes Brandenburg

Christen aus rund 800 Gemeinden in Berlin und Brandenburg versammeln sich unter dem Thema »Dein Reich komme«. Christen und Nichtchristen fragen nach ihrem Ort in der Geschichte dieser Stadt, setzen sich mit der Gegenwart auseinander und richten ihren Blick auf die Zukunft.
Höhepunkte werden die Uraufführung des »Potsdam Te Deum« und die Abschlußfeier am Ruinenberg sein.

21./22. Mai

3. Brandenburgisches Chorfest im Park Sanssouci

21. Mai, 19.30 Uhr Residence-Hotel	Eröffnungskonzert
22. Mai, ab 13 Uhr Park Sanssouci	Open-Air-Chorkonzerte
17 Uhr Ehrenhof Sanssouci	Abschlußsingen aller Chöre

22. bis 30. Mai	**Begegnung mit den Niederlanden**
22./23. Mai Holländisches Viertel	Niederländisches Kulturfest
23. Mai Theaterhaus Am Alten Markt	Tanz-Gala »Nederlands Dans Theater 3«
25./26. Mai Reithalle, Schiffbauergasse	Konzerte Herman van Veen
27. Mai Schlaatz, Jugendzentrum »Alpha«	Flup en Yu/Open-Air/Feuer-installation

23. Mai
12 Uhr bis 12.45 Uhr
Brandenburger Tor

»Sonntagskonzert auf Tournee«

Live-Veranstaltung des ZDF

29. bis 31. Mai
Karl-Liebknecht-Stadion

Internationales Jugend-Fußballturnier

29. Mai bis 25. Juli
Altes Rathaus

»Wanderungen durch die Mark Brandenburg«

Landschaftsmalerei der Mark Brandenburg von der Romantik bis zum Expressionismus mit Werken von Blechen, Liebermann und Leistikow

29. Mai
Schloßtheater Neues Palais

»Höfische Impressionen«

Flötenmusik aus drei Jahrhunderten und Tänze aus der Zeit Friedrichs des Großen

29. Mai
Innenstadt

Eröffnung der Skulpturen-Ausstellung »10 aus Europa für Potsdam«

---

29. Mai
Ernst-Thälmann-Stadion

»3. Offene Meisterschaft des Märkischen Turnerbundes für Fanfarenzüge des Deutschen Turnerbundes«

---

29. Mai
Pfingstberg

Eröffnung des wiederaufgebauten Pomona-Tempels und der beiden Aussichtstürme

---

29. Mai bis 6. Juni
Altes Rathaus/Freundschaftsinsel/Stadtgebiet

Kanada-Woche

»Kanada grüßt Potsdam«

---

1. Juni Platz der Einheit	**Kinderkunstwiese** Potsdamer Kunsterzieher laden die Kinder zum kreativen Gestalten ein
3. Juni bis 31. Juli Stadt- und Landesbibliothek Potsdam	**»Grenzenlos und eigenständig«** Ausstellung holländischer und flämischer Original-Illustrationen für Kinderbücher
3. bis 7. Juni Luftschiffhafen	**Jugend-Leichtathletik-Sportfest der Partnerstädte Potsdams**
4. Juni Theaterhaus Am Alten Markt	**»Der Hauptmann von Köpenick«** Premiere des Hans-Otto-Theaters
4. bis 6. Juni Weberplatz in Babelsberg	**Böhmen in Potsdam** Ein böhmisches Weberfest auf 250 Jahre altem Schauplatz
5. Juni Pfingstberg	**Pfingstbergfest** Das traditionelle Volksfest zum Thema Natur und Umwelt findet im Jubiläumsjahr mit kulturellem Rahmenprogramm statt.

6. bis 23. Juni
Fachschule für Werbung und Gestaltung, Schopenhauerstraße

Internationales Symposium zum Potsdamer Kunstsommer

---

9. bis 13. Juni

1000-Jahr-Feier in Geltow mit historischem Festumzug

---

10. bis 13. Juni
Schloß Cecilienhof und Universität Potsdam

»Die neue Rolle des vereinigten Deutschland in Europa«

Internationales Symposium des Fachbereichs Sozialwissenschaft der Universität Potsdam gemeinsam mit der Studiengesellschaft für Mittel- und Osteuropäische Partnerschaft und deren amerikanischer Schwestergesellschaft CEP

---

11. bis 13. Juni
Treffpunkt Freizeit

Kinder-Musiktheater-Projekt

Theater-Werkstatt unter dem Motto »Kinder machen Musiktheater«

---

11. bis 27. Juni

Musikfestspiele Potsdam-Sanssouci

Festliche Ausgestaltung der traditionellen Musikfestspiele zum Stadtjubiläum. Potsdam stellt sich dar als Stadt der italienischen, niederländischen, böhmischen und russischen Kulturen.
Die Schlösser und Gärten von Potsdam-Sanssouci mit ihrer einzigartigen Harmonie von Architektur, Gartenkultur, bildender und angewandter Kunst bilden den reizvollen Rahmen der Konzerte.
Dem Thema »1000 Jahre Potsdam – eine Stadt der Kulturen« ordnen sich rund 35 Konzerte namhafter internationaler und nationaler Solisten und Ensembles zu. Zahlreiche historische Stätten, wie das Schloßtheater im Neuen Palais, der Raffaelsaal der Orangerie oder der Jaspissaal in den Neuen Kammern, werden für die Konzerte genutzt.

---

11. Juni
21.30 Uhr
Neustädter Havelbucht

Echoblasen

Potsdamer Turmbläser/Polizeiorchester

---

12. Juni
DEFA-Gelände, Babelsberg

Presseball des Landes Brandenburg

---

12. Juni
Freundschaftsinsel

Potsdamer Arkadien: Blumenfest

---

12. Juni
19 Uhr
Freilichtbühne Freundschaftsinsel

Rock-Musical »Princess«

Ein Beitrag des Theodor-Fontane-Gymnasiums Rangsdorf

---

12. Juni bis 22. August

»Schlösser und Gärten in Potsdam – Bau- und Gartenkunst vom 17. bis 20. Jahrhundert«

Ausstellung

12. Juni–22. August
Neues Palais

17. und 18. Jahrhundert

19. Juni–22. August
Römische Bäder

1800 bis 1860

22. Juni–22. August
Orangerie Sanssouci

1860 bis 1918

---

13. bis 20. Juni
Altes Rathaus

Filmtest IV

Europäischer Salon für Liebhaber des Jungen Films

---

14. Juni bis 11. Juli

Konzerte in der »Baustelle Nikolaisaal«

Nikolaisaal, Wilhelm-Staab-Straße

19. Juni bis 4. Juli

Großes Stadtfest zur 1000-Jahr-Feier

Der eigentliche Geburtstag der Stadt ist der 3. Juli 1993, um den herum sich das zentrale Stadtfest als kulturelles Volksfest mit verschiedenen Höhepunkten, u. a. einer spektakulären Stadt-Inszenierung zur Geschichte Potsdams, einem großen Kinderfest, weiteren sportlichen und kulturellen Höhepunkten und einem Festakt der Stadtverordnetenversammlung gruppieren soll.
Höhepunkt der Festwoche ist das »Capriccio Poztupimi«, das vom 18. bis 20. Juni unter Beteiligung vieler Potsdamer Künstler, Vereine und Bürger aufgeführt wird. Die große theatrale Straßen- und Wasseraktion behandelt Potsdam als Garnisonstadt, stellt Hofgeschichten und Staatsaffairen, die Industriegeschichte, Sagen und Legenden sowie Bräuche und Traditionen dar.

Zum Stadtfest gehören auch

19. Juni
Stadtgebiet

eine Sportparty

19. Juni
Neustädter Havelbucht

eine Havel-Sinfonie

20. Juni
Alter Markt

ein Kinderfest

19. bis 20. Juni
Kulturhaus des RAW,
Friedrich-Engels-Straße

Brandenburgia '93

Briefmarkenausstellung

---

20. Juni
19 Uhr
Friedenskirche, Sanssouci

»Potsdam-Sinfonie«

Im Rahmen der Musikfestspiele Uraufführung der von The British Council an Nigel Osborne in Auftrag gegebenen Komposition als Geschenk an die Stadt Potsdam.

---

25. Juni
Residence-Hotel

Volkstümliches Konzert des Polizeiorchesters Potsdam mit dem Potsdamer Männerchor und dem Polizeichor Duisburg

---

25. Juni bis 2. Juli
Pavillon auf der Freundschaftsinsel

Ausstellung aus Sioux Falls/USA

Reproduktionen aus dem Old Courthouse vermitteln einen Einblick in die Geschichte von Sioux Falls

---

26. Juni
Kunstspeicher, Zeppelinstraße

»Fontanelle«

Teileröffnung des zukünftigen Kunstzentrums KUNSTSPEICHER (im ehemaligen Heeresproviantamt in der Zeppelinstraße) mit einem Künstlerprojekt und einem Künstlerfest, das gemeinsam von Brandenburg und Nordrhein-Westfalen unter internationaler Beteiligung getragen wird.

---

27. bis 30. Juni
Magistrat Potsdam

Treffen der Bürgermeister der Partnerstädte Potsdams: Bonn, Perugia, Sioux Falls, Jyväskylä, Opole, Bobigny

---

Juni bis September
Erlöserkirche, Nansenstraße
Friedenskirche, Sanssouci

»Internationaler Orgelsommer«

Konzerte namhafter Organisten aus dem In- und Ausland

---

30. Juni
Universität, Golm,
Kammermusiksaal

»Ein Nachmittag bei Friedrich II.«

Instrumentalkonzert von Studenten und Lehrkräften des Fachbereichs Musik der Universität Potsdam

---

2. Juli
Säulenhof der Orangerie, Sanssouci

Konzertante Blasmusik

---

3. Juli
Theaterhaus Am Alten Markt

Festakt zum 1000jährigen Stadtjubiläum unter Teilnahme von Bundespräsident Richard von Weizsäcker

---

3./4. Juli
Innenstadt

»Feststadt der 1000 Lustbarkeiten«

Großes Stadtfest zur 1000-Jahr-Feier

---

4. bis 12. Juli
Freundschaftsinsel

Italienische Woche

Kunst- und Verkaufsausstellung der Partnerstadt Perugia, begleitet von einem kulturellen Rahmenprogramm

---

8. Juli
19.30 Uhr
Katholische Propsteikirche St. Peter und Paul, Bassinplatz

Konzert des Dresdner Kreuzchors

---

8. bis 16. Juli
Jugendtouristikzentrum Am Teufelssee

Jugendcamp der Partnerstädte

---

9. Juli Theaterhaus Am Alten Markt	**Opernpremiere des Hans-Otto-Theaters Ludwig van Beethoven »Fidelio«**
9. bis 11. Juli Schiffbauergasse	**Potsdamer Arkadien: Potsdamer Jazz-Tage**
15. Juli bis 3. August Pavillon auf der Freundschafts-insel	**Ausstellung von Gegenwartskunst aus Opole**
17. Juli Friedenskirche, Sanssouci	**Johannes Brahms »Ein Deutsches Requiem«**
23. Juli Ehrenhof des Neuen Palais	**Sinfonie-Konzert des Schleswig-Holstein-Musik-Festival-Orchesters**
29. Juli bis 19. September Filmmuseum, Breite Straße	**»Von Eisenstein bis Tarkowski«** Die Ausstellung zeigt Malerei berühmter sowjetischer Regisseure. Eine Filmreihe stellt ihre Arbeit für den Film vor.

2. bis 6. August
Oberlin-Haus, Babelsberg

Europa-Konferenz der International Association for Education of the Deaf-Blind

20./21. August
Stadion Luftschiffhafen

Open-Air-Rock- und Pop-Festival

26. bis 29. August
Hafenbecken, Lange Brücke

Hafenfest

Buntes Markttreiben mit lukullischen Spezialitäten und täglichem Musik- und Unterhaltungsprogramm.

26. August
Reithalle, Schiffbauergasse

Bürgerfest der Bundeswehr mit Musik und Tanz

27. August
19 Uhr
Heiliger See

Echoblasen

Potsdamer Turmbläser/Polizeiorchester Potsdam

28. August

Potsdamer Arkadien: Lichterfest auf der Freundschaftsinsel

28. August
Reithalle, Schiffbauergasse

»Die Nibelungen«

Film-Live-Konzert

30. August bis 4. September
Filmmuseum, Breite Straße

»Französisch-deutsches Kinder- und Jugend-Filmfestival«

August bis September
Orangerie Neuer Garten

Ausstellung »Jüdische Friedhöfe in der Mark Brandenburg«

In der Mark Brandenburg gibt es 60 jüdische Friedhöfe, auch »gute Orte« genannt. Sie werden mit den Mitteln der Malerei, Grafik, Fotografie und der Collage vorgestellt.

---

3. bis 10. September	**Rußland in Potsdam**
	Gastspiele, Konzerte, Vorträge, Modenschau, Poesie-Abende
3. September Theaterhaus Am Alten Markt	Galakonzert Chor RYBINA aus St. Petersburg
5. September Kolonie Alexandrowka	Russisches Straßenfest
10. September Theaterhaus Am Alten Markt	Gala mit dem Kosaken-Ensemble der GUS-Streitkräfte

4. bis 12. September

»1000 Sekunden Potsdam« Schultheater-Tage

Schülerinnen und Schüler ab sechzehn Jahren aus Potsdam und Umgebung sind aufgerufen, ihre Ansichten und Phantasien zu Potsdam in Form eines selbsterarbeiteten Stückes unter dem Motto »1000 Sekunden Potsdam« zu präsentieren. Auch Jugendgruppen der europäischen Partnerstädte sind eingeladen, jeweils 1000 Sekunden ihre Heimatstadt zu gestalten. Acht Tage lang tauschen sich die jugendlichen Theaterleute unter fachkundiger Anleitung aus, proben und erfinden neu, bevor sie zum Ende der Theatertage mit einer gemeinsamen Aufführung an die Öffentlichkeit treten.

5. September
11.30 Uhr bis 13 Uhr
Auf der Plantage
(Yorkstr./Dortustr.)

Festkonzert am Glockenspiel

Unter der musikalischen Gesamtleitung von Professor Ernst-Ulrich von Kameke erklingen klassische Musikstücke, Choräle, Märsche und Volkslieder. Dabei wirken das Glockenspiel, Orgel, E-Piano, Musikkorps und die Potsdamer Turmbläser alleine, teilweise oder im Gesamtensemble zusammen. Höhepunkte werden zwei Kompositionen für das Gesamtensemble der Choräle »Lobe den Herrn« und »Üb immer Treu und Redlichkeit« sein.

---

5. September bis 17. Oktober
Altes Rathaus

Alvar-Aalto-Ausstellung der Partnerstadt Jyväskylä

---

11. September bis 10. Oktober
Ausstellung im Neuen Palais, Obere Rote Kammern

»Restaurierung und Rekonstruktion – 25 Jahre Textildenkmalpflege in Sanssouci«

---

12. September bis 17. Oktober
Altes Rathaus

Wilhelm-Schmid-Ausstellung

Ausstellung von Werken des Schweizer Malers Wilhelm Schmid (1892–1971). Wilhelm Schmid gilt in der Fachwelt als Geheimtip. Leben und Werk sind bislang kaum beleuchtet worden. Von 1922 bis 1937 hat Wilhelm Schmid in Potsdam gelebt und gearbeitet.

---

13. bis 20. September
Kabarett am Obelisk

Internationale Kabarettwoche

---

17. bis 19. September
Universität Potsdam

Internationales Fontane-Kolloquium

---

22. bis 24. September
Universitätsgelände

11. Deutscher Sportwissenschaftlicher Hochschultag

Der erstmalig in den neuen Bundesländern geplante Hochschultag der Deutschen Vereinigung für Sportwissenschaft will den aktuellen Zustand des Jugendsports darstellen und im Dialog mit der Sportpraxis Möglichkeiten und Chancen einer Weiterentwicklung diskutieren. Themen dieses Kongresses, an dem rund 700 Sportwissenschaftler teilnehmen, sind unter anderen »Sport in der Schule«, »Sport im Verein«, »Sport im Betrieb«.

---

22. bis 26. September
Altes Rathaus, Freundschaftsinsel, Kulturhaus Babelsberg, Jugendzentrum »Alpha«, Brandenburger Straße

Potsdamer Arkadien: Internationale Puppentheater-Tage

---

24. bis 25. September
BIG – Villa, Seestraße 35–37

Große Europäische Kulturkonferenz

Hochrangige europäische Kulturpolitiker werden sich zum Thema: Heutige und zukünftige Aufgaben alter Kulturstädte in Europa äußern. Auch die Frage der kulturellen Identität einer Region neben der Dominanz einer Metropole wie Berlin wird erörtert werden.

---

25. September
Schloßtheater Neues Palais

Festakt des Landtags zum Stadtjubiläum

---

27. bis 30. September
Universität, Komplex II, Golm

23. Deutscher Romanistentag

Etwa 500 deutsche und ausländische Romanisten nehmen an der Tagung teil. Innerhalb der wissenschaftlichen Sektionsarbeit werden auch die Beziehungen zwischen Preußen und der Romania Berücksichtigung finden.

---

30. September bis 17. Oktober

Medienprojekt Potsdamer Jugendlicher »Jugendliche drehen ihren Potsdam-Film«

---

1. bis 3. Oktober	**Kammerchor-Festtage des Verbandes Deutscher Konzertchöre, Landesverband Ost**
2. Oktober Theaterhaus Am Alten Markt	**Abschlußveranstaltung »1000 Jahre Potsdam«**
3. Oktober Vorplatz Babelsberger Park	**Potsdamer Arkadien: Abschlußveranstaltung »Drachenfest«**
5. bis 19. Oktober Landtag	**»Brandenburg – Rheinland-Westfalen – Historische Dokumente einer wechselseitigen Beziehung«** Veranstalter: Nordrhein-Westfälisches Hauptstaatsarchiv Düsseldorf, das Brandenburgische Landeshauptarchiv Potsdam sowie das Staatsarchiv Münster mit Unterstützung der Ministerien für Wissenschaft, Forschung und Kultur und Landtage beider Länder
18. bis 24. Oktober Theaterhaus am Alten Markt	**Werkstatt-Tage des Hans-Otto-Theaters** Veranstaltungsreihe für neue Theater-Stücke, experimentelle Aufführungen und Bühnenkunst junger Theaterleute

21. Oktober
Eröffnung
Filmmuseum, Breite Straße

»Filmstadt Babelsberg (1911–1991)«

Ausstellung

1911 ließ sich die Bioskop in Babelsberg nieder, die später mit der Decla und der Ufa fusionierte und so zur mächtigsten deutschen Filmfirma aufstieg. Die 1946 gegründete DEFA, später die zentrale Filmproduktionsfirma der DDR, etablierte sich auf dem Ufa-Gelände. Im Verlaufe von 44 Jahren entstanden 700 DEFA-Spielfilme.
Die bewegte und widersprüchliche Geschichte der Babelsberger Filmstudios und ihrer Filme wird den Besuchern in einer Dauerausstellung zugänglich gemacht.

1. bis 7. November
Filmmuseum, Breite Straße

Niederländische Filmwoche

Vorführung von Filmen aus den Niederlanden, Gespräche und Kontakte der Filmemacher zum Film- und Medienzentrum Babelsberg sollen zu dauerhaften Beziehungen zwischen den holländischen Filmleuten und der Filmstadt Potsdam führen.

---

7. bis 9. November
Altes Rathaus

25. Plenartagung des Deutschen Nationalkomitees für Denkmalschutz

---

14. November
Theaterhaus Am Alten Markt

Antonin Dvořak »Stabat mater«

Konzert der Singakademie Potsdam

---

13. bis 21. November
Havelbucht

Große Bootsausstellung

---

30. Dezember
Erlöserkirche, Nansenstraße

Ludwig van Beethoven »Missa solemnis«

Aufführung der Potsdamer Kantorei

Belvedere, Pfingstberg
Aquarell von F. v. Arnim, um 1856
aus: Mielke, Potsdamer Baukunst,
Propyläen Verlag, 1981

Das Potsdamer Stadtzentrum
Luftaufnahme 1919
aus: Mielke, Potsdamer Baukunst,
Propyläen Verlag, 1981

Die Deutsche Bibliothek – CIP-Einheitsaufnahme

1000 Jahre Potsdam : das Buch zum Stadtjubiläum mit dem Festprogramm / im Auftr. des Magistrats der Stadt Potsdam hrsg. von Sigrid Grabner und Knut Kiesant. – Frankfurt/Main ; Berlin : Ullstein, 1993
ISBN 3-550-07518-9
NE: Grabner, Sigrid [Hrsg.]; Tausend Jahre Potsdam

1. Auflage September 1992
2. Auflage November 1992
3. Auflage Mai 1993

Redaktion: Sigrid Grabner, Petra Pravemann
Gestaltung: Dieter Wendland
Veröffentlicht im Verlag Ullstein GmbH Frankfurt/Main – Berlin

Satz, Lithographie und Montage: deutsch-türkischer fotosatz, Berlin
Farblithographie: Märkische Verlags- und Druck-Gesellschaft mbH Potsdam
Druck und Bindung: Clausen & Bosse GmbH, Leck
Printed in Germany 1993
ISBN 3-550-07518-9